相关性范式下的
风险管理理论与方法丛书

特征驱动的关键
基础设施建设风险研究

索玮岚　张　劲　著

国家自然科学基金项目（72074207、71673267）资助

科学出版社

北　京

内 容 简 介

交通、能源、通信网络等关键基础设施是促进区域经济增长、推动产业发展的条件支撑。随着"一带一路"倡议的持续推进，关键基础设施建设迎来重大机遇期。然而现实中，受战略影响深远、资金需求量大、建设工程复杂、参与主体多元、项目交互关联的影响，关键基础设施建设过程往往面临着政治、经济金融、双边政策等国家宏观层面以及资金到位不及时、组织协调不畅等项目微观层面各类风险的严峻挑战，风险多源性、风险关联性、风险模糊性、风险随机性、国别风险差异显著性等典型特征的交互也加大了风险研究难度。因此，围绕特征驱动的关键基础设施建设风险进行系统深入的研究具有重要的理论意义和实际应用价值。

本书可以作为基础设施风险管理、决策科学、系统工程、工程项目管理等领域研究人员和管理人员的参考书，也可作为高等院校相关专业研究生的参考书。

图书在版编目（CIP）数据

特征驱动的关键基础设施建设风险研究 / 索玮岚，张劲著. —北京：科学出版社，2023.1

（相关性范式下的风险管理理论与方法丛书）

ISBN 978-7-03-071613-2

Ⅰ. ①特… Ⅱ. ①索… ②张… Ⅲ. ①基础设施建设-风险管理-研究 Ⅳ. ①F294

中国版本图书馆 CIP 数据核字（2022）第 031899 号

责任编辑：邓 娴 / 责任校对：贾娜娜
责任印制：张 伟 / 封面设计：无极书装

科学出版社 出版
北京东黄城根北街 16 号
邮政编码：100717
http://www.sciencep.com
北京虎彩文化传播有限公司 印刷
科学出版社发行 各地新华书店经销

*

2023 年 1 月第 一 版 开本：720 × 1000 1/16
2023 年 1 月第一次印刷 印张：13 1/2
字数：280 000
定价：152.00 元
（如有印装质量问题，我社负责调换）

作者简介

索玮岚，管理学博士，现就职于中国科学院科技战略咨询研究院，硕士研究生导师。长期从事基础设施风险管理、管理决策分析、科技评价等领域的研究工作。承担国家自然科学基金项目、科技创新 2030 "新一代人工智能"重大项目子课题、国家科技支撑计划子课题、青海省软科学研究计划以及中国博士后科学基金面上项目等十余项国家、省部级和企事业单位委托的科研项目。已在 Reliability Engineering & System Safety、Safety Science、Information Sciences、Computers & Industrial Engineering、Expert Systems with Applications、International Journal of Production Economics、《中国管理科学》、《系统工程理论与实践》、《管理工程学报》、《管理评论》、《科研管理》、《科学学研究》等国内外重要学术期刊上发表论文 50 余篇，出版专著 2 部，获得软件著作权 5 项，省部级自然科学学术成果奖二等奖和三等奖各一次（排名均为第一），国际/国内学术会议最佳论文奖 4 项。作为主要执笔人完成多份政策建议和咨询报告，相关研究成果得到了中国科学院、青海省科学技术厅、首都机场集团有限公司、中国科协创新战略研究院、新疆生产建设兵团公路科学技术研究所等重要企事业单位的高度认可与采纳应用，取得了显著的管理效益。

张劲，管理学博士，新疆生产建设兵团交通运输局党组成员、副局长，新疆农业大学客座教授、硕士研究生导师。长期从事交通基础设施规划、交通基础设施建设风险管理等领域的研究工作。已在 Information Sciences、Safety Science、《管理评论》、《中国管理科学》等国内外重要学术期刊上发表多篇论文，曾获得国际/国内学术会议最佳论文奖 2 项、中国公路学会科学技术奖一等奖。

前　　言

　　交通、能源、通信网络等关键基础设施是促进区域经济增长、推动产业发展的条件支撑。近年来，随着全球区域一体化的加快形成和"一带一路"倡议的持续推进，设施互联互通已成为培育发展新动能的重要引擎，关键基础设施建设进入前所未有的重大机遇期。然而现实中，受战略影响深远、资金需求量大、建设工程复杂、参与主体多元、项目交互关联等多方面因素的影响，关键基础设施建设过程往往面临着国家宏观层面和项目微观层面各类风险的严峻挑战，风险多源性、风险关联性、风险模糊性、风险随机性、国别风险差异显著性等典型特征的交互作用也加大了风险研究的难度。因此，围绕特征驱动的关键基础设施建设风险进行系统深入的研究是一项兼具重要理论意义和实际应用价值的工作。

　　本书以特征驱动为切入点开展关键基础设施建设风险研究，主要工作包括以下五个方面。

　　（1）相关研究态势研判。本书以"规模—结构—质量"多维度分析框架为指导，以文献计量法为依托，系统化梳理分析了检索到的关键基础设施建设风险相关中英文研究文献，研判出"规模发展趋势良好、结构布局差异明显、质量水平有待提升"的整体发展态势，并比对出相关中英文研究文献在发表数量与引文数量、研究对象分类占比格局、具有分类占比领先优势和后发潜力的研究主题及研究方法、发表期刊收录情况、来源区域/国家范围与合作网络特征、依托机构类型及合作网络特征、论文作者学术影响等方面的国内外发展态势差异。

　　（2）风险基础理论探索。本书给出了关键基础设施、关键基础设施建设风险等相关概念及其范畴的界定，分析了关键基础设施建设项目的共性特征、关键基础设施建设风险的主要特征以及各类代表性融资模式在关键基础设施建设领域的适用性，凝练了特征驱动的关键基础设施建设重点环节风险识别问题、国别视角下特征驱动的关键基础设施建设风险评估问题、项目视角下特征驱动的关键基础设施建设风险评估问题、特征驱动的关键基础设施建设风险分担问题、特定风险场景下关键基础设施建设形势分析与应对举措研究问题等五类典型问题，分别设计了与五类典型问题相匹配的针对性研究框架。

　　（3）重点环节风险识别。本书将融资环节作为关键基础设施建设的重点环节开展了风险识别研究，阐述了开展特征驱动的关键基础设施建设融资风险识别研究的必要性，构建了多元化集成模式下关键基础设施建设融资风险识别框架，提出了特征驱动的关键基础设施建设融资风险识别两阶段模型，并以"PPP（public-private partnership，政府与社会资本合作）+ ABS（asset-backed securitization，资产证券化）"模式下大成西黄河大桥通行费收入收益权专项资产管理计划（简称大成西黄河大桥收益权计划）为案例开展典型应用研究来验证所提方法的有效性和先进性，并根据识别结果给出了针对性的管理启示与建议。

（4）多视角风险评估。一方面，立足于宏观视角，分析了国别视角下特征驱动的关键基础设施建设风险特征，描述了特征驱动的关键基础设施建设风险因素选取过程，绘制了特征驱动的关键基础设施建设风险评估流程，提出了一种特征驱动的关键基础设施建设风险评估方法，以 30 个"一带一路"沿线国家交通基础设施建设的相关数据为基础开展典型应用研究来验证所提方法的有效性和先进性，并根据评估结果给出了针对性的启示与建议。另一方面，立足于微观视角，构建了项目视角下特征驱动的关键基础设施建设风险评估框架，明确了关键基础设施建设项目风险评估的阶段划分与阶段工作，提出了考虑双重关联效应的关键基础设施建设风险评估方法，并以中老铁路 YY 单干线隧道建设项目为案例开展潜在应用研究来验证所提方法的可行性与有效性。

（5）多举措风险应对。一方面，阐述了开展特征驱动的关键基础设施建设风险分担研究的必要性，描述了与典型特征相匹配的风险分担方案设计思路，明确了风险构成，给出了研究假设、变量与函数说明以及风险分担方案设计框架，构建了风险分担多阶段动态三方模型，并以 XX 高速公路 PPP 项目为案例开展典型应用研究来验证所构建模型的可行性与有效性。另一方面，以"一带一路"沿线国家交通基础设施建设风险、"一带一路"沿线国家交通基础设施建设融资风险、后疫情时代"一带一路"沿线国家交通基础设施建设风险为特定风险场景，开展特定风险场景下的形势分析与应对举措研究，基于收集到的数据揭示形势特征信息、凝练存在的主要问题，通过综合研判探寻解决所凝练问题的突破口，形成适用的应对举措方案，提出针对性的政策建议。

本书以特征驱动为切入点围绕关键基础设施建设风险的问题凝练、方法探索、应用检验、政策建议设计开展了相关研究工作，形成了特征驱动的关键基础设施建设风险基础理论体系，构建了特征驱动的关键基础设施建设风险研究方法体系，打造了特定风险场景下关键基础设施建设形势分析与应对举措的政策建议体系，为相关学者开展关键基础设施建设风险研究提供了借鉴和参考，也为现实中的关键基础设施建设风险分析与应对工作提供了理论依据、方法支撑、应用指导、政策建议集于一体的系统性解决方案，有助于保障关键基础设施建设项目的顺利实施、加快关键基础设施建设高质量发展和关键基础设施互联互通目标实现。

本书的部分研究成果已经发表在 *Information Sciences*、《中国管理科学》、《管理评论》等国内外学术期刊上。特别感谢中国科学院大学李建平教授、中国科学院科技战略咨询研究院孙晓蕾研究员、东华大学王林博士等论文合作者，他们的鼎力支持确保了本书涉及的研究工作能够顺利开展。在本书的撰写过程中，还得到了所在课题组各位老师和同学及许多专家学者的指导和帮助，包括中国科学院科技战略咨询研究院徐伟宣研究员、陈建明研究员、吴登生创新研究员、刘明熹创新副研究员和中国科学院大学郭琨副教授、朱晓谦副教授，以及东北大学樊治平教授、交通运输部科学研究院杨建平研究员、新疆农业大学葛炬副教授等，这里一并表示感谢！

　　本书涉及的研究工作还得到了国家自然科学基金项目"韧性导向下城市关键基础设施运行风险分析与应对方法及应用研究"（72074207）和"多重关联情境下基于数据驱动的城市关键基础设施运行风险动态评估与防范策略研究"（71673267）的资助，在此表示衷心的感谢！

　　本书的内容是探索性的研究成果，由于作者水平有限，书中的观点表述难免有不足之处，恳请学术同行及业界人士给予多方面的批评指正。

索玮岚　张　劲

2022 年 2 月于北京

目　录

第一章 绪 论

本章给出以特征驱动为切入点构建关键基础设施建设风险研究的整体框架，重点论证关键基础设施建设所面临的发展机遇与风险挑战并存的新形势，强调关键基础设施建设风险研究的必要性和重要性，并详细阐述研究目标与研究意义、主要研究内容、研究思路与研究方法、章节设计和数学符号说明。

第一节 关键基础设施建设面临发展机遇与风险挑战并存的新形势

本节以统计数据和战略布局为支撑阐述关键基础设施建设迎来的快速发展机遇，并以统计数据和典型案例为佐证阐述关键基础设施建设面临的严峻风险挑战，进而从政府导向、机构建言、专家热议等方面论证关键基础设施建设风险研究的必要性和重要性。

一、关键基础设施建设迎来快速发展

经济社会发展需求是推动关键基础设施建设的根本动力。随着全球经济一体化和区域一体化的不断推进，关键基础设施建设需求持续增长，进入快速发展期。

（一）关键基础设施建设已取得显著成效

目前关于关键基础设施的范畴尚未形成统一的界定，不同国家根据自身的发展定位、不同学者结合自己的研究需求给出了差异性的范畴界定。但已形成共识的是，关键基础设施并不是特指某个单一类型的基础设施，而是多个不同类型基础设施的集合体（Suo et al.，2019）。美国、澳大利亚等代表性国家的政策文件和已有研究文献中提及的关键基础设施，涉及以公路、铁路、机场、港口等为代表的交通基础设施，以电力系统、燃气系统等为代表的能源基础设施，以固定电话网、移动电话网、固定宽带互联网等为代表的通信网络基础设施，以银行为代表的金融基础设施等（刘晓和张隆飙，2009；索玮岚等，2021）。从中不难看出，上述各类代表性关键基础设施的布设通常会涉及较广的地域跨度，其建设过程往往

伴随着大量的人力物力投入、复杂的工序和漫长的周期（Klashner and Sabet，2007；麦强等，2019）。

由于关键基础设施建设周期长、统计口径尚未统一、各国数据可获取性和数据完备性表现参差不齐等原因，很难直接量化全球关键基础设施建设规模的变化。本节从权威机构数据库中遴选出若干特色指标，并结合这些特色指标多年度数据的态势分析，来刻画全球关键基础设施建设成效。

以世界银行数据库为依托，将货柜码头吞吐量（以 20 英尺当量单位的标准尺寸集装箱为计算单位）作为刻画以港口为代表的交通基础设施建设成效的示例性指标，通过采集 2001～2019 年的全球数据（数据更新截至 2021 年 12 月 16 日），构建如图 1-1 所示的全球货柜码头吞吐量态势图。从该图中可以看出，货柜码头吞吐量呈现出线性增长的发展态势（货柜码头吞吐量拟合曲线的线性函数表达式如图 1-1 中所示，其中，变量 y 为第 x 个年度的货柜码头吞吐量，R^2 为拟合优度，越接近 1 表示拟合程度越好，图中 R^2 的数值达到 0.985，表明拟合程度较好），这也表明全球港口基础设施建设成效的显著提升为相关企业提供了具有更为强大的吞吐能力的海运服务。

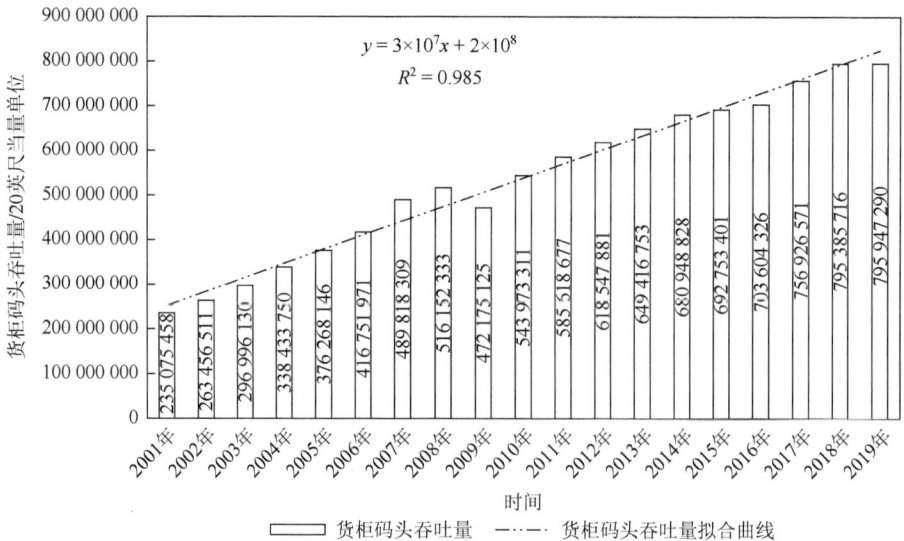

图 1-1 全球货柜码头吞吐量态势图

以世界银行数据库为依托，将通电率（即享有通电人口的百分比）作为刻画以电力系统为代表的能源基础设施建设成效的示例性指标，通过采集 2001～2019 年的全球数据（数据更新截至 2021 年 12 月 16 日），构建如图 1-2 所示的全球通电率态势图。从该图中可以看出，通电率呈现出指数级增长的发展态势（通电率拟合曲线的指数函数表达式如图 1-2 中所示，其中，变量 y 为第 x 个年度的通电率，拟合优度 R^2 的数值为 0.9657，表明拟合程度较好），这也表明全球电力系统基础设施建设成效的显著提升为社会公众提供了更多享受电力服务的机会。

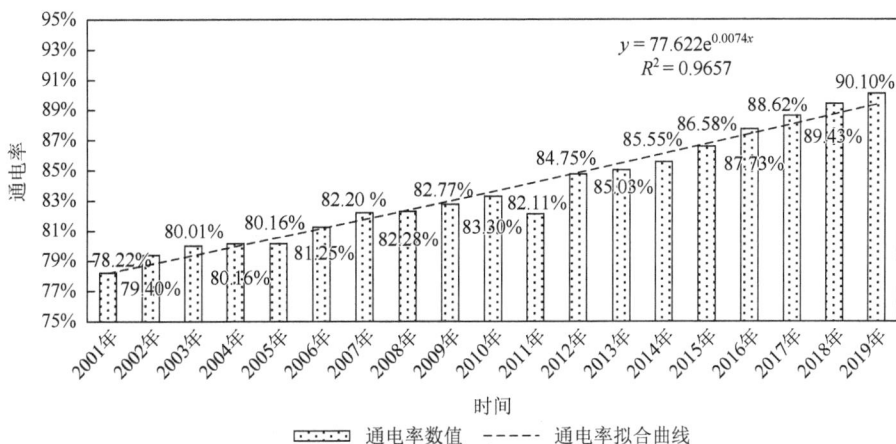

$$y = 77.622e^{0.0074x}$$
$$R^2 = 0.9657$$

图 1-2　全球通电率态势图

以世界银行数据库为依托，将每百人固定宽带互联网用户数量作为刻画以固定宽带互联网为代表的通信网络基础设施建设成效的示例性指标，通过采集 2001～2020 年的全球数据（数据更新截至 2021 年 12 月 16 日），构建如图 1-3 所示的全球每百人固定宽带互联网用户数量态势图。从该图中可以看出，每百人固定宽带互联网用户数量呈现出幂级增长的发展态势（每百人固定宽带互联网用户数量拟合曲线的幂函数表达式如图 1-3 中所示，其中，变量 y 为第 x 个年度的每百人固定宽带互联网用户数量，拟合优度 R^2 的数值为 0.995，表明拟合程度较好），这也表明全球通信网络基础设施建设成效的显著提升使得更多的公众获得了固定宽带互联网服务。

（二）关键基础设施建设已形成投资主体多元化格局

众所周知，关键基础设施建设对投资金额要求较高（Dailami and Leipziger，1998；Kim et al.，2018；陈银娥等，2020；孙烨和吴昊洋，2017）。以 2021 年 12 月 3 日正式开通运营的中老铁路为例，其国内段从开工到 2020 年 9 月底已累计完成投资 454.6 亿元人民币，为投资计划的近九成[①]。

---

① 《中老铁路国内段完成投资近九成》，http://ccnews.people.com.cn/n1/2020/1016/c141677-31894421.html[2021-12-20]。

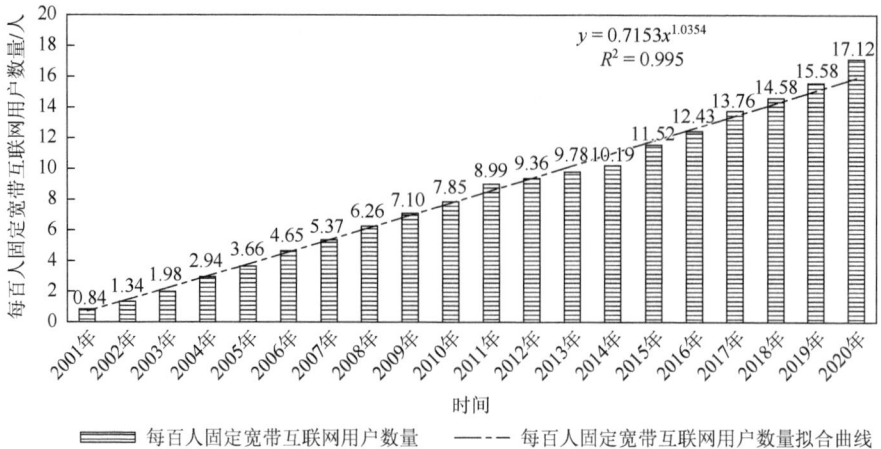

$$y = 0.7153x^{1.0354}$$
$$R^2 = 0.995$$

图 1-3　全球每百人固定宽带互联网用户数量态势图

由于关键基础设施普遍具有的公共服务属性,政府部门仍是大多数国家关键基础设施建设最为主要的投资主体(Kyriacou et al.,2019;李升等,2018)。但随着 PPP 模式、建设-运营-移交(build-operate-transfer,BOT)模式、ABS 模式等各类融资模式的出现,以金融机构、基建企业等为代表的私人部门也逐步成为关键基础设施建设投资主体的重要构成(Aladağ and Işik,2020;Lu et al.,2019;吴建忠等,2018)。

以世界银行私人参与基础设施(private participation in infrastructure,PPI)数据库为依托,以交通基础设施、能源基础设施、通信网络基础设施为研究对象,采集 2001~2020 年各个国家关于三类代表性关键基础设施的公共部门投资和私人部门投资数据(数据更新截至 2021 年 12 月 16 日),并进行国家层面、公私部门层面、关键基础设施层面的汇总,得出 2001~2020 年全球代表性关键基础设施累计投资金额总额达到 217 685.88 亿美元,年平均投资额为 10 884.29 亿美元,其中,2001~2010 年累计投资金额为 78 245.93 亿美元,占数据采集年份累计总额的 35.94%;2011~2020 年累计投资金额为 139 439.95 亿美元,占数据采集年份累计总额的 64.06%。显然,与 2001~2010 年相比,2011~2020 年的全球代表性关键基础设施建设投资金额有了较为明显的增加。

利用汇总后的年度数据,构建全球代表性关键基础设施建设投资金额态势图(图 1-4)。从该图中可以看出,全球代表性关键基础设施建设投资金额的年度变化呈现出倒"U"形的发展态势,其中,2001~2012 年为快速增长期,2004 年为历年最低,2012 年为历年最高,两者在投资金额上相差十倍以上;2012~2020 年则为持续波动期,除 2020 年受新型冠状病毒肺炎疫情全球化蔓延的影响,其投资金额明显落后于年平均投资额之外,其他年份基本都以年平均投资额为基准小幅浮动。

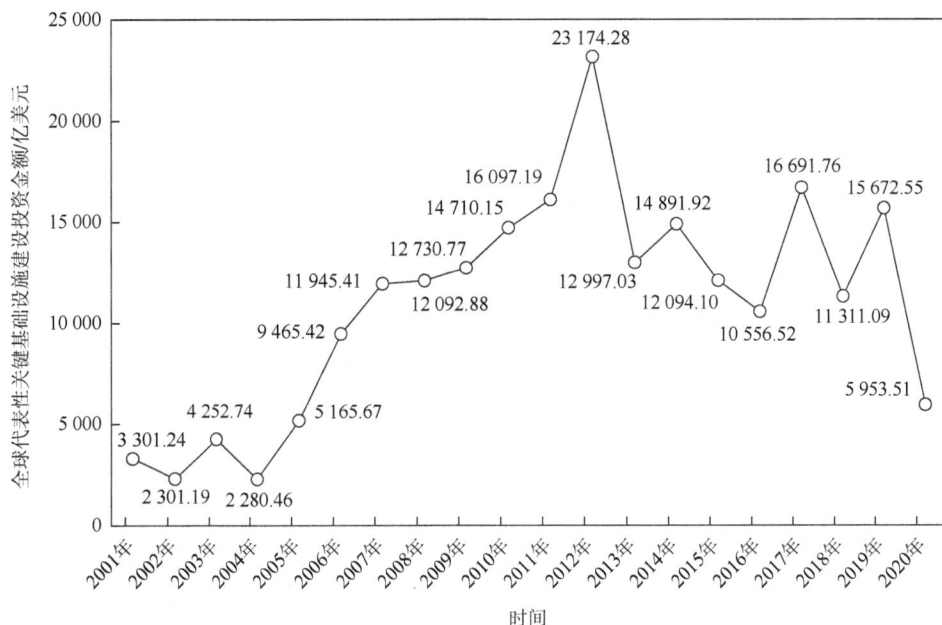

图 1-4　全球代表性关键基础设施建设投资金额态势图

（三）关键基础设施建设已掀起新一轮战略布局高潮

近年来，发达经济体、发展中国家、国际机构纷纷以战略结盟的方式加快关键基础设施建设战略布局，涌现出一系列推动关键基础设施建设，实现区域性及跨区域发展的重要战略。

1. 区域性关键基础设施建设战略

区域性关键基础设施建设战略重在推动某个特定地理区域内（重要跨国河流流域或陆地板块洲际）少数国家的关键基础设施发展。已发布的代表性战略包括大湄公河次区域经济合作、欧盟的连接欧洲基金（Connecting Europe Facility，CEF）、非洲基础设施发展计划（Program for Infrastructure Development in Africa，PIDA）等。下面将从发起机构、发起时间、成员国家、战略目标、关键基础设施建设重点以及取得的建设成效等方面对该类战略进行阐述。

1）大湄公河次区域经济合作

大湄公河次区域经济合作，由亚洲开发银行于 1992 年发起，涉及的成员包括中国、柬埔寨、老挝、缅甸、泰国和越南等六个发展中的亚洲国家，旨在通过互利互惠、联合自强的机制来强化各成员之间的经济联系，促进次区域经济社会发展①。交通、能源、通信网络等关键基础设施在大湄公河次区域经济合作初步发展时期部署的七大合作领域中占据了重要地位，每年均会召开领域论坛，并向部长级会议报告。大湄公河次区域经济合作实施以来，在关键基础设施建设领域取得了显著的成效。昆明—老挝—曼谷公路正式通车、昆明—河内—海防高速公路完成改造、昆明—南宁—河内公路完成升级改造以及中国南方电网220千伏和110千伏送电通道项目完工，中国援建柬埔寨、老挝、缅甸三国境内信息高速公路工程等②。在2021年9月9日召开的大湄公河次区域经济合作第七次领导人会议上，李克强发表讲话，强调"推进互联互通，实现协同发展。落实《2030交通战略》，充分发挥中老铁路即将通车的示范带动作用，加快建设中泰铁路、金边—西哈努克港高速公路等重大项目，积极推进区域电力协调中心建设"③。

2）欧盟的连接欧洲基金

连接欧洲基金计划由欧盟理事会提出，德国、法国等成员国参与，自2014年1月起实施，第一期至2020年结束，预算为304亿欧元，重点强调交通运输、能源和数字部门之间的协同作用，以提高欧盟行动的有效性、优化实施成本④。第一期连接欧洲基金计划实施以来，在交通、能源、通信网络等各类关键基础设施建设领域取得了显著的成效。许多欧盟成员国的关键基础设施建设项目得到连接欧洲基金计划的支持，交通基础设施建设领域涉及爱沙尼亚、拉脱维亚、立陶宛共同参与的波罗的海铁路项目，克罗地亚的里耶卡港集装箱码头项目和萨格勒布机场空中交通控制项目等；能源基础设施建设领域涉及德国的能源基础设施SuedLink项目、斯洛文尼亚和克罗地亚现有输电网的智能电网Sincro.Grid项目、希腊—保加利亚天然气联通器项目等；通信网络基础设施建设领域涉及投资1140万欧元支持的33个网络安全能力建设项目，通过建立安全运营中心、培训人员网络安全技能、开发和升级用于报告欧盟层面的网络安全突发事件工具等来有效处理网络威胁和事故⑤。2021年3月，欧洲议会与欧盟理事会提出2021～2027年的连接欧洲基金计划，投资规模为337亿欧元，其中，258亿欧元用于欧洲交通

---

① 《大湄公河次区域经济合作》，https://www.fmprc.gov.cn/web/gjhdq_676201/gjhdqzz_681964/lhg_682686/jbqk_682688/[2021-12-21]。

② 《中国参与大湄公河次区域经济合作国家报告（全文）》，http://www.gov.cn/jrzg/2011-12/17/content_2022602.htm[2021-12-21]。

③ 《李克强出席大湄公河次区域经济合作第七次领导人会议》，https://www.mfa.gov.cn/web/zyxw/202109/t20210909_9604445.shtml[2021-12-21]。

④ 《欧盟将连接欧洲基金计划拓展至2027年》，http://www.mofcom.gov.cn/article/i/jyjl/m/201903/20190302846460.shtml[2021-12-22]。

⑤ 《欧盟利用连接欧洲基金加强网络安全能力建设》，https://www.fmprc.gov.cn/ce/cebe/chn/kjhz/kjdt/t1665952.htm[2021-12-22]。

基础设施建设项目，58 亿欧元用于跨境可再生能源项目，2 亿欧元用于 5G（5th generation mobile communication technology，第五代移动通信技术）网络建设项目①。

3）非洲基础设施发展计划

非洲基础设施发展计划由非洲联盟第十八届国家元首和政府首脑会议于 2012 年 1 月通过，旨在促进非洲基础设施发展，提高其互联互通程度，推进其区域一体化进程。作为非洲基础设施发展战略框架，非洲基础设施发展计划涉及能源、交通、通信网络等关键基础设施建设领域，预计在 2012～2040 年累计总投资规模为 3600 亿美元，其中，优先发展计划（2012～2020 年）约为 679 亿美元，涉及能源和交通基础设施建设的投资规模分别为 403 亿美元和 254 亿美元，占比分别为 59.35%和 37.4%②。2020 年 12 月发布的《非洲基础设施发展计划进展报告 2019/2020》（*PIDA Progress Report* 2019/2020）显示③，2019 年已支持 320 个交通、能源、通信网络等三类关键基础设施建设项目。从项目所属领域来看，交通基础设施建设项目 193 个，占比 60.31%；能源基础设施建设项目 52 个，占比 16.25%；通信网络基础设施建设项目 75 个，占比 23.44%。从项目实施阶段（分为项目定义、预可行性研究报告、可行性研究报告、项目架构、交易支持和财务结算、招标、施工、运营）来看，交通基础设施建设项目中有 37 个项目已完工处于运营阶段，占该类项目的 19.17%，其他 156 个项目仍未完工；能源基础设施建设项目中仅有 3 个项目已完工处于运营阶段，占该类项目的 5.77%，其他 49 个项目仍未完工；通信网络基础设施建设项目中有 35 个项目已完工处于运营阶段，占该类项目的 46.67%，其他 40 个项目仍未完工。综上可见，非洲基础设施发展计划实施成效仍待深入推进。

2. 跨区域关键基础设施建设战略

跨区域关键基础设施建设战略重在推动全球或跨越洲际范畴的某种特定类型国家（如发展中国家）的关键基础设施发展。已发布的代表性战略有"一带一路"倡议（The Belt and Road Initiative）、"重建美好世界"（Build Back Better World，B3W）全球基础设施倡议、"全球门户"战略等。下面将从发起机构、发起时间、成员国家、战略目标、关键基础设施建设重点以及取得的建设成效等方面对该类战略进行阐述。

1）"一带一路"倡议

"一带一路"倡议是"丝绸之路经济带"和"21 世纪海上丝绸之路"的简

---

① 《2021—2027 年连接欧洲基金项目助力欧盟产业发展》，http://www.mofcom.gov.cn/article/i/jyjl/m/202103/20210303047132.shtml[2021-12-22]。

② 《认识差异化的非洲 避不一样的风险》，https://www.chinatradenews.com.cn/shangshi/201801/16/c9718.html[2021-12-22]。

③ 《PIDA Progress Report 2019/2020》，https://www.au-pida.org/download/pida-progress-report-2019-2020/[2021-12-22]。

称，由习近平分别于 2013 年 9 月和 10 月提出，"共建'一带一路'致力于亚欧非大陆及附近海洋的互联互通，建立和加强沿线各国互联互通伙伴关系，构建全方位、多层次、复合型的互联互通网络，实现沿线各国多元、自主、平衡、可持续的发展"①。2015 年 3 月 28 日，由中华人民共和国国家发展和改革委员会（以下简称国家发展改革委）、外交部、商务部联合发布了《推动共建丝绸之路经济带和21 世纪海上丝绸之路的愿景与行动》，将设施联通作为合作重点之一，并强调"基础设施互联互通是'一带一路'建设的优先领域""抓住交通基础设施的关键通道、关键节点和重点工程""加强能源基础设施互联互通合作""共同推进跨境光缆等通信干线网络建设"②。截至 2022 年 2 月 6 日，中国已与 148 个国家和 32 个国际组织，签署了 200 余份共建"一带一路"合作文件③。"一带一路"倡议实施以来，在关键基础设施建设领域取得了丰硕的成果、成效显著。2019 年4 月，推进"一带一路"建设工作领导小组办公室发布《共建"一带一路"倡议：进展、贡献与展望》报告④，系统总结了设施联通在新亚欧大陆桥、中蒙俄、中国—中亚—西亚、中国—中南半岛、中巴和孟中印缅等六大国际经济合作走廊和通道建设以及基础设施互联互通水平提升方面的重要进展，罗列了一系列亮点项目，如中老铁路、中泰铁路、匈塞铁路、雅万高铁、泛亚铁路东线、巴基斯坦 1 号铁路干线升级改造、中吉乌铁路、中国—尼泊尔跨境铁路等铁路基础设施建设项目，中蒙俄、中吉乌、中俄（大连—新西伯利亚）、中越国际道路等公路基础设施建设项目，巴基斯坦瓜达尔港、斯里兰卡汉班托塔港、希腊比雷埃夫斯港、阿联酋哈利法港二期集装箱码头等港口基础设施建设项目，中俄原油管道、中国—中亚天然气管道、中俄天然气管道东线、中缅油气管道等能源基础设施建设项目，中缅、中巴、中吉、中俄跨境光缆信息通道等通信网络基础设施建设项目。

2）"重建美好世界"全球基础设施倡议

美国白宫在 2021 年 6 月 12 日发表声明称，美国总统拜登参加七国集团领导人会议时讨论了与中国的战略竞争，承诺采取具体行动帮助中低收入国家满足巨大的基础设施需求，并与七国集团合作伙伴发起新的全球基础设施倡议"重建美好世界"，强调该倡议是"由主要民主国家领导的价值观驱动、高标准和

---

① 《"一带一路"的含义及时代背景》，http://www.xinhuanet.com/local/2017-04/25/c_129569856.htm[2021-12-22]。
② 《经国务院授权 三部委联合发布推动共建"一带一路"的愿景与行动》，http://www.gov.cn/xinwen/2015-03/28/content_2839723.htm[2021-12-25]。
③ 《已同中国签订共建"一带一路"合作文件的国家一览》，https://www.yidaiyilu.gov.cn/xwzx/roll/77298.htm [2022-04-06]。
④ 《受权发布：〈共建"一带一路"倡议：进展、贡献与展望〉（八语种）》，https://www.yidaiyilu.gov.cn/zchj/qwfb/86697.htm[2021-12-25]。

透明的基础设施合作伙伴关系，旨在满足发展中国家 40 多万亿美元的基础设施需求"①。

3）"全球门户"战略

德国《商报》网站 2021 年 11 月 29 日报道，欧盟将于 2021 年 12 月 1 日公布"全球门户"战略计划，该计划拟在 2021 年至 2027 年间提供 3000 亿欧元用于全球关键基础设施建设，重点支持新兴和发展中国家，以应对中国"一带一路"倡议并与中国进行制度竞争，实现欧盟地缘政治自我主张和提升欧洲全球政治经济影响的目标②。

需要说明的是，由于"重建美好世界"全球基础设施倡议和"全球门户"战略均为 2021 年新提出的跨区域关键基础设施建设战略，其建设重点尚无具体的细化计划来落实，建设成效也暂未显现。

二、关键基础设施建设依然任重道远

在充分肯定关键基础设施建设进入快速发展新阶段的同时，也需要清醒地认识到加快推进关键基础设施建设依然面临着诸多挑战。

（一）融资缺口大仍是制约关键基础设施建设规模化发展的最大瓶颈

由于受到政府公共资金短缺、银行提供长期融资动力不足以及金融市场波动频繁的多重挑战，当前关键基础设施建设面临着巨大的融资缺口（Gonzalez-Ruiz et al.，2019；Kumari and Sharma，2017；燕雪等，2017）。一些主要国际组织基于对关键基础设施投资增速放缓的共识，认为未来全球或主要地区关键基础设施融资缺口将持续扩大。

在全球关键基础设施融资缺口预测方面，2014 年 4 月，世界经济论坛发布报告《战略性基础设施：迈向高效基础设施的运营和维护》（*Strategic Infrastructure Steps to Operate and Maintain Infrastructure Efficiently and Effectively*）③，预测 2010～2030 年，全球每年关键基础设施融资缺口为 1 万亿美元。2017 年 6 月，

---

① "FACT SHEET: President Biden and G7 Leaders Launch Build Back Better World（B3W）Partnership"，https://www.whitehouse.gov/briefing-room/statements-releases/2021/06/12/fact-sheet-president-biden-and-g7-leaders-launch-build-back-better-world-b3w-partnership/[2021-12-25]。

② 《欧盟"全球门户"战略拟出资 3000 亿欧元促进全球基础设施建设，以应对中国"一带一路"倡议》，http://frankfurt.mofcom.gov.cn/article/xgjg/202112/20211203225418.shtml[2021-12-25]。

③ "Strategic Infrastructure Steps to Operate and Maintain Infrastructure Efficiently and Effectively"，http://www3.weforum.org/docs/WEF_IU_StrategicInfrastructureSteps_Report_2014.pdf[2021-12-25]。

牛津经济研究院和二十国集团全球基础设施中心联合发布报告《全球基础设施展望——2040 年基础设施投资需求：50 个国家、7 个部门》，预测 2016～2040 年全球关键基础设施建设项目投资需求将增至 94 万亿美元，而全球各类关键基础设施建设融资缺口总额将达到 15 万亿美元，相当于关键基础设施建设投资总需求的 15.96%。2019 年 5 月，毕马威全球中国业务发展中心、中国对外承包工程商会、国家发展改革委市场与价格研究所联合发布的报告《共绘"一带一路"工笔画——吸引国际私有资本参与沿线国家基础设施建设》中，预测 2021 年全球机场、港口、铁路、公路等交通基础设施的融资缺口分别为 162.4 亿美元、169.6 亿美元、363.4 亿美元和 2525 亿美元，能源基础设施融资缺口为 892.8 亿美元，电信基础设施融资缺口为 306.8 亿美元。

在主要地区关键基础设施融资缺口预测方面，2014 年 6 月，联合国贸易和发展会议发布《2014 年世界投资报告》（*World Investment Report* 2014）[①]，预测 2015～2030 年，发展中国家每年关键基础设施融资缺口为 3.3 万亿美元至 4.5 万亿美元。2015 年 11 月，经济合作与发展组织所发布年度出版物《经合组织观察家》（*OECD Observer*）中的文章《更多更好的建设基础设施：开发性金融、基础设施以及应对气候变化》（*Build more，build right：development finance，infrastructure and climate change*）[②]，预测 2015～2030 年，发展中国家每年关键基础设施融资缺口为 2 万亿美元。2017 年 2 月，亚洲开发银行所发布报告《满足亚洲基础设施建设需求》（*Meeting Asia's Infrastructure Needs*）中，预测 2016～2030 年，亚洲关键基础设施投资需求将达到 26 万亿美元，平均每年的融资缺口为 1.7 万亿美元。

关键基础设施建设对发达经济体和发展中经济体而言都至关重要。但融资缺口大是关键基础设施建设领域长期面临的全球性共同难题，已成为制约关键基础设施建设规模化发展的最大瓶颈，在强化多边开发银行和多边开发机构推进社会资本参与关键基础设施建设的同时，各国政府部门也需要积极探索多元化融资模式/金融工具的开发及相应政策的出台与落实。

（二）干扰因素多也是阻碍关键基础设施建设互联互通的本质原因

众所周知，实现互联互通是关键基础设施建设最为重要的战略目标。但由于各个国家关键基础设施发展水平差异显著，影响了关键基础设施互联互通的实现。

---

① "World Investment Report 2014"，https://unctad.org/webflyer/world-investment-report-2014[2021-12-25]。

② "OECD Observer"，https://www.oecd-ilibrary.org/economics/oecd-observer/volume-2015-issue-3_observer-v2015-3-en[2021-12-25]。

以世界经济论坛发布的《2019 年全球竞争力报告》(*Global Competitiveness Report 2019*) 为依据, 在道路连通性 (road connectivity) 方面, 西班牙、沙特阿拉伯和美国的得分均为满分 100 分, 并列第一, 而塔吉克斯坦的得分仅为 35.8 分, 在 137 个排名国家中居于末位; 在航空连通性 (airport connectivity) 方面, 美国、中国、日本、印度、印度尼西亚、英国、德国和西班牙的得分均为满分 100 分, 并列第一, 而也门得分仅为 0.1 分, 在 141 个排名国家中居于末位; 在班轮运输连通性 (liner shipping connectivity) 方面, 中国、新加坡、韩国、马来西亚的得分均为满分 100 分, 并列第一, 而北马其顿得分仅为 0.6 分, 在 110 个排名国家中居于末位。

阻碍关键基础设施建设互联互通的本质原因涉及政权更迭、战争、经济危机、自然灾害、成本超支、违规作业等诸多干扰因素, 其可能导致关键基础设施建设中断、延期甚至终止 (Ahmadabadi and Heravi, 2019; Chou and Pramudawardhani, 2015; Dong et al., 2018; 余莹, 2015; 张婉婷和科列斯尼科娃, 2020)。以归因理论为依托, 可将这些干扰因素划分为外在因素和内在因素两种类型。其中, 外在因素包括政权更迭、战争、经济危机、自然灾害、恐怖袭击等。例如, 受政权更迭(从签署协议到宣布取消经历了纳吉布、马哈蒂尔、穆希丁三届政府)、政府债务以及新型冠状病毒肺炎疫情等多方面因素的影响, 原本计划 2018 年开工的马来西亚新加坡隆新高铁项目在经历了支付赔偿金延期到 2020 年底开工之后, 最终被取消[1]。由于受到利比亚战事升级的冲击, 中国铁建股份有限公司、中国冶金科工股份有限公司、中国建筑集团有限公司等四家大型央企在该国的基础设施建设项目全部暂停[2]。内在因素包括成本超支、违规作业、技术标准不同、保障机制欠缺等。例如, 对国外市场预估失误低价竞标, 导致项目运行成本严重超支, 2011 年 6 月中国铁路工程集团有限公司旗下中国海外工程有限责任公司被迫将中标的波兰高速公路 A2 标段项目终止[3]。由于施工单位违规作业, 拆除用于支护筒壁混凝土的模板, 2016 年 11 月 24 日江西丰城发电厂三期扩建工程发生冷却塔施工平台坍塌特别重大事故[4]。该项目经历 3 年停工后, 直到 2020 年 6 月 12 日才正式全面复建开工[5]。

---

① 《马来西亚新加坡隆新高铁计划夭折》, http://yn.people.com.cn/n2/2021/0102/c372459-34507582.html [2021-12-25]。

② 《利比亚战事升级 中国铁建等 4 央企 410 亿项目搁浅》, http://finance.ce.cn/rolling/201103/23/t20110323_16555686.shtml [2021-12-25]。

③ 《中铁饮恨波兰高速公路》, http://jjckb.xinhuanet.com/2016-08/22/c_135623328.htm[2021-12-25]。

④ 《江西丰城发电厂"11·24"冷却塔施工平台坍塌特别重大事故调查报告》, https://www.mem.gov.cn/gk/sgcc/tbzdsgdcbg/2017/201709/P020190415546100001991.pdf[2021-12-25]。

⑤ 《涂迎九副局长参加江西丰城电厂扩建项目全面复工现场会》, http://drc.jiangxi.gov.cn/art/2020/6/12/art_15344_1882325.html[2021-12-25]。

关键基础设施建设互联互通的实现，需要所有国家、国际组织和相关利益主体共同努力、合作共赢。但众多外在因素和内在因素的多重交互干扰，给关键基础设施建设带来更多的不确定性，加大了关键基础设施建设项目的进度管控难度，也在一定程度上阻碍了关键基础设施建设互联互通的实现。

（三）不利影响强更是引发关键基础设施建设相关主体的深刻反思

2016 年 12 月 11 日，全球最长与最深的隧道——瑞士圣哥达基线隧道的客运列车商业运营服务正式启动，往来苏黎世和卢加诺之间；2018 年 10 月 24 日，全球最长跨海大桥——连通香港、珠海、澳门三地的港珠澳大桥正式通车运营；2019 年 12 月 2 日，全球最长的跨境天然气管道工程——中俄东线天然气管道正式投产通气；2021 年 12 月 3 日，"一带一路"标志性工程——中老铁路正式通车运营。这些亮点工程的顺利完工不断为全球关键基础设施建设注入新的活力。

由于关键基础设施建设投资金额大、涉及相关利益主体众多，建设过程中又受到外在与内在多重因素的交互干扰，一些关键基础设施建设项目在实施过程中出现了重大伤亡事故或巨大经济损失，给全球关键基础设施建设带来了较强的不利影响。2007 年 8 月 13 日，由于施工单位擅自变更施工方案、使用材料未满足规范和设计要求、施工工序不合理、现场管理混乱，湖南省凤凰县正在建设的堤溪沱江大桥发生特别重大坍塌事故，造成 64 人死亡、4 人重伤、18 人轻伤、直接经济损失 3974.7 万元，国务院组成事故调查组将其认定为责任事故，由司法机关处理 24 人，对湖南路桥建设集团公司、湘西自治州凤大公路建设有限责任公司各处罚 500 万元，湖南路桥建设集团公司对所属道路七公司依《中华人民共和国公司法》等有关法规予以解散[①]。2010 年 10 月 26 日，中国铁建发布公告称其承包的"沙特麦加萨法至穆戈达莎轻轨项目"由于实际工程数量比签约时预计工程量大幅增加的原因，将面临高达 41.53 亿元的亏损[②]。

这些关键基础设施建设失败案例带来的不利影响为政府部门、基建企业敲响了警钟，引发了相关利益主体的深刻反思。一些学者也积极开展失败案例的原因分析（Al-Emad et al.，2018；欧纯智和贾康，2018；沈梦溪，2016b；吴昊南和刘笑晨，2018），为关键基础设施建设行业的企业决策者和项目管理者提供风险防控与化解的指导。

---

① 《2007 年湖南省凤凰县堤溪沱江大桥"8·13"特别重大坍塌事故》，https://www.mem.gov.cn/gk/sgcc/tbzdsgdcbg/2008/200801/t20080125_245249.shtml[2021-12-26]。

② 《中铁建沙特巨亏 海外大单何以频频成炸弹》，https://finance.huanqiu.com/article/9CaKrnJp4Ut[2021-12-26]。

三、关键基础设施建设风险研究势在必行

关键基础设施建设风险已经引起了政府部门的高度关注，国际组织、国内社会团体等机构纷纷尝试对关键基础设施建设风险态势进行综合研判，专家学者围绕关键基础设施建设风险防范积极建言献策，这些都充分肯定了开展关键基础设施建设风险研究的必要性和重要性。

（一）政府部门高度关注关键基础设施建设风险

一方面，政府部门在进行重大战略部署时，对交通、能源、通信网络等不同类型的关键基础设施建设风险给予了较高关注；另一方面，政府部门始终高度重视"一带一路"关键基础设施建设风险，习近平多次做出重要批示。

聚焦交通、能源、通信网络等不同类型的关键基础设施建设风险，2019 年9 月 19 日，中共中央、国务院印发《交通强国建设纲要》，强调"完善交通基础设施安全技术标准规范，持续加大基础设施安全防护投入，提升关键基础设施安全防护能力""完善预防控制体系，有效防控系统性风险，建立交通装备、工程第三方认证制度。强化安全生产事故调查评估""深化交通投融资改革，增强可持续发展能力，完善政府主导、分级负责、多元筹资、风险可控的资金保障和运行管理体制。建立健全中央和地方各级财政投入保障制度，鼓励采用多元化市场融资方式拓宽融资渠道，积极引导社会资本参与交通强国建设，强化风险防控机制建设"；2021 年 3 月 11 日，十三届全国人大四次会议表决通过了关于《中华人民共和国国民经济和社会发展第十四个五年规划和 2035 年远景目标纲要》（以下简称《纲要》）的决议，在《纲要》中强调"实施能源资源安全战略。坚持立足国内、补齐短板、多元保障、强化储备，完善产供储销体系，增强能源持续稳定供应和风险管控能力""完善能源风险应急管控体系，加强重点城市和用户电力供应保障，强化重要能源设施、能源网络安全防护""加强网络安全风险评估和审查。加强网络安全基础设施建设，强化跨领域网络安全信息共享和工作协同，提升网络安全威胁发现、监测预警、应急指挥、攻击溯源能力"。

聚焦"一带一路"关键基础设施建设风险，2018 年 8 月 27 日，在推进"一带一路"建设工作 5 周年座谈会上，习近平强调"以基础设施等重大项目建设和产能合作为重点，解决好重大项目、金融支撑、投资环境、风险管控、安全保障等关键问题""要高度重视境外风险防范，完善安全风险防范体系，全面提高境外安全

保障和应对风险能力"[1]；2021 年 3 月 11 日发布的《中华人民共和国国民经济和社会发展第十四个五年规划和 2035 年远景目标纲要》中强调"聚焦关键通道和关键城市，有序推动重大合作项目建设，将高质量、可持续、抗风险、价格合理、包容可及目标融入项目建设全过程""完善'一带一路'风险防控和安全保障体系，强化法律服务保障，有效防范化解各类风险"；2021 年 11 月 19 日，在第三次"一带一路"建设座谈会上，习近平强调"要探索建立境外项目风险的全天候预警评估综合服务平台，及时预警、定期评估""统筹落实好境外项目建设和风险防控责任"[2]。

（二）国际组织和国内社会团体聚焦关键基础设施建设风险态势综合研判

2015 年 4 月，经济学人智库（The Economist Intelligence Unit）发布报告《愿景与挑战——"一带一路"沿线国家风险评估》，从港口设施、机场设施、铁路及路网分布、电话网、公路网、电网、铁路网、基础设施等方面对"一带一路"沿线国家的基础设施风险进行了综合研判[3]。

2019 年 3 月，博鳌亚洲论坛研究院、东盟与中日韩宏观经济研究办公室、亚洲金融合作协会、中亚区域经济合作学院联合发布报告《亚洲金融发展报告——基础设施融资篇》，从宏观尺度研判了亚洲经济体开展基础设施项目所面临的主要风险，包括财力受限及公共债务上升，本地金融市场的发展不足，PPP 监管框架落后，汇率、信贷和地缘政治风险等，并深度研判了中老铁路项目、安卡拉—伊斯坦布尔高速铁路二期项目等七个重要区域基础设施融资案例面临的主要风险[4]。

2019 年 6 月，世界银行发布报告《"一带一路"经济学：交通走廊的发展机遇与风险》，通过采集中蒙俄、新亚欧大陆桥、中国—中亚—西亚、中国—中南半岛、中巴、孟中印缅六条陆上经济走廊相关的 70 个走廊经济体（不包含中国）的数据，综合研判了"一带一路"沿线国家关键基础设施建设面临三类管理风险的态势，包括由于债务融资带来的债务可持续性风险、涉及腐败和公共采购失灵的治理风险以及环境及社会风险[5]。

---

① 《习近平出席推进"一带一路"建设工作 5 周年座谈会并发表重要讲话》，http://www.gov.cn/xinwen/2018-08/27/content_5316913.htm[2021-12-27]。

② 《习近平出席第三次"一带一路"建设座谈会并发表重要讲话》，http://www.gov.cn/xinwen/2021-11/19/content_5652067.htm[2021-12-27]。

③ 《经济学人智库：愿景与挑战——"一带一路"沿线国家风险评估》，http://chinawto.mofcom.gov.cn/article/br/bs/201504/20150400955427.shtml[2021-12-27]。

④ 《亚洲金融发展报告——基础设施融资篇》，https://www.boaoforum.org/newsdetial.html？itemId＝2&navID＝6&itemChildId＝undefined&detialId＝3917&pdfPid＝180[2021-12-27]。

⑤ 《一带一路经济学：交通走廊的机遇与风险》，https://www.shihang.org/zh/topic/regional-integration/publication/belt-and-road-economics-opportunities-and-risks-of-transport-corridors[2021-12-27]。

2021 年 7 月，中国对外承包工程商会和中国出口信用保险公司联合发布《"一带一路"国家基础设施发展指数报告 2021》，将 63 个"一带一路"沿线国家和 8 个葡语国家组成的 71 个重点国家作为研究对象，从发展环境、发展需求、发展热度、发展成本四个维度构造国家基础设施发展指数模型，进而量化分析各个重点国家 2010～2021 年的基础设施发展，并给出风险态势的综合研判：一是新型冠状病毒肺炎疫情仍是基建行业发展首要风险；二是地缘政治等风险直接威胁基建行业发展；三是财政压力和债务问题导致基础设施建设投资规模受限；四是极端天气频发影响基础设施项目开发。

（三）专家学者围绕关键基础设施建设风险防范积极建言献策

近年来，许多领域专家学者已经意识到开展关键基础设施建设风险研究的重要性，并借助重要论坛、知名媒体等多种途径积极建言献策。

2019 年 4 月 25 日，博鳌亚洲论坛副理事长、中国人民银行原行长周小川在第二届"一带一路"国际合作高峰论坛的资金融通分论坛上指出，"基础设施建设过程中，应该顺应市场要求，提供商业性资金为主。商业性资金有利于保护项目的可持续性，也避免政府投资过程中的道德风险和道德扭曲。当前利率和通胀都在低位，应该利用这个时间窗口，抓紧商业性融资"[①]。

2020 年 5 月 25 日，中南财经政法大学盘和林教授在人民日报社主管主办的《国际金融报》发文《新基建应警惕新风险》，强调"在迫切发展'新基建'的同时也必须时刻警惕新风险降临，在安全可控的范围内迎合新时代各应用场景的需要"[②]。

2020 年 8 月 13 日召开的北京网络安全大会"中国数字经济安全与发展 50 人论坛"上，来自各个领域的专家就新基建的战略意义、安全风险管控、安全保障、创新发展等进行了探讨，指出"数据中心加快了算力整合，基础设施中海量数据资源的风险急剧凸显，与传统基础设施相比，新型基础设施对攻击的容忍度更低，数据要素面临着更大的安全威胁"[③]。

2020 年 12 月 31 日，中国工程院院士、清华大学公共安全研究院院长范维澄教授在《人民日报》发文《织密公共安全防护网（大家手笔）》，强调"需要发展公共安全综合风险评估、综合防灾和安全规划等技术，研究重大基础设施风险管

---

① 《周小川："一带一路"建设由市场力量推动 应利用时间窗口抓紧商业性融资》，https://www.boaoforum.org/newsdetial.html？itemId＝0&navID＝1&itemChildId＝undefined&detialId＝2516&pdfPid＝154[2021-12-28]。

② 《新基建应警惕新风险》，https://www.ifnews.com/news.html?aid=83025[2021-12-28]。

③ 《新基建更需"新安全"》，http://capital.people.com.cn/n1/2020/0826/c405954-31837311.html[2021-12-28]。

控等理论方法体系和技术标准，构建全方位、立体化、多维度的灾害综合治理一体化安全网，提升公共安全的风险预防和管控能力"①。

2021 年 12 月 4 日，由人民网主办的"2021 数字基建论坛"在北京召开，论坛以"夯基业 筑未来"为主题，来自政产学研的众多嘉宾齐聚一堂，围绕数字基建的机遇与挑战等议题展开深入交流，其中，天津中科曙光存储科技有限公司副总裁张新凤建议，对于分布式存储在发展中遇到的安全和技术问题要在管理、审计和相关制度方面，建立风险预警的方案和机制②。

第二节　研究目标与研究意义

本节重点阐述开展特征驱动的关键基础设施建设风险研究的研究目标与研究意义。

一、研究目标

基于上述新形势分析，本书明确了研究主题，即特征驱动的关键基础设施建设风险研究，并围绕该研究主题从基础理论体系、研究方法体系、政策建议体系三个方面明确了具体研究目标。

（一）形成特征驱动的关键基础设施建设风险基础理论体系

在基础理论体系建设层面，界定关键基础设施和关键基础设施建设风险的概念及其范畴，明晰关键基础设施建设项目的共性特征和关键基础设施建设风险的主要特征；明确 PPP 模式、BOT 模式、ABS 模式等各类代表性融资模式在关键基础设施建设领域的适用性；凝练特征驱动的关键基础设施建设风险典型研究问题，并设计与典型研究问题相匹配的针对性研究框架，为后续丰富研究方法体系和完善政策建议体系提供重要的理论支撑。

（二）构建特征驱动的关键基础设施建设风险研究方法体系

在研究方法体系建设层面，以特征驱动为切入点，以风险管理的主要环节"风

---

① 《织密公共安全防护网（大家手笔）》，http://industry.people.com.cn/n1/2020/1231/c413883-31985275.html [2021-12-28]。

② 《"2021 数字基建论坛"在京召开 共议行业高质量发展》，http://finance.people.com.cn/n1/2021/1204/c1004-32299673.html[2021-12-28]。

险识别—风险评估—风险应对"为主线，围绕所凝练的四类典型研究问题，分别提出适用于特征驱动的关键基础设施建设重点环节风险识别问题、国别视角下特征驱动的关键基础设施建设风险评估问题、项目视角下特征驱动的关键基础设施建设风险评估问题、特征驱动的关键基础设施建设风险分担问题的针对性研究方法，并通过典型应用研究验证这些研究方法的可行性和有效性，为现实问题的解决提供系统性的方法支撑和应用参考。

（三）打造特定风险场景下关键基础设施建设形势分析与应对举措的政策建议体系

在政策建议体系建设层面，聚焦"一带一路"沿线国家交通基础设施建设风险、"一带一路"沿线国家交通基础设施建设融资风险、后疫情时代"一带一路"沿线国家交通基础设施建设风险等特定风险场景下关键基础设施建设存在的主要问题，深入分析问题的症结所在和解决问题的突破口，形成适用的应对举措方案，提出针对性的政策建议，以便为相关利益主体协力共同应对多源风险、加快关键基础设施建设高质量发展和关键基础设施互联互通目标实现提供必要的决策支持。

二、研究意义

围绕研究目标所开展的研究工作，不仅具有一定的理论意义，也具有较强的实际意义。下面从理论价值、方法支撑和实践参考、政策建议决策支持三个方面阐述本书所开展研究工作的研究意义。

一是科学界定相关概念及其范畴、分析关键基础设施建设融资模式适用性、凝练特征驱动的关键基础设施建设风险研究问题、设计与所凝练研究问题相匹配的针对性研究框架，有助于形成特征驱动的关键基础设施建设风险基础理论体系。这不仅能够奠定特征驱动的关键基础设施建设风险研究的理论基础，还能为相关学者开展特征驱动的关键基础设施建设风险研究提供方向性指导。

二是围绕特征驱动的关键基础设施建设重点环节风险识别问题、国别视角下特征驱动的关键基础设施建设风险评估问题、项目视角下特征驱动的关键基础设施建设风险评估问题、特征驱动的关键基础设施建设风险分担问题等典型研究问题开展方法扩展创新、方法集成创新以及应用验证，有助于形成特征驱动的关键基础设施建设风险研究方法体系和应用案例库。这不仅能够为解决现实中的关键基础设施建设风险问题提供必要的方法支撑和实践参考，也能够丰富风险分析方法库，为解决其他相关问题提供有益的方法与案例借鉴。

三是对"一带一路"沿线国家交通基础设施建设风险、"一带一路"沿线国家交通基础设施建设融资风险、后疫情时代"一带一路"沿线国家交通基础设施建设风险等特定风险场景下的关键基础设施建设形势分析与应对举措开展研究，有助于形成特定风险场景下关键基础设施建设的政策建议体系。这不仅能够为相关利益主体共同应对关键基础设施建设风险提供必要的决策支持，还能够为相关政府管理部门制定加快关键基础设施建设高质量发展、有序实现关键基础设施互联互通目标的政策建议提供可借鉴的举措。

第三节　主要研究内容

根据研究目标，分别从理论基础研究、方法探索与典型应用研究、政策建议研究三个方面阐述本书的主要研究内容。

一、理论基础研究

特征驱动的关键基础设施建设风险基础理论研究主要涉及四个方面的研究内容。

一是相关概念及其范畴界定。结合美国、德国、澳大利亚、日本、中国等代表性国家相关政策文件及相关研究文献，分别给出关键基础设施和关键基础设施建设风险的相关概念及其范畴界定。

二是关键基础设施建设融资模式适用性分析。依托已有相关政策文件、研究文献和现实典型案例，从模式发展起源、权威机构定义、国家政策导向、主要应用优势等方面入手，阐述 PPP 模式、BOT 模式、ABS 模式等各类代表性融资模式在关键基础设施建设领域的适用性。

三是特征驱动的关键基础设施建设风险研究问题凝练。以"风险识别→风险评估→风险应对"的风险管理主要环节为依托，凝练出特征驱动的关键基础设施建设重点环节风险识别问题、国别视角下特征驱动的关键基础设施建设风险评估问题、项目视角下特征驱动的关键基础设施建设风险评估问题、特征驱动的关键基础设施建设风险分担问题、特定风险场景下关键基础设施建设形势分析与应对举措研究问题等五个典型研究问题，并给出各自的问题描述。

四是特征驱动的关键基础设施建设风险研究框架设计。结合五个典型研究问题的描述，分别设计与典型问题相匹配的针对性研究框架，即特征驱动的关键基础设施建设重点环节风险识别研究框架、国别视角下特征驱动的关键基础设施建设风险评估研究框架、项目视角下特征驱动的关键基础设施建设风险评估研究框架、特征驱动的关键基础设施建设风险分担研究框架、特定风险场景下关键基础设施建设形势分析与应对举措研究框架。

二、方法探索与典型应用研究

围绕所凝练的特征驱动的关键基础设施建设重点环节风险识别问题、国别视角下特征驱动的关键基础设施建设风险评估问题、项目视角下特征驱动的关键基础设施建设风险评估问题、特征驱动的关键基础设施建设风险分担问题等四个典型问题开展方法探索与典型应用研究。所涉及的四个具体研究内容描述如下。

一是特征驱动的关键基础设施建设重点环节风险识别研究，阐述特征驱动的关键基础设施建设重点环节风险识别问题的研究背景，设计多元化集成模式下特征驱动的关键基础设施建设融资风险识别框架，构建特征驱动的关键基础设施建设融资风险识别两阶段模型，并以"PPP＋ABS"模式大成西黄河大桥收益权计划为例开展典型应用研究。

二是国别视角下特征驱动的关键基础设施建设风险评估研究，阐述国别视角下特征驱动的关键基础设施建设风险评估问题的研究背景，设计国别视角下特征驱动的关键基础设施建设风险评估框架，提出特征驱动的关键基础设施建设风险评估方法，并以"一带一路"沿线国家交通基础设施建设为例开展典型应用研究。

三是项目视角下特征驱动的关键基础设施建设风险评估研究，阐述项目视角下特征驱动的关键基础设施建设风险评估问题的研究背景，完成项目视角下特征驱动的关键基础设施建设风险评估准备工作及框架设计，提出考虑双重关联效应的关键基础设施建设风险评估方法，并以 YY 单干线隧道建设项目为例开展潜在应用研究。

四是特征驱动的关键基础设施建设风险分担研究，阐述特征驱动的关键基础设施建设风险分担问题的研究背景，设计特征驱动的关键基础设施建设风险分担方案，构建特征驱动的风险分担多阶段动态三方模型，并以 XX 高速公路 PPP 项目为例开展典型应用研究。

三、政策建议研究

聚焦特定风险场景下关键基础设施建设形势分析与应对举措开展政策建议研究，涉及三个方面的研究内容。

一是"一带一路"沿线国家交通基础设施建设风险分析与应对，阐述"一带一路"沿线国家交通基础设施建设风险的严峻形势，归纳中国企业风险应对方面存在的问题，提出风险应对举措建议。

二是"一带一路"沿线国家交通基础设施建设融资风险分析与应对，阐述"一带一路"沿线国家交通基础设施建设融资的机遇与挑战，指出"一带一路"沿线国家交通基础设施建设融资风险防控亟待加强，提出高质量发展举措建议。

三是后疫情时代"一带一路"沿线国家交通基础设施建设风险分析与应对，强调"一带一路"沿线国家新型冠状病毒肺炎疫情蔓延对国内企业参与交通基础设施建设项目产生的明显冲击，指出"一带一路"沿线国家的广阔发展空间和我国政府应对新型冠状病毒肺炎疫情的精准施策为国内企业化新"危"为先"机"提供了双重保障，并提出引导国内企业高质量融入"一带一路"沿线国家交通基础设施建设的建议。

第四节　研究思路与研究方法、章节设计和数学符号说明

本节首先明确以特征驱动为切入点开展关键基础设施建设风险研究的研究思路及采用的研究方法，其次给出本书的具体章节设计，进而给出本书的数学符号说明。

一、研究思路与研究方法

下面将详细阐述开展特征驱动的关键基础设施建设风险研究的研究思路及采用的研究方法。

（一）研究思路

本书以"相关研究态势研判→风险基础理论探索→重点环节风险识别→多视角风险评估→多举措风险应对"为主线，开展特征驱动的关键基础设施建设风险研究。围绕研究主线开展研究工作的具体研究思路描述如下。

关于相关研究态势研判，先说明数据来源，然后设计出"规模—结构—质量"维度分析框架，进而研判关键基础设施建设风险相关研究的整体发展态势和国内外发展态势差异。

关于风险基础理论探索，先明确本书所研究的关键基础设施及关键基础设施建设风险的概念和范畴，然后分析代表性融资模式在关键基础设施建设融资领域的适用性，进而凝练典型研究问题并设计研究框架。

关于重点环节风险识别，则以关键基础设施建设融资环节为切入点，阐述研究背景，设计特征驱动的融资风险识别框架，构建特征驱动的融资风险识别模型，并通过典型应用验证所构建模型的可行性和有效性。

关于多视角风险评估，分别开展国别视角和项目视角下特征驱动的关键基础设施建设风险评估研究，阐述各自的研究背景，设计相应的风险评估框架，提出不同视角下的风险评估方法，并通过典型应用检验所提出方法的可行性和有效性。

关于多举措风险应对，分别开展科学研究导向下的关键基础设施建设风险分担研究和战略需求导向下聚焦特定风险场景的关键基础设施建设形势分析与应对举措研究，前者先阐述研究背景，然后设计风险分担方案，进而构建风险分担模

型并通过典型应用检验所构建模型的可行性和有效性；后者直接以特定风险场景为切入点，分析存在的问题并给出应对建议。

根据上述描述，绘制出如图 1-5 所示的研究思路图。

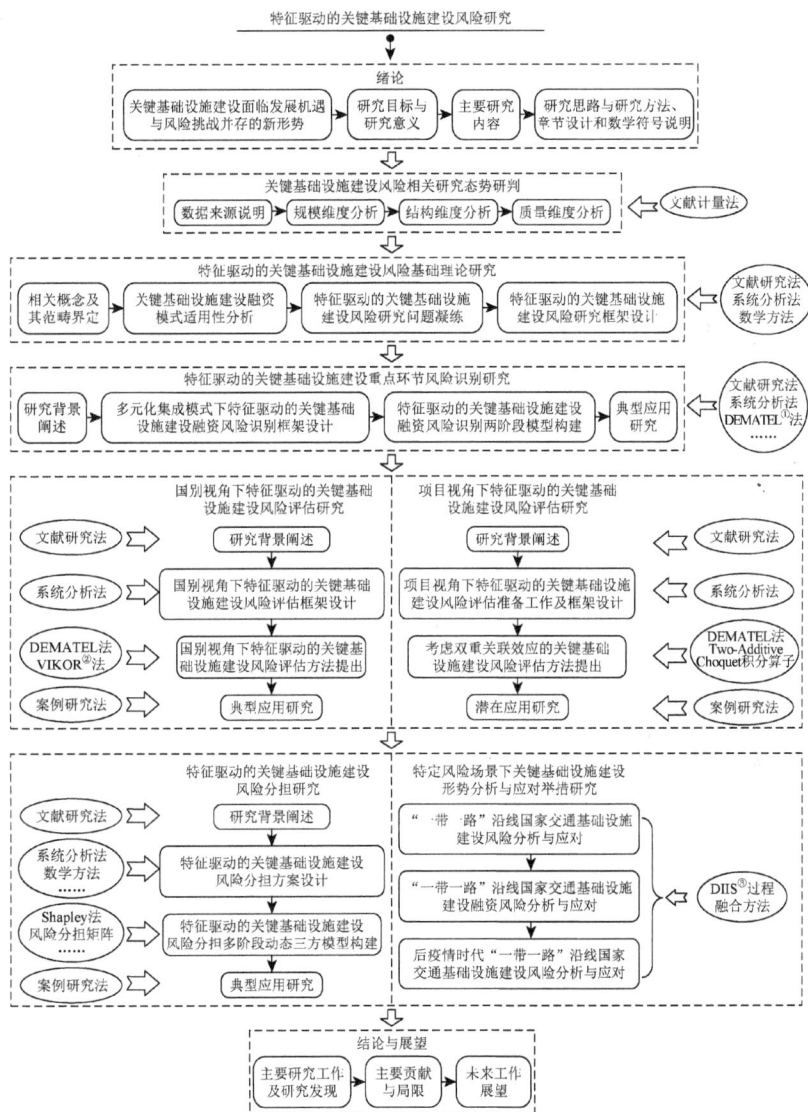

图 1-5 本书的研究思路

---

① DEMATEL（decision making trial and evaluation laboratory，决策试验与评价实验室）法。

② VIKOR（vlse Krite- rijumska optimizacija i kompromisno resenje，多准则妥协优化解）法。

③ DIIS（收集数据（data）—揭示信息（information）—综合研判（intelligence）—形成方案（solution））过程融合法。

（二）研究方法

围绕研究主线所开展的研究工作将依托文献计量法、文献研究法、系统分析法等研究方法来推进。

1. 文献计量法

文献计量法是将文献学、统计学和数学集于一体的方法，以文献为计量对象开展文献研究主题相关的定量分析（陈维军，2001）。本书主要利用该方法支持研究主线中关于相关研究态势研判的工作。具体来说，以关键基础设施建设风险相关中英文研究为文献计量对象，利用文献计量法归纳提炼其在规模、结构、质量三个维度的主要特点，并对分析结果进行可视化展示，进而研判关键基础设施建设风险相关研究的整体发展态势和国内外研究态势差异。

2. 文献研究法

文献研究法以既定研究目标为导向、以既定研究对象为主题开展文献资料收集，并通过对所收集文献资料的梳理与定性分析来归纳总结研究目标导向下研究对象的具体表现，形成对研究对象的科学认识。本书利用该方法支持研究主线中关于风险基础理论探索的相关概念及其范畴界定工作、关于重点环节风险识别和多视角风险评估工作以及多举措风险应对中科学研究导向下关键基础设施建设风险分担的研究背景阐述工作。具体而言，以界定相关概念及其范畴为导向、以关键基础设施和关键基础设施建设风险为主题，利用文献研究法来明确关键基础设施和关键基础设施建设风险的概念及其范畴；以明确研究必要性、重要性以及已有研究的贡献与不足为导向，分别以关键基础设施建设的融资风险识别、风险评估以及风险分担为主题，利用文献研究法来阐明特征驱动的关键基础设施建设融资风险识别、国别视角下特征驱动的关键基础设施建设风险评估、项目视角下特征驱动的关键基础设施建设风险评估、特征驱动的关键基础设施建设风险分担的研究背景。

3. 系统分析法

系统分析法利用数据资料和有关管理科学的技术和方法对特定问题进行研究，进而为决策者提供解决方案。本书利用该方法支持研究主线中关于风险基础理论探索的融资模式适用性分析和研究框架设计工作、关于重点环节风险识别和多视角风险评估工作以及多举措风险应对中科学研究导向下关键基础设施建设风险分担的问题解决框架或方案设计工作。具体而言，围绕融资模式适用性分析，利用系统分析法来确定 PPP 模式、BOT 模式、ABS 模式等代表性融资模式在关键基础设施建设领域的适用性；围绕研究框架设计，利用系统分析法来设计与所凝练研究问题特征相匹配的针对性研究框架；围绕融资风险识别、风险评估、风险分担的问题解决框架或方案设计，利用系统分析法来设计多元化集成模式下特征驱动的关键基础设施建设融资风险识别框架、国别视角下特征驱动的关键基础设施建设风险评估框架、项目视角下特征驱动的关键基础设施建设风险评估框架、特征驱动的关键基础设施建设风险分担方案。

4. 数学方法

数学方法是利用数学符号来量化研究问题的方法。本书利用该方法支持研究主线中的风险基础理论探索的研究问题凝练工作、重点环节风险识别和多视角风险评估工作以及多举措风险应对中科学研究导向下关键基础设施建设风险分担的模型构建或方法提出工作。具体而言，利用数学方法给出所凝练的特征驱动的关键基础设施建设风险研究问题的描述及多元化集成模式下特征驱动的关键基础设施建设融资风险识别问题、国别视角下特征驱动的关键基础设施建设风险评估问题、项目视角下特征驱动的关键基础设施建设风险评估问题、特征驱动的关键基础设施建设风险分担问题的相关符号定义与描述或相关变量和函数定义。

5. DEMATEL 法

DEMATEL 法是利用图论和矩阵工具来量化分析系统中诸多因素关联关系的方法（Fontela and Gabus，1976；Gabus and Fontela，1972，1973）。本书利用该方法支持研究主线中的重点环节风险识别和多视角风险评估的模型构建或方法提出工作。具体而言，将 DEMATEL 法扩展至随机二元语义环境来构建特征驱动的关键基础设施建设融资风险识别两阶段模型，将 DEMATEL 法扩展至随机环境来提出特征驱动的关键基础设施建设风险评估方法，将 DEMATEL 法扩展至三角模糊数环境来提出考虑双重关联效应的关键基础设施建设风险评估方法。

6. 案例研究法

案例研究法是结合既定研究目标，以典型案例为素材，通过系统收集数据和资料开展深入研究的方法。本书利用该方法支持研究主线中的重点环节风险识别、多视角风险评估以及多举措风险应对中科学研究导向下关键基础设施建设风险分担的模型方法验证工作。具体而言，利用案例研究法分别对特征驱动的关键基础设施建设融资风险识别两阶段模型、特征驱动的关键基础设施建设风险评估方法、考虑双重关联效应的关键基础设施建设风险评估方法以及特征驱动的关键基础设施建设风险分担多阶段动态三方模型进行可行性与有效性的验证。

7. 其他研究方法

除了上述在本书中多次应用的研究方法之外，还有一些其他研究方法被用来支持研究主线中的某些研究工作。例如，二元语义模糊表示模型是一种处理与集结语言短语形式信息的模型（Herrera and Martinez，2000），本书利用该模型来构建特征驱动的关键基础设施建设融资风险识别两阶段模型；VIKOR 法是一种折中排序方法（Opricovic，1998），本书通过将该方法扩展至随机环境来提出特征驱动的关键基础设施建设风险评估方法；Two-Additive Choquet 积分算子是一种解决非可加性测度问题的特殊 Choquet 积分算子（Grabisch，1997），本书通过将该方法扩展至三角模糊数环境来提出考虑双重关联效应的关键基础设施建设风险评估方法；Shapely 法是在多人合作博弈中根据每个人的贡献进行收益分配的方法（Shapley，1953），本书通过将该方法扩展至动态环境来构建特征驱动的风险分担多阶段动态三方模型；DIIS 过程融合法是以"收集数据（data）—揭示信息（information）—综合研判（intelligence）—形成方案（solution）"为框架的智库研究理论方法（潘教峰等，2019），本书应用该方法来支持特定风险场景下关键基础设施建设形势分析与应对举措研究。

二、章节设计

本书遵循图 1-5 所示的基本思路来开展章节设计，具体描述如下。

第一章：绪论，分为四节。第一节为关键基础设施建设面临发展机遇与风险挑战并存的新形势，第二节为研究目标与研究意义，第三节为主要研究内容，第四节为研究思路与研究方法、章节设计和数学符号说明。

第二章：关键基础设施建设风险相关研究态势研判，分为四节。第一节为数据来源说明，第二节为规模维度分析，第三节为结构维度分析，第四节为质量维度分析。

第三章：特征驱动的关键基础设施建设风险基础理论研究，分为四节。第一节为相关概念及其范畴界定，第二节为关键基础设施建设融资模式适用性分析，第三节为特征驱动的关键基础设施建设风险研究问题凝练，第四节为特征驱动的关键基础设施建设风险研究框架设计。

第四章：特征驱动的关键基础设施建设重点环节风险识别研究，分为四节。第一节为特征驱动的关键基础设施建设重点环节风险识别问题研究背景阐述，第二节为多元化集成模式下特征驱动的关键基础设施建设融资风险识别框架设计，第三节为特征驱动的关键基础设施建设融资风险识别两阶段模型构建，第四节为典型应用研究：以"PPP＋ABS"模式大成西黄河大桥收益权计划为例。

第五章：国别视角下特征驱动的关键基础设施建设风险评估研究，分为四节。第一节为国别视角下特征驱动的关键基础设施建设风险评估问题研究背景阐述，第二节为国别视角下特征驱动的关键基础设施建设风险评估框架设计，第三节为国别视角下特征驱动的关键基础设施建设风险评估方法提出，第四节为典型应用研究：以"一带一路"沿线国家交通基础设施建设为例。

第六章：项目视角下特征驱动的关键基础设施建设风险评估研究，分为四节。第一节为项目视角下特征驱动的关键基础设施建设风险评估问题研究背景阐述，第二节为项目视角下特征驱动的关键基础设施建设风险评估准备工作及框架设计，第三节为考虑双重关联效应的关键基础设施建设风险评估方法提出，第四节为潜在应用研究：以 YY 单干线隧道建设项目为例。

第七章：特征驱动的关键基础设施建设风险分担研究，分为四节。第一节为特征驱动的关键基础设施建设风险分担问题研究背景阐述，第二节为特征驱动的关键基础设施建设风险分担方案设计，第三节为特征驱动的关键基础设施建设风险分担多阶段动态三方模型构建，第四节为典型应用研究：以 XX 高速公路 PPP 项目为例。

第八章：特定风险场景下关键基础设施建设形势分析与应对举措研究，分为三节。第一节为"一带一路"沿线国家交通基础设施建设风险分析与应对，第二节为"一带一路"沿线国家交通基础设施建设融资风险分析与应对，第三节为后疫情时代"一带一路"沿线国家交通基础设施建设风险分析与应对。

第九章：结论与展望，分为三节。第一节为主要研究工作及研究发现，第二节为主要贡献与局限，第三节为未来工作展望。

三、本书数学符号说明

由于本书不同研究问题所用到的变量和参数较多，作者在撰写过程中对书中涉及量化分析章节里的数学符号进行了重新定义。在同一个章节的同一研究问题之中，用于表示各个变量和参数的数学符号都具有相同的含义，但不同研究问题之间的数学符号没有关联。

第二章　关键基础设施建设风险相关研究态势研判

关于开展关键基础设施建设风险研究的重要性和必要性，国内外政府相关管理部门决策者、基础设施建设企业管理者与技术骨干以及高等院校和科研机构相关领域专家学者已经形成了普遍共识。为了厘清关键基础设施建设风险相关研究的整体发展态势和国内外发展态势差异，本章在"规模—结构—质量"多维度分析框架下，以文献计量法为依托，对检索到的相关中英文研究文献进行全方位分析，并给出分析结果的可视化直观展示。

第一节　数据来源说明

明确相关研究文献的来源是厘清关键基础设施建设风险相关研究整体发展态势和国内外发展态势差异的首要环节。本节重点阐述相关研究文献的检索条件设置及检索记录预处理。

一、检索条件设置

相关研究文献的检索条件设置主要涉及检索数据库的选取、检索时间的设定、检索方式的设定等。

关于检索数据库的选取，考虑到相关研究文献收录的全面性与完整性，选取中国知网期刊全文数据库为关键基础设施建设风险相关中文研究文献的检索数据库，选取 Web of Science 数据库中的核心合集为关键基础设施建设风险相关英文研究文献的检索数据库。

关于检索时间的设定，需要确保相关中英文研究文献的检索时间区间保持一致，关键基础设施建设风险相关中英文研究文献的检索时间设定均以 2001 年 1 月 1 日为起点，以 2021 年 12 月 31 日为终点，所得到检索结果的相关信息更新至 2022 年 1 月 4 日。

关于检索方式的设定，需要确保检索记录与研究目标的高度匹配，且保持检索词的中英文表述相一致，关键基础设施建设风险相关中文文献的检索分别以"基础设施＋建设＋风险""交通＋建设＋风险""公路＋建设＋风险""地铁＋建设＋风险""铁路＋建设＋风险""机场＋建设＋风险""港口＋建设＋风险""能源＋建设＋风险""电力＋建设＋风险""天然气＋建设＋风险""通信＋建设＋风险""网络＋建设＋风险"作为标题进行基本检索；关键基础设施建设风险相关英文文献的检索分别以"infrastructure＋construction＋risk""transport/transportation＋construction＋risk""highway＋construction＋risk""subway＋construction＋risk""railway＋construction＋risk""airport＋construction＋risk""port＋construction＋risk""energy/power＋construction＋risk""electric/electricity＋construction＋risk""gas＋construction＋risk""communication＋construction＋risk""network＋construction＋risk"作为标题进行基本检索。

二、检索记录预处理

按照上述检索设置进行关键基础设施建设风险相关中英文研究文献的检索，为保证检索记录的准确性，需要对检索记录进行重复性筛查、相关性筛查、适用性筛查等三个方面的预处理工作。

一是检索记录的重复性筛查。在设定检索方式时，为避免相关研究文献的遗漏，检索词的设计既包括交通（transport/transportation）、公路（highway）、地铁（subway）、铁路（railway）、机场（airport）、港口（port）、能源（energy/power）、电力（electric/electricity）、天然气（gas）、通信（communication）、网络（network）等具体类型关键基础设施的表述，又包括基础设施（infrastructure）这一更为抽象的表述。但这样的设定会导致同一篇文献在进行不同检索词的基本检索时多次出现，这就需要进行检索记录的重复性筛查，剔除重复出现的文献，确保一篇文献仅在检索记录中出现一次。

二是检索记录的相关性筛查。由于在设定检索方式时，涉及基础设施这一更为抽象的表述，得到的检索记录可能会涉及与本书所研究交通、能源、通信网络等关键基础设施相关度不高的其他类型基础设施，如金融基础设施、公共卫生基础设施、文化教育基础设施等，这就需要进行检索记录的相关性筛查，剔除与本书所界定关键基础设施类型无关的检索记录，确保得到的检索记录与本书研究对象保持较高相关性。

三是检索记录的适用性筛查。所设定的检索数据库中涉及多种表现形式的相关研究文献，除了期刊论文之外，还会涉及会议论文、会议摘要、编者语、书评、勘误等。为了更好地体现已有相关研究成果的贡献和价值，需要进行检索记录的适用性筛查，剔除期刊论文以外其他表现形式的检索记录，以便后续对检索记录进行发表数量、引文数量、研究对象、研究主题等更为深入的分析。

将按照所给出检索设置得到的检索记录进行重复性筛查、相关性筛查、适用性筛查等检索记录预处理，最终得到有效的中文检索记录 841 条、英文检索记录 134 条。每条记录均包括文献的题目、作者（姓名及单位）、期刊名称、摘要、关键词、发表年度、期卷、页码、引文数量等信息。在"规模—结构—质量"多维度分析框架下，对关键基础设施建设风险相关研究的有效检索记录进行梳理与分析，利用文献计量法，全面厘清关键基础设施建设风险相关研究的发展规模、发展结构和发展质量，直观反映相关研究的整体发展态势和国内外发展态势差异，为后续研究提供必要的参考和借鉴。

第二节　规模维度分析

发表数量是衡量围绕某个主题开展研究工作所形成科研产出的规模指标，而引文数量则是衡量该项研究工作所发挥参考借鉴价值的规模指标。本节以发表数量和引文数量为切入点，对关键基础设施建设风险相关研究文献在规模维度表现出的主要特点进行归纳总结。

一、发表数量分析

下面将从发表数量的年度变化、重要时间节点的文献发表情况两个方面分别对关键基础设施建设风险相关中英文研究文献的具体表现及其差异进行比对分析。

（一）相关中文研究文献发表数量基本符合幂级增长规律

关键基础设施建设风险相关中文研究文献发表数量的年度变化如图2-1所示。从总体趋势来看，相关中文研究文献的发表数量呈现出一定的年度波动，但产出规模基本上符合幂级增长规律（发表数量拟合曲线的幂函数表达式如图 2-1 中所示，其中，变量 y 为第 x 个年度的相关中文研究文献发表数量，拟合优度 R^2 数值为 0.8834，

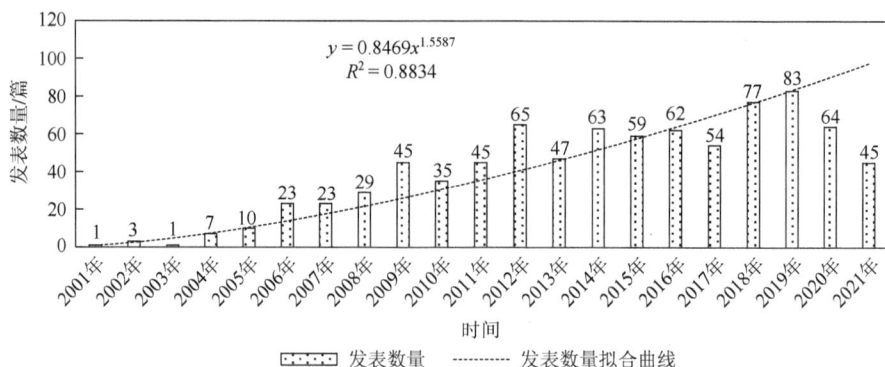

图 2-1　相关中文研究文献发表数量的年度变化

表明拟合程度较好）。关键基础设施建设风险相关中文研究文献的发表年度峰值出现在 2019 年，为 83 篇，占中文文献发表总量的 9.87%。

（二）相关英文研究文献发表数量基本符合多项式增长规律

关键基础设施建设风险相关英文研究文献发表数量的年度变化如图2-2所示。从总体趋势来看，相关英文研究文献的发表数量呈现出明显的年度波动，但自 2016 年起表现出逐年稳步上升的发展态势，产出规模基本上符合多项式增长规律（注：文献发表数量拟合曲线的多项式函数表达式如图 2-2 中所示，其中，变量 y 为第 x 个年度的相关英文研究文献发表数量，拟合优度 R^2 数值为 0.9091，表明拟合程度较好）。关键基础设施建设风险相关英文研究文献发表年度峰值出现在 2021 年，为 29 篇，占英文文献发表数总量的 21.64%。

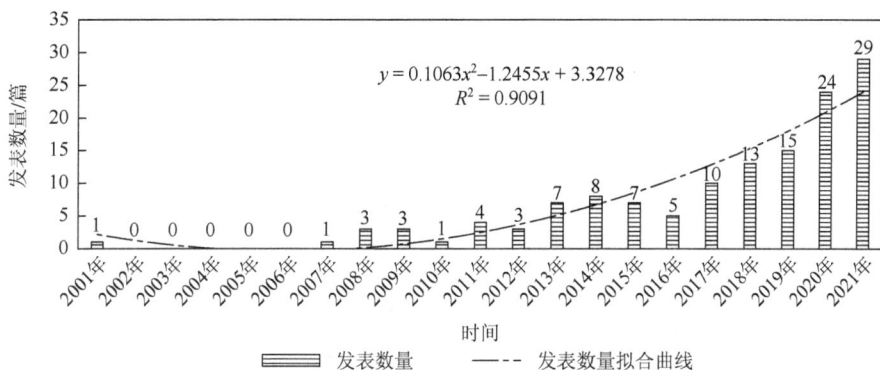

$$y = 0.1063x^2 - 1.2455x + 3.3278$$
$$R^2 = 0.9091$$

图 2-2　相关英文研究文献发表数量的年度变化

（三）相关中英文研究文献发表数量差异显著，前者发表年度峰值早于后者

从两个方面开展关键基础设施建设风险相关中英文研究文献的发表数量规模差异比对分析。一方面，从文献发表数量来看，在 2001~2021 年发表的中文文献为 841 篇，而英文文献为 134 篇，数量差异比较显著，这与我国的政策导向有比较密切的关系。进入 2000 年以来，我国政府持续加大了关键基础设施建设资金投入力度，并陆续出台了"一带一路"倡议、交通强国战略、新基建战略等利好政策。关键基础设施建设的快速推进，也激发了我国相关领域学者的研究动力，形成了较多的研究产出。另一方面，从重要时间节点的文献发表情况来看，虽然英文文献发表年度峰值出现的 2021 年晚于中文文献年度峰值出现的 2019 年，但其

峰值年度文献发表数量的占比高于中文文献，这表明关键基础设施建设风险已经逐步激发了国外学者的研究动力，有成为研究焦点的利好趋势。

二、引文数量分析

下面将从引文数量的年度变化、重要时间节点的引文情况、表现突出的引文情况三个方面分别对关键基础设施建设风险相关中英文研究文献的具体表现及其差异进行比对分析。

（一）相关中文研究文献引文数量大体呈现倒"U"形波动

关键基础设施建设风险相关中文研究文献引文数量的年度变化如图2-3所示。从总体趋势来看，相关中文研究文献的引文数量大体呈现倒"U"形波动，符合引文分析的典型规律。从重要时间节点来看，引文数量的峰值出现在2009年，该年度引文数量为866篇，占引文总数量的16.53%；单篇被引次数最高的纪录出现在2009年，文献题目为《城市基础设施建设PPP项目的关键风险研究》，由东南大学邓小鹏等发表在期刊《现代管理科学》上，截至检索时已被引用253次，为该领域最具影响力的中文文献。

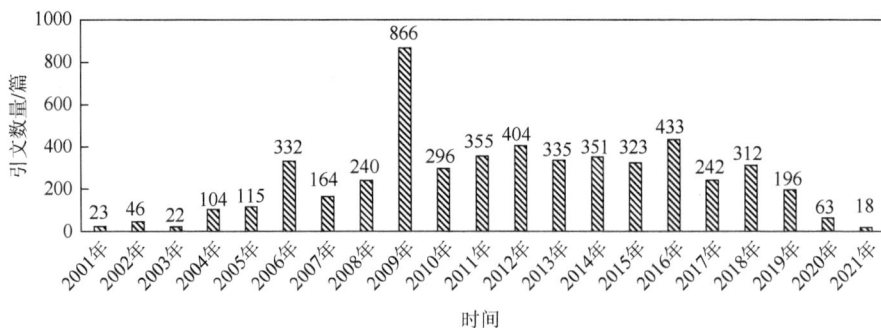

图2-3　相关中文研究文献引文数量的年度变化

（二）相关英文研究文献引文数量大体呈现倒"U"形波动

关键基础设施建设风险相关英文研究文献引文数量的年度变化如图2-4所示。从总体趋势来看，相关英文研究文献的引文数量也大体呈现倒"U"形波动，符合引文分析的典型规律。从重要时间节点来看，引文数量的峰值出现在2014年，该年度引文数量为320篇，占引文总数量的17.41%；单篇被引次数最高的纪录出现在2014年，文献题目为 *Bayesian-network-based safety risk analysis in construction projects*，由华中科技大学张立茂等发表在期刊 *Reliability Engineering & System Safety*，截至检索时已被引用128次，为该领域最具影响力的英文文献。

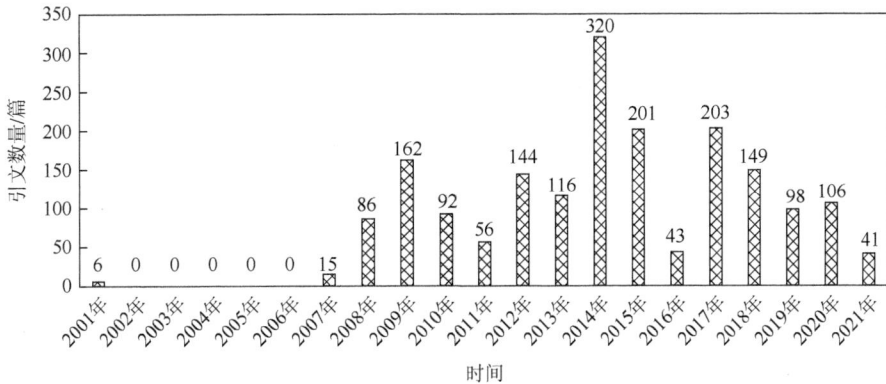

图2-4 相关英文研究文献引文数量的年度变化

（三）相关中英文研究文献引文数量差异明显，前者引文年度峰值早于后者

从两个方面开展关键基础设施建设风险相关中英文研究文献的引文数量规模差异比对分析。一方面，从文献引文数量来看，在2001~2021年发表的中文引文数量为5240篇，而英文文献为1838篇，数量差异仍比较明显，但与文献发表数量相比，中英文文献的差距有所缩小，这表明英文文献平均影响力要高于中文文献。另一方面，从重要时间节点的文献引文情况来看，英文文献引文数量年度峰值出现的2014年明显晚于中文文献年度峰值出现的2009年，但其峰值年度文献引文数量的占比高于中文文献，这表明英文文献的关注热度滞后于中文文献。

第三节 结构维度分析

研究对象是研究工作中被描述、被分析、被解释的研究实体，研究主题是对围绕某个研究对象所开展研究工作的高度概括，研究方法是支撑研究工作开展所必备的工具和技术。本节以这三个重要指标为切入点，基于相关指标的分类占比对检索记录开展文献计量分析，对关键基础设施建设风险相关研究文献在结构维度表现出的主要特点进行归纳总结。

一、研究对象分析

在相关中英文文献中，有些学者立足于基础设施这一比较抽象的研究对象开展研究工作，有些学者则是以交通、能源、通信网络等更为具体的关键基础设施为研究对象开展研究工作。这里从研究对象的分类占比情况对关键基础设施建设风险相关中英文研究文献的具体表现及其差异进行比对分析。

（一）七成以上相关中文研究文献以交通基础设施为研究对象

根据不同研究对象的分类占比对关键基础设施建设风险相关中文研究文献进行了量化分析，结果如图 2-5 所示。从该图中可以看出，不同研究对象的分类占比差异非常显著。具体来看，以交通基础设施为研究对象的中文研究文献数量为597 篇，占比 70.99%，在中文研究文献中占比最高，远远领先于其他研究对象的中文研究文献；以通信网络基础设施为研究对象的中文研究文献数量为 54 篇，占比 6.42%，在中文研究文献中占比最低。

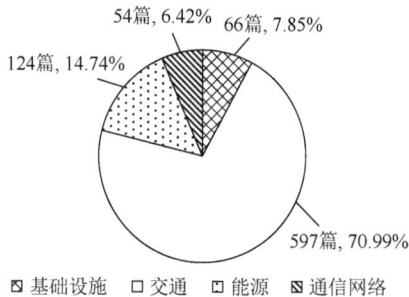

图 2-5　中文研究文献所涉及不同研究对象的分类占比

图中数据进行了修约，存在合计不等于 100%的情况

（二）相关英文研究文献多以交通、能源、通信网络等基础设施为研究对象

根据不同研究对象的分类占比对关键基础设施建设风险相关英文研究文献进行了量化分析，结果如图 2-6 所示。从该图中可以看出，不同研究对象的分类占比差异也比较明显。具体来看，以交通基础设施为研究对象的英文研究文献数量为 52 篇，占比 38.81%，在英文研究文献中占比最高；以基础设施为研究对象的英文研究文献数量为 3 篇，占比 2.24%，在英文研究文献中占比最低。

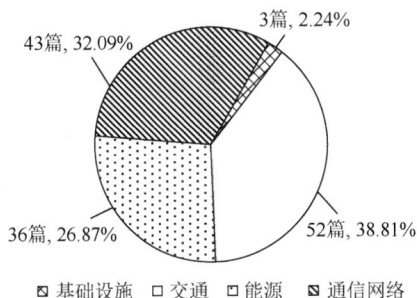

图2-6 英文研究文献所涉及不同研究对象的分类占比

图中数据进行了修约，存在合计不等于100%的情况

（三）相关中英文研究文献所涉及研究对象分类占比的格局差异较大

基于研究对象分类占比表现来开展关键基础设施建设风险相关中英文研究文献的研究对象结构差异比对分析。可以看出，研究对象分类占比的格局差异较大。中文研究文献的研究对象分类占比呈现出一强多弱的格局，以交通基础设施为研究对象的中文研究文献占比超七成；英文研究文献的研究对象分类占比则呈现出多强并立的格局，以交通、通信网络、能源等关键基础设施为研究对象的英文研究文献基本达到三足鼎立，以基础设施为研究对象的英文研究文献占比甚为微小。通过差异比对分析可以看出，国内外研究文献的共性特征是学者更聚焦于交通、通信网络等更具行业背景特色的关键基础设施，以更为抽象的基础设施为研究对象开展的研究工作并不是主流；国内外研究文献的个性特征是学者所关注的研究对象各有侧重，国内学者更聚焦于交通基础设施，而国外学者的关注偏好则相对分散，除了交通基础设施，对能源基础设施和通信网络基础设施也给予了较多的关注。

二、研究主题分析

相关中英文文献的研究主题是关键基础设施建设风险，根据风险管理的全流程分解，可进一步将这一研究主题细分为关键基础设施建设风险识别、关键基础设施建设风险评估/评价、关键基础设施建设风险分析/监测/预警、关键基础设施建设风险分担/防范/管控/防控、关键基础设施建设风险全流程管理等五个子主题。这里从研究主题的分类占比情况对关键基础设施建设风险相关中英文研究文献的具体表现及其差异进行比对分析。

（一）近半数相关中文研究文献以关键基础设施建设风险分担/防范/管控/防控为研究主题

根据不同研究主题的分类占比对关键基础设施建设风险相关中文研究文献进行了量化分析，结果如图 2-7 所示。从该图中可以看出，不同研究主题的分类占比差异非常显著。具体来看，以关键基础设施建设风险分担/防范/管控/防控为研究主题的中文研究文献数量为 397 篇，占比 47.21%，在中文研究文献中占比最高，远远领先于其他研究主题的中文研究文献；以关键基础设施建设风险识别为研究主题的中文研究文献数量为 26 篇，占比 3.09%，在中文研究文献中占比最低。

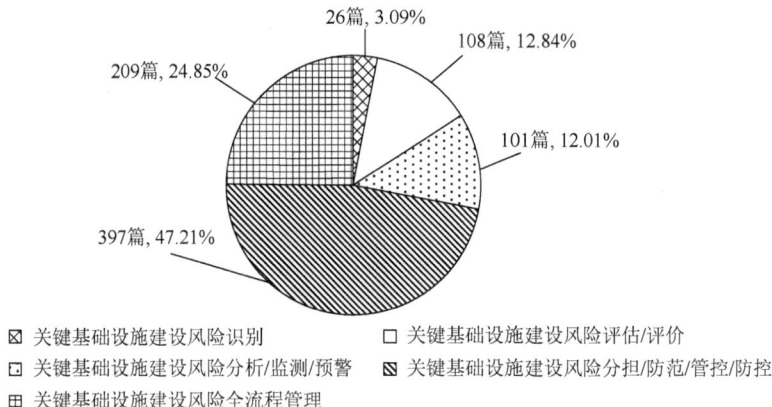

☒ 关键基础设施建设风险识别　　　　　　□ 关键基础设施建设风险评估/评价
☐ 关键基础设施建设风险分析/监测/预警　　▨ 关键基础设施建设风险分担/防范/管控/防控
⊞ 关键基础设施建设风险全流程管理

图 2-7　中文研究文献所涉及不同研究主题的分类占比
图中数据进行过修约，存在合计不等于 100% 的情况

（二）半数相关英文研究文献以关键基础设施建设风险评估/评价为研究主题

根据不同研究主题的分类占比对关键基础设施建设风险相关英文研究文献进行了量化分析，结果如图 2-8 所示。从该图中可以看出，不同研究主题的分类占比差异同样非常显著。具体来看，以关键基础设施建设风险评估/评价为研究主题的英文研究文献数量为 67 篇，占比 50.00%，在英文研究文献中占比最高，远远领先于其他研究主题的英文研究文献；以关键基础设施建设风险分担/防范/管控/防控为研究主题的英文研究文献数量为 7 篇，占比 5.22%，在英文研究文献中占比最低。

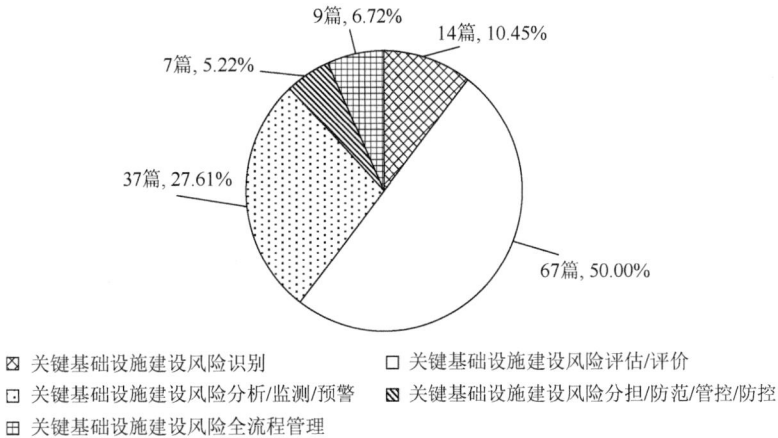

图 2-8 英文研究文献所涉及不同研究主题的分类占比

（三）相关中英文研究文献所涉及的具有分类占比领先优势和后发潜力的研究主题截然不同

基于研究主题分类占比表现来开展关键基础设施建设风险相关中英文研究文献的研究主题结构差异比对分析。可以看出，两者具有分类占比领先优势和后发潜力的研究主题截然不同。中文研究文献的分类占比中，具有领先优势的研究主题为关键基础设施建设风险分担/防范/管控/防控，具有后发潜力的研究主题为关键基础设施建设风险识别；英文研究文献的分类占比中，具有领先优势的研究主题为关键基础设施建设风险评估/评价，具有后发潜力的研究主题为关键基础设施建设风险分担/防范/管控/防控。通过差异比对分析可以看出，国内外研究文献的共性特征是中英文文献所涉及不同研究主题的分类占比均呈现出一强多弱的格局，具有领先优势的研究主题占比近半或占半数；国内外研究文献的个性特征是学者所关注的研究主题各有侧重，国内学者更聚焦于关键基础设施建设风险分担/防范/管控/防控，而国外学者更聚焦于关键基础设施建设风险评估/评价。

三、研究方法分析

下面将从研究方法的角度分别对关键基础设施建设风险相关中英文研究文献的具体表现及差异进行比对分析。这里将关键基础设施建设风险相关中英文研究文献所涉及的研究方法归纳为定性分析类、系统工程类、智能系统类、数理统计类、领域专用类和综合集成类六个类型，其中，定性分析类方法以文字解释说明、事实阐述论证、观点归纳凝练为主要表现形式，包括案例研究法、文献综述法等；

系统工程类方法以系统工程方法论为依托，包括故障树分析、层次分析法（analytic hierarchy process，AHP）等；智能系统类方法以人工智能技术与系统软件研发为核心，包括建筑信息模型、地理信息系统等；数理统计类方法以"数据采集→数据处理→数据分析"为主线，包括逐步回归模型、探索性因素分析等；领域专用类方法以不属于前四类方法范畴而以经济学、生态学、社会学等特定学科领域专用的模型或方法为支撑，包括博弈模型、环境监测技术、社会网络分析等；综合集成类方法以不同类型方法的组合应用为特色，包括情景分析、专家打分与主成分分析相结合的方法以及问卷调查、专家访谈与贝叶斯信念网络相结合的方法等。

（一）超过 3/4 的相关中文研究文献涉及定性分析类方法

根据不同研究方法的分类占比对关键基础设施建设风险相关中文研究文献进行了量化分析，结果如图 2-9 所示。从该图中可以看出，不同研究方法的分类占比差异尤为显著。具体来看，涉及定性分析类方法的中文研究文献为 636 篇，占比 75.62%，在中文研究文献中占比最高，远远领先于其他方法的中文研究文献；涉及数理统计类方法的中文研究文献为 12 篇，占比 1.43%，在中文研究文献中占比最低。

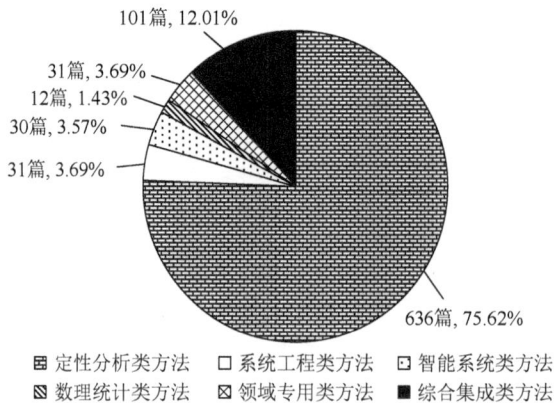

101篇, 12.01%
31篇, 3.69%
12篇, 1.43%
30篇, 3.57%
31篇, 3.69%
636篇, 75.62%

定性分析类方法　　□ 系统工程类方法　　智能系统类方法
数理统计类方法　　领域专用类方法　　■ 综合集成类方法

图 2-9　中文研究文献所涉及不同研究方法的分类占比

图中数据进行过修约，存在合计不等于100%的情况

（二）接近 2/3 的相关英文研究文献涉及综合集成类方法

根据不同研究方法的分类占比对关键基础设施建设风险相关英文研究文献进行了量化分析，结果如图 2-10 所示。从该图中可以看出，不同研究方法的分类占

9篇, 6.72%

2篇, 1.49%

8篇, 5.97%

13篇, 9.70%

89篇, 66.42%

13篇, 9.70%

田 定性分析类方法　　□ 系统工程类方法　　⊞ 智能系统类方法

⊠ 数理统计类方法　　⊠ 领域专用类方法　　■ 综合集成类方法

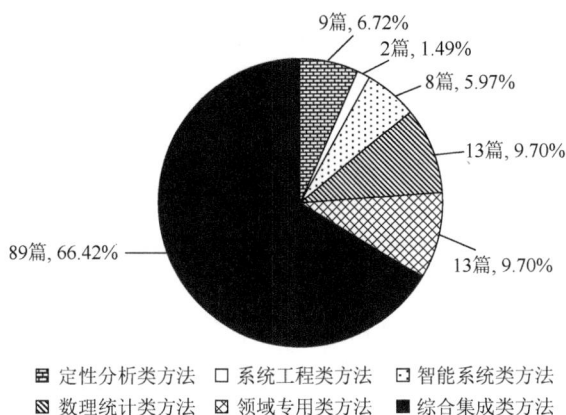

图2-10　英文研究文献所涉及不同研究方法的分类占比

比差异也非常显著。具体来看，涉及综合集成类方法的英文文献为 89 篇，占比66.42%，在英文研究文献中占比最高，远远领先于其他方法的英文研究文献；涉及系统工程类方法的英文研究文献为 2 篇，占比 1.49%，在英文研究文献中占比最低。

（三）相关中英文研究文献所涉及的具有分类占比领先优势和后发潜力的研究方法截然不同

基于研究方法分类占比表现来开展关键基础设施建设风险相关中英文研究文献的研究方法结构差异比对分析。可以看出，两者具有分类占比领先优势和后发潜力的研究方法也截然不同。中文研究文献的分类占比中，具有领先优势的研究方法为定性分析类方法，具有后发潜力的研究方法为数理统计类方法；英文研究文献的分类占比中，具有领先优势的研究方法为综合集成类方法，具有后发潜力的研究方法为系统工程类方法。通过差异比对分析可以看出，国内外研究文献的共性特征是中英文文献所涉及不同研究方法分类占比均呈现出一强多弱的格局，具有领先优势的研究方法占比均在六成以上；国内外研究文献的个性特征是学者所关注的研究方法各有侧重，国内学者更聚焦于利用定性分析类方法开展综合研判，而国外学者更聚焦于利用综合集成类方法开展量化研究。

第四节　质量维度分析

科学研究的发展质量通常可以通过发表期刊的收录情况、来源区域/国家的地理分布与合作网络特征、依托机构的类型构成和合作网络特征、论文作者的学术影响等来全面反映。本节以上述四个重要指标为切入点，基于检索记录在相关指标的具体表现，对关键基础设施建设风险相关研究文献在质量维度表现出的主要特点进行归纳总结。

一、发表期刊的收录情况分析

这里将立足于发表期刊的收录情况，分别对关键基础设施建设风险相关中英文研究文献的具体表现及其差异进行比对分析。根据期刊收录情况的不同，可将关键基础设施建设风险相关中文研究文献所涉及的发表期刊分为 EI（engineering index，工程索引）收录期刊、CSSCI（Chinese social sciences citation index，中文社会科学引文索引）收录期刊、核心期刊、其他期刊等四类，将关键基础设施建设风险相关英文研究文献所涉及的发表期刊分为 JCR（journal citation reports，期刊引用报告）Q1 区期刊、JCR Q2 区期刊、JCR Q3 区期刊、JCR Q4 区期刊等四类。

（一）相关中文研究文献所发表期刊的整体质量亟待提升

根据所涉及发表期刊的收录情况对关键基础设施建设风险相关中文研究文献进行了量化分析，结果如图 2-11 所示。从该图中可以看出，关键基础设施建设风险相关中文研究文献所发表期刊的整体质量亟待提升，在 EI 收录期刊、CSSCI 收录期刊和核心期刊发表的中文研究文献累计为 108 篇，占比仅为 12.84%，而大多数中文研究文献都发表在未被收录的普通期刊上。

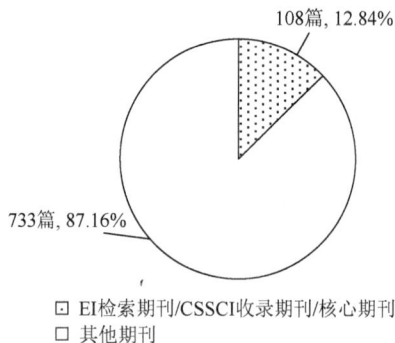

图 2-11　中文研究文献所涉及发表期刊的分类占比

（二）相关英文研究文献所发表期刊的整体质量表现良好

根据所涉及发表期刊的收录情况对关键基础设施建设风险相关英文研究文献

进行了量化分析（注：当期刊隶属于不同学科类别而具有多个分区时，以高分区为准），结果如图 2-12 所示。从该图中可以看出，关键基础设施建设风险相关英文研究文献所发表期刊的整体质量表现良好，发表在 JCR Q1 区期刊（影响因子排名前 25%）的英文研究文献为 48 篇，占比 35.82%；发表在 JCR Q2 区期刊（影响因子排名 25%~50%）的英文研究文献为 40 篇，占比 29.85%，上述两类期刊的英文研究文献占比为 65.67%，表明大多数英文研究文献都发表在影响力较高的期刊上。

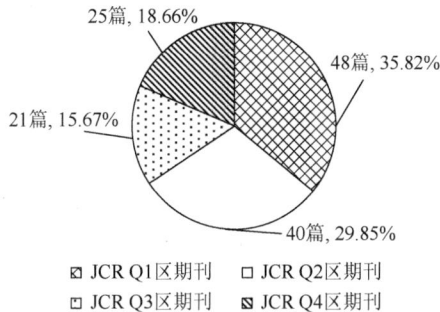

图 2-12　英文研究文献所涉及发表期刊的分类占比

（三）相关英文研究文献所发表期刊的整体质量优于相关中文研究文献

基于发表期刊的分类占比表现来开展关键基础设施建设风险相关中英文研究文献所发表期刊质量差异比对分析。可以看出，英文研究文献所发表期刊的质量整体上明显优于中文研究文献所发表期刊的质量，前者所涉及的发表期刊有六成以上具有较高的影响力，而后者所涉及的发表期刊则有八成以上不具有明显的影响力。

二、来源区域/国家的地理分布与合作网络特征分析

下面将立足于来源区域/国家的地理分布与合作网络特征，分别对关键基础设施建设风险相关中英文研究文献的具体表现及其差异进行比对分析。

（一）相关中文研究文献来源区域广泛，经济发达地区优势明显

对 841 条中文检索记录进行来源区域的分布，提取出 900 个区域记录，涉及我国除港澳台以外的 22 个省、4 个直辖市和 5 个自治区，以及俄罗斯、英国和尼

日利亚等 3 个国家，来源区域的覆盖范围尤为广泛。图 2-13 显示了排名前十位区域的记录占比，以便分析这些区域的学者对关键基础设施建设风险相关中文研究

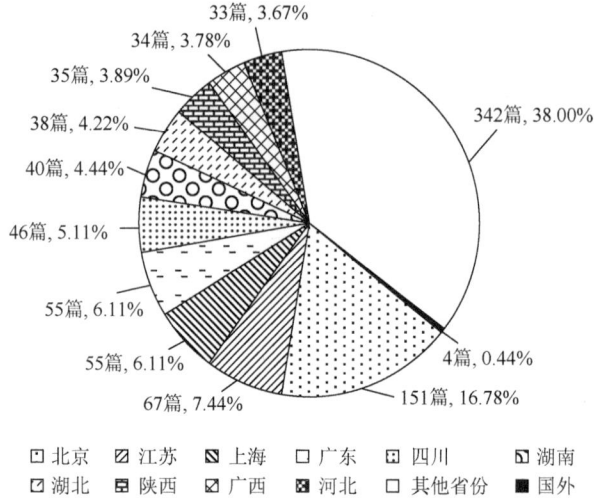

图 2-13　中文研究文献所涉及来源区域的记录占比

图中数据进行过修约，存在合计不等于 100% 的情况

文献的参与程度。排名前十位的区域参与记录均在 33 次以上，累计占比为 61.56%，其他省份和国外地区的参与记录累计占比为 38.44%。从排名前十位区域的地理分布来看，排名前两位的北京、江苏以及并列第三位的上海和广东均位于经济发达地区，参与程度领先优势非常明显，占比分别为 16.78%、7.44% 和 6.11%；西部地区中，四川和陕西表现较优，占比分别为 5.11% 和 3.89%；华中地区的湖南、湖北。华南地区的广西。华北地区的河北同样以较为良好的表现入围。此外，还有来自俄罗斯、英国和尼日利亚的学者参与了关键基础设施建设风险相关中文研究文献的工作。

（二）相关中文研究文献的跨区域合作网络极为松散，北京、上海相对较优

对 841 条中文检索记录进行来源区域合作网络的解析，可以看出，仅有 53 条检索记录涉及跨区域合作，占比为 6.30%，表明关于关键基础设施建设风险相关中文文献研究仍以各区域内学者独立研究为主，跨区域合作非常有限，导致形成的合作网络极为松散。跨区域合作中表现比较突出的是北京和上海，占比分

别为 45.28% 和 15.09%（注：以上不含两个地区之间的合作），为推动关键基础设施建设风险相关中文文献研究发挥了积极的协同创新引领作用。

（三）相关英文研究文献来源国家较为广泛，中美领先优势明显

对 134 条英文检索记录进行来源国家的解析，提取出 185 个国家记录，共涉及 38 个国家和地区，来源国家的范围较为广泛。图 2-14 显示了排名前十位国家的记录占比，可以看出其对关键基础设施建设风险相关英文文献研究的参与程度。排名前十的国家参与记录均在 3 次以上，累计占比为 82.70%，其他国家涉及新加坡、苏格兰、瑞士等 25 个国家，其参与记录均为 1 次或 2 次，累计占比为 17.30%。从排名前十位国家的地理分布来看，亚洲地区有中国、伊朗、韩国、马来西亚四个国家入围，其中，中国是参与程度最高的国家，记录占比为 42.16%；欧洲地区有英国、丹麦、意大利三个国家入围；北美洲有美国一个国家入围，其参与程度排名第二，记录占比为 14.59%；大洋洲有澳大利亚一个国家入围，另有土耳其属于跨越亚洲和欧洲的国家。可以看出，排名前十位的国家中有七个为发达国家，但三个发展中国家的参与程度更为突出，分别位列第一位、第三位和第八位。

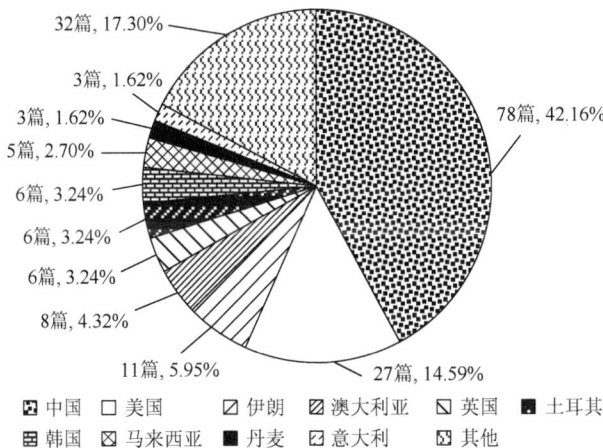

图 2-14　英文研究文献所涉及来源国家的记录占比

图中数据进行过修约，存在合计不等于 100% 的情况

（四）相关英文研究文献的跨国合作网络已初具规模，中国成为重要纽带

对 134 条英文检索记录进行来源国家合作网络的解析，可以看出，有 32 条检

索记录涉及跨国合作，占比为 23.88%，表明关于关键基础设施建设风险相关英文文献研究虽然仍以各国独立研究为主，但跨国合作网络已初具规模，未来仍有待进一步深化。与中国进行跨国合作的国家主要有美国、澳大利亚、英国、新加坡、加拿大、波兰、新西兰，中国内地的学者同时也保持了与来自港澳台地区学者的合作研究。

（五）相关英文研究文献来源范围的表现劣于相关中文研究文献，但其合作网络的表现优于相关中文研究文献

　　基于来源区域/国家的地理分布与合作网络特征来开展关键基础设施建设风险相关中英文研究文献来源范围和合作网络的质量差异比对分析。可以看出，在来源范围方面，134 条相关英文研究文献的记录涉及了 38 个国家和地区，而 841 条相关中文研究文献的记录覆盖了港澳台地区以外的中国 31 个省级行政区，同时还涵盖了 3 个国家，后者在来源范围覆盖广度的表现明显优于前者；在合作网络方面，接近 1/4 的相关英文研究文献存在跨国合作，而相关中文研究文献的跨区域合作仅占 6.30%，前者在合作网络紧密程度方面的表现明显优于后者。

三、依托机构的类型构成和合作网络特征分析

　　这里将立足于依托机构的类型构成和合作网络特征，分别对关键基础设施建设风险相关中英文研究文献的具体表现及其差异进行比对分析。

（一）相关中文研究文献所涉及的依托机构以企业为主，行业特色较为突出

　　对 841 条中文检索记录进行依托机构的解析，提取出 1025 个机构记录（注：仅保留一级机构，一级机构下的二级机构不再提取，如同一大学两个不同的二级学院只以该大学作为依托机构计入一次），涉及企业、大学、政府部门、科研机构、银行、疫控中心、部队等七种类型。由于涉及银行、疫控中心、部队三种类型依托机构的中文研究文献相对较少，这里将这三种类型归为其他，重点分析前四类依托机构。图 2-15 显示了不同类型机构的记录占比，可以看出其对关键基础设施建设风险相关中文研究文献的参与程度。具体来看，企业的参与程度最高，占比56.49%，涉及众多关键基础设施建设领域的行业龙头企业，主要有中国交通建设股份有限公司、中国铁路工程集团有限公司、国家电网有限公司、中国移动通信

集团有限公司等；大学的参与度位列第二，占比 27.41%，涉及许多与关键基础设施建设领域有高度相关性的知名高校，如同济大学、北京交通大学、长安大学、华北电力大学、西南交通大学等；政府部门和科研机构也对关键基础设施建设风险相关中文研究文献保持了较高的参与程度，主要涉及关键基础设施建设领域的主管政府部门和行业特色科研院所，如交通运输部、中国民用航空总局、交通运输部科学研究院、中国铁道科学研究院集团有限公司等。

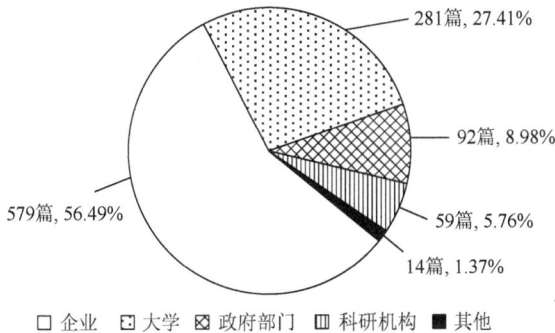

图 2-15　中文研究文献所涉及依托机构的记录占比

图中数据进行过修约，存在合计不等于 100% 的情况

（二）相关中文研究文献的政产学研协同创新合作网络雏形已初步形成

对 841 条中文检索记录进行依托机构合作网络的解析，可以看出，有 143 条检索记录涉及合作（含同类型机构合作记录 45 条、跨类型机构合作记录 98 条），占比为 17.00%，表明关于关键基础设施建设风险相关中文文献研究初步形成政府部门、企业、大学、科研机构等多种类型依托机构组成的政产学研协同创新合作网络。在同类型机构合作中，以不同大学及不同企业之间的合作为主，两类依托机构积极推动关键基础设施建设风险相关中文文献研究的理论发展和应用实践；在跨类型机构合作中，不同类型机构之间的交叉合作，协同助力加快了关键基础设施建设风险相关中文文献研究的发展。

（三）相关英文研究文献所涉及依托机构以大学为主，知名大学优势明显

对 134 条英文检索记录进行依托机构解析，提取出 284 个机构记录（注：保留原则与中文研究文献相同，不再赘述），涉及大学、科研机构、企业、政府部门、医院等五种类型。图 2-16 显示了不同类型机构的记录占比，可以看出其对关键基

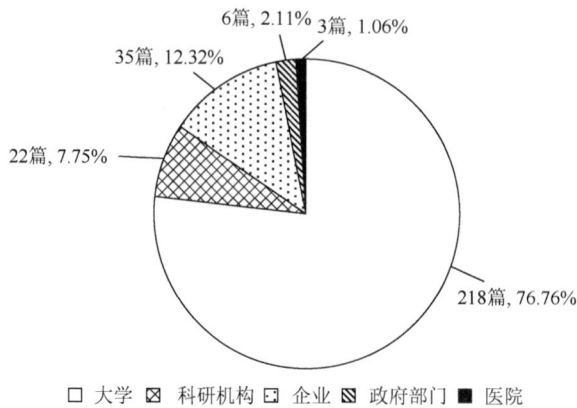

图 2-16　英文研究文献所涉及依托机构的记录占比

础设施建设风险相关研究的参与程度。具体来看，大学的参与程度最高，占比 76.76%，具有绝对的领先优势，所涉及的知名大学主要有美国的伊利诺伊大学、佛罗里达大学、麻省理工学院等，中国的清华大学、天津大学、香港理工大学、澳门大学、台湾大学等，英国的伦敦大学学院，新加坡的新加坡国立大学和南洋理工大学等。由于关键基础设施建设具有较强的实践应用背景，企业的参与程度也比较高，位列第二，占比 12.32%，所涉及的知名企业有美国通用电气能源集团、中国长江三峡集团有限公司、英国合乐集团等。科研机构、政府部门和医院等不同类型的依托机构也对关键基础设施建设风险相关研究保持了较高参与程度。

（四）相关英文研究文献所形成的政产学研协同创新合作网络已较为稳定

对 134 条英文检索记录进行依托机构合作网络的解析，可以看出，有 82 条检索记录涉及合作（含同类型机构合作记录 40 条、跨类型机构合作记录 42 条），占比为 61.19%，表明关于关键基础设施建设风险相关英文文献研究已形成政府部门、企业、大学、科研机构等多种类型依托机构组成的政产学研协同创新合作网络。在同类型机构合作中，以不同大学之间的合作为主，积极推动关键基础设施建设风险相关英文文献研究的理论基础发展；在跨类型机构合作中，大学同样发挥了重要的桥梁纽带作用，与政府部门和企业保持了较高的合作关系，加快了关键基础设施建设风险相关理论研究成果的实际应用。

（五）相关中英文研究文献依托机构的类型构成和合作网络差异显著

基于依托机构类型构成和合作网络特征来开展关键基础设施建设风险相关中

英文研究文献依托机构和合作网络的质量差异比对分析。可以看出，在依托机构方面，相关中英文研究文献的差异较为显著，中文研究文献的依托机构以企业为主，行业特色较为突出，而英文研究文献的依托机构以大学为主，知名大学优势明显；在合作网络方面，相关中英文研究文献的跨机构合作网络均体现出政产学研协同创新特色，但中文研究文献的跨机构合作占比远低于英文研究文献，前者仅初步形成合作网络的雏形，而后者已形成较为稳定的合作网络。

四、论文作者的学术影响分析

下面将立足于论文作者的学术影响，分别对关键基础设施建设风险相关中英文研究文献的具体表现及其差异进行比对分析。研究文献发表数量和研究文献引文数量分别反映了作者的产出水平和被关注程度，这里利用这两个指标来综合衡量论文作者的学术影响。

（一）关键作者的遴选与确定

根据普赖斯定律（董国豪和潜伟，2017），确定关键基础设施建设风险相关中英文研究文献的高产出作者和高被引作者，遴选公式分别为

$$m_{中} = 0.749\sqrt{p_{\max}^{中}} \tag{2-1}$$

$$n_{中} = 0.749\sqrt{c_{\max}^{中}} \tag{2-2}$$

$$m_{英} = 0.749\sqrt{p_{\max}^{英}} \tag{2-3}$$

$$n_{英} = 0.749\sqrt{c_{\max}^{英}} \tag{2-4}$$

其中，$m_{中}$ 为中文研究文献高产出作者遴选阈值；$p_{\max}^{中}$ 为产出最多的作者的中文研究文献发表数量累计值；$n_{中}$ 为中文研究文献高被引作者遴选阈值；$c_{\max}^{中}$ 为引文最多的作者的中文研究文献引文数量累计值；$m_{英}$ 为英文研究文献高产出作者遴选阈值；$p_{\max}^{英}$ 为产出最多的作者的英文研究文献发表数量累计值；$n_{英}$ 为英文研究文献高被引作者遴选阈值；$c_{\max}^{英}$ 为引文最多的作者的英文研究文献引文数量累计值。进一步地，将同时满足高产出作者和高被引作者条件的作者界定为关键作者。

（二）相关中文研究文献的关键作者数量较少，近七成来自大学

利用式（2-1）和式（2-2）对 841 条中文检索记录进行测算，得出 $m_{中} = 1.297$，$n_{中} = 11.914$，即中文研究文献发表数量在 2 篇以上为中文研究文献高产出作者，

中文研究文献引文数量在 12 篇以上为中文研究文献高被引作者。对中文检索记录的作者进行统计分析后发现，关键基础设施建设风险相关中文研究文献关键作者有 25 人，其姓名、单位、发表累计数量和引文累计数量如表 2-1 所示（注：当研究文献发表累计数量相同时，按照研究文献引文累计数量进行作者排序；当研究文献发表和引文累计数量均相同时，按照作者姓氏首字母排序）。具体来看，有 17 位关键作者来自大学，占比 68.00%。产出方面表现最为突出的关键作者既有来自关键基础设施建设相关企业的业界骨干，又有来自领域知名大学的专家学者，而被引方面表现最突出的关键作者则来自大学。

表 2-1 中文研究文献关键作者相关信息

序号	作者姓名	单位	发表累计数量/篇	引文累计数量/篇
1	杨树才	南京地铁集团有限公司	3	107
2	高幸	长沙理工大学	3	37
3	万军杰	武汉理工大学/中交四航工程研究院有限公司	3	20
4	卢川	安徽省交通规划设计研究总院股份有限公司	3	12
5	尹贻林	天津理工大学	2	141
6	解东升	中国人民解放军陆军工程大学	2	129
7	徐伟	同济大学	2	99
8	罗富荣	北京市轨道交通建设管理有限公司	2	80
9	张飞涟	中南大学	2	58
10	毕湘利	上海申通轨道交通研究咨询有限公司/同济大学/上海地铁建设有限公司	2	51
11	崔丽红	中国铁路总公司工程管理中心/北京交通大学	2	34
12	吴国付	武汉理工大学	2	29
13	胡群芳	同济大学	2	25
14	廉晓敏	河南工业大学	2	25
15	金晶	中国铁道科学研究院集团有限公司	2	22
16	雷冰峰	大连海事大学	2	22
17	李宗昊	西南交通大学	2	22
18	杨长卫	西南交通大学	2	22
19	朱亮	中国国家铁路集团有限公司	2	22
20	孙长军	北京市轨道交通建设管理有限公司/北京交通大学	2	19
21	赵文忠	河北工业大学	2	14
22	樊重俊	上海理工大学	2	13

续表

序号	作者姓名	单位	发表累计数量/篇	引文累计数量/篇
23	郭红梅	北京城建勘测设计研究院有限责任公司	2	13
24	成德林	中兰铁路客运专线有限公司	2	12
25	刘景龙	宁波海事局	2	12

（三）相关英文研究文献的关键作者数量较少，八成以上来自大学

利用式（2-3）和式（2-4）对 134 条英文检索记录进行测算，得出 $m_{英}=1.498$，$n_{英}=9.993$，即英文研究文献发表数量在 2 篇以上为英文高产出作者，英文研究文献引文数量在 10 篇以上为英文研究文献高被引作者。对英文检索记录的作者进行统计分析后发现，关键基础设施建设风险相关英文研究文献关键作者有 18 人，其姓名、单位、发表累计数量和引文累计数量如表 2-2 所示（注：关键作者排序规则同中文研究文献，不再赘述）。具体来看，有 15 位关键作者来自大学，占比 83.33%。产出方面表现最为突出的关键作者来自美国顶级研究型大学，而被引方面表现最为突出的关键作者则同时在多所大学和国立科研机构开展研究工作。

表 2-2 英文研究文献关键作者相关信息

序号	作者姓名	单位	发表累计数量/篇	引文累计数量/篇
1	Tran D Q	University of Kansas（堪萨斯大学）	4	56
2	Skitmore M	Queensland University of Technology（昆士兰科技大学）	3	105
3	Skibniewski M J	University of Maryland（马里兰大学）/Polish Academy of Sciences（波兰科学院）/Chaoyang University of Technology（朝阳科技大学）	2	168
4	Chang C M	National Taiwan University of Science and Technology（台湾科技大学）	2	99
5	Leu S S	National Taiwan University of Science and Technology（台湾科技大学）	2	99
6	Gilbert A	Vermont Law School（佛蒙特法学院）	2	98
7	Sovacool B K	Aarhus University（奥胡斯大学）/Vermont Law School（佛蒙特法学院）	2	98
8	Zhao H R	North China Electric Power University（华北电力大学）	2	66
9	Dikmen I	Orta Dogu Teknik Universitesi（中东科技大学）	2	64

续表

序号	作者姓名	单位	发表累计数量/篇	引文累计数量/篇
10	Molenaar K R	University of Colorado（科罗拉多大学）	2	55
11	Oztas A	Isik University（伊什克大学）	2	48
12	Okmen O	General Directorate of State Hydraulic Works（土耳其国家水利工程总局）	2	48
13	Li W	Southeast University（东南大学）	2	41
14	Yuan J F	Southeast University（东南大学）	2	41
15	Gao S D	Central University of Finance and Economics（中央财经大学）	2	24
16	Wang T	Central University of Finance and Economics（中央财经大学）	2	24
17	Sun Z J	Chinese People's Liberation Army General Hospital（中国人民解放军医院）	2	18
18	Yang B	Chinese People's Liberation Army General Hospital（中国人民解放军医院）	2	18

（四）相关中英文研究文献的关键作者数量均较少，英文研究文献表现略优于中文研究文献

相关中英文研究文献关键作者的群体范围均较少，但其在发表和引文方面表现出较高的活跃度和被关注度，对国内外关键基础设施建设风险相关研究的发展起到了突出的推动作用。具体来看，英文研究文献关键作者的占比、发表累计数量和引文累计数量的整体表现略优于中文研究文献。

第三章　特征驱动的关键基础设施建设风险
基础理论研究

本章将开展特征驱动的关键基础设施建设风险理论基础研究。首先，给出关键基础设施、关键基础设施建设风险等相关概念及其范畴的界定，并分析关键基础设施建设项目的共性特征和关键基础设施建设风险的主要特征；其次，分析 PPP 模式、BOT 模式、ABS 模式等各类代表性融资模式在关键基础设施建设领域的适用性；再次，凝练特征驱动的关键基础设施建设重点环节风险识别问题、国别视角下特征驱动的关键基础设施建设风险评估问题、项目视角下特征驱动的关键基础设施建设风险评估问题、特征驱动的关键基础设施建设风险分担问题、特定风险场景下关键基础设施建设形势分析与应对举措研究问题等五类典型问题；最后，分别设计与五类典型问题相匹配的针对性研究框架。

第一节　相关概念及其范畴界定

明晰所研究问题的基本概念及其范畴是开展特征驱动的关键基础设施建设风险基础理论研究的首要前提。结合代表性国家相关政策文件以及相关研究文献，本节分别给出关键基础设施的概念及范畴和关键基础设施建设风险的概念界定。

一、关键基础设施的概念及范畴

关键基础设施是为维护国土安全、经济稳定、社会福祉以及政府部门正常运转提供重要服务支撑的基础系统，如交通系统、能源系统等（Rinaldi et al.，2002；刘晓和张隆飙，2009）。近年来，全球经济持续低迷、逆全球化思潮发酵、地缘政治博弈加剧、贸易摩擦激化升级等不确定因素引发的各类风险事件频频发生，关键基础设施的重要性已经引起各国政府部门的高度关注。在新的形势下，美国、德国、澳大利亚、日本、中国等代表性国家结合各自的国情陆续颁布并实施了一系列关键基础设施安全保障政策，明确了关键基础设施的概念及范畴。

（一）美国：持续完善调整的关键基础设施体系

1996年7月，克林顿总统颁布第13010号行政令，宣布成立总统关键基础设施保护委员会。1997年10月，该委员会在发布的报告《关键基础：保护美国的基础设施》（*Critical Foundations：Protecting America's Infrastructures*）中将关键基础设施界定为"发生任何失效或遭受破坏将会削弱国防能力、对经济安全产生致命影响的系统"，并将关键基础设施的范畴划分为8类，包括通信系统、电力系统、天然气与石油系统、银行与金融系统、交通系统、给水系统、政府服务系统和应急服务系统。

2003年12月，小布什总统颁布第7号国土安全总统令《关键基础设施的识别、优先级划分和保护》（*Critical Infrastructure Identification，Prioritization，and Protection*）[①]，强调关键基础设施提供了支撑美国社会的基本服务，并将关键基础设施的范畴拓展至17类，包括信息技术、通信、化工行业、运输系统、应急服务、邮政和货运服务、大坝、政府设施、商业设施、国防工业基地、能源和电力、金融服务、食品和农业、公共健康和医疗、商用核反应堆及核材料与废弃物、饮用水和废水处理系统、国家纪念碑和象征性标志。2008年3月，美国国土安全部宣布将关键制造业列为第18类关键基础设施。

2013年2月，奥巴马总统颁布第21号总统令《关键基础设施安全和弹性》（*Critical Infrastructure Security and Resilience*）[②]，将关键基础设施界定为"对美国至关重要的物理或虚拟的系统和资产，其失效或破坏将对安全、国家经济安全、国家公共卫生安全以及这些事项的任意组合产生不利影响"，并将关键基础设施的范畴调整为16类，包括化工行业、商业设施、通信、关键制造业、大坝、国防工业基地、应急服务、能源、金融服务、食品和农业、政府设施、公共健康和医疗、信息技术、核反应堆及核材料与废弃物、运输系统、饮用水和废水处理系统。

2017年5月，特朗普总统颁布第13800号行政令《增强联邦政府网络与关键基础设施网络安全》（*Strengthening the Cybersecurity of Federal Networks and Critical Infrastructure*）[③]，并未对关键基础设施的概念和范畴进行调整，依然采

---

① "Homeland Security Presidential Directive 7：Critical Infrastructure Identification，Prioritization，and Protection"，https://www.cisa.gov/homeland-security-presidential-directive-7[2018-11-16].

② "Presidential Policy Directive—Critical Infrastructure Security and Resilience"，https://obamawhitehouse.archives.gov/the-press-office/2013/02/12/presidential-policy-directive-critical-infrastructure-security-and-resil[2021-10-19].

③ "Strengthening the Cybersecurity of Federal Networks and Critical Infrastructure"，https://www.federalregister.gov/documents/2017/05/16/2017-10004/strengthening-the-cybersecurity-of-federal-networks-and-critical-infrastructure[2021-10-19].

用了奥巴马总统的第 21 号总统令,仅对加强关键基础设施安全保护提出相应要求和措施。

2021 年 7 月,拜登总统颁布《提升关键基础设施控制系统网络安全的国家安全备忘录》(*National Security Memorandum on Improving Cybersecurity for Critical Infrastructure Control Systems*)①,同样未对关键基础设施的概念和范畴进行调整,继续沿用奥巴马总统的第 21 号总统令,但强调了关键基础设施网络安全性能目标。

综上可见,作为较早关注关键基础设施保护的国家之一,美国政府通过克林顿总统、小布什总统、奥巴马总统、特朗普总统、拜登总统等各届总统对关键基础设施的概念和范畴开展了持续不断的调整和完善,逐步形成了较为完备的关键基础设施体系,并对关键基础设施赋予了较高的国家战略地位。

(二)德国:相对稳定的关键基础设施体系

1997 年美国总统关键基础设施保护委员会颁布《关键基础:保护美国的基础设施》的同一时期,德国在德国联邦内政部的领导下成立联邦部委关键基础设施保护工作组,这之后关键基础设施保护越来越受到关注,如德国联邦议院研究委员会设立了互联网安全特别委员会来提高保护关键基础设施的认知(Brömmelhörster et al.,2004)。

2009 年 6 月,德国联邦内政部颁布《关键基础设施保护国家战略》(*National Strategy for Critical Infrastructure Protection*)②,将关键基础设施界定为"对社会具有重大意义的组织和设施,其故障或损坏将导致供应持续短缺、严重扰乱公共秩序或其他严重后果",并将关键基础设施的范畴划分为 9 类,包括能源供应、信息与通信技术、运输、水供应与污水处理、公共健康与食物、应急与救援服务、灾害控制与管理、金融与保险业务、媒体与文化。

2011 年 1 月,德国联邦内政部颁布《信息基础设施保护国家方案的关键基础设施实施方案》(*CIP Implementation Plan of the National Plan for Information Infrastructure Protection*)③,在该报告中沿用了 2009 年《关键基础设施保护国家

---

① "National Security Memorandum on Improving Cybersecurity for Critical Infrastructure Control Systems", https://www.whitehouse.gov/briefing-room/statements-releases/2021/07/28/national-security-memorandum-on-improving-cybersecurity-for-critical-infrastructure-control-systems/[2021-10-19].

② "National Strategy for Critical Infrastructure Protection(CIP Strategy)", https://www.bmi.bund.de/SharedDocs/downloads/EN/publikationen/2009/kritis_englisch.html[2021-10-19].

③ "CIP Implementation Plan of the National Plan for Information Infrastructure Protection", https://qcert.org/sites/default/files/public/documents/GER-PL-CIP%20Implementation%20Plan-Eng-2007.pdf[2021-10-19].

战略》中给出的关键基础设施概念，但将关键基础设施的范畴调整为 8 类，包括运输与交通、能源、危险品、信息技术与通信、金融及货币系统与保险、供应服务、权威部门及行政部门与司法部门、医疗等其他部门。

2011 年 2 月，德国联邦信息安全办公室颁布《德国网络安全战略》（*Cyber Security Strategy for Germany*）[①]，明确了制定网络安全战略的总体目标，并提出将基于目前的网络安全挑战，以关键基础设施计划确定的框架为基础来采取措施应对当前的威胁（程群和胡延清，2011）。

2015 年 7 月，德国联邦参议院审议通过《信息技术安全法》（*IT-Security Act*），首次从法律层面给出关键基础设施的定义，依然沿用了 2009 年《关键基础设施保护国家战略》中给出的关键基础设施概念，并将关键基础设施的范畴调整为 7 类，包括能源、信息与通信、交通运输、卫生保健、供水、食品、金融保险部门（刘山泉，2015）。

2017 年 9 月，在中国信息安全认证中心组织的中德信息安全合格评定研讨会上，德国联邦信息安全办公室代表韦伯（Weber）在题为《2017 年德国网络安全战略——目标、重心与实施》（*Cyber Security in Germany* 2017—*Objectives，Priorities and Implementation*）[②]的报告中，继续沿用 2009 年《关键基础设施保护国家战略》中给出的关键基础设施概念，但将关键基础设施的范畴调整为 9 类，包括能源、卫生、信息技术与通信、交通运输、媒体与文化、水、金融与保险、食物、联邦及行政机关。关键基础设施的上述概念与范畴划分在德国联邦信息安全办公室官网沿用至今（截至 2021 年 10 月）。

综上可以看出，德国政府对关键基础设施的概念界定并未发生变化，始终沿用 2009 年《关键基础设施保护国家战略》中给出的关键基础设施概念，而对关键基础设施的范畴划分在经历了几次小幅度的调整之后也已经趋于稳定。

（三）澳大利亚：不断拓展的关键基础设施体系

2009 年 11 月，澳大利亚政府在发布的《关键基础设施韧性战略》（*Critical Infrastructure Resilience Strategy*）[③]中将关键基础设施界定为"为日常生活提供基本服务（如能源、食物、水、交通、通信、健康以及银行和金融）的有形设施、

---

① "Cyber Security Strategy for Germany", http://www.cio.bund.de/SharedDocs/Publikationen/DE/Strategische-Themen/css_engl_download.pdf?__blob=publicationFile[2011-07-01].

② "Cyber Security in Germany 2017—Objectives，Priorities and Implementation", https://www.isccc.gov.cn/zlzx/kyxx/images/2017/09/10/1BD9E0DFF65CC31ABE0B1496C1CB45E2.pdf[2021-10-23].

③ "Critical Infrastructure Resilience Strategy", https://www.tisn.gov.au/Documents/Australian+Government+s+Critical+Infrastructure+Resilience+Strategy.pdf[2021-10-23].

供应链、信息技术和通信网络，若其遭到破坏、功能退化或长期无法使用，将对国家的社会或经济福祉产生重大影响，或是影响澳大利亚开展国家防御和确保国家安全的能力"。

2017年10月，为补齐关键基础设施网络安全法律的短板，澳大利亚总检察长签署发布针对关键基础设施的首部详细安全保护法案——《关键基础设施安全法案2017》（*Security of Critical Infrastructure Bill* 2017）①，该法案提出了制定关键基础设施相关的国家安全风险管理框架，将关键基础设施的范畴划分为6类，包括电力、港口、水资源、天然气、部长认定的关键基础设施以及法案规定的其他关键基础设施，并梳理了100项关键基础设施资产清单。

2018年7月，经澳大利亚联邦议会和参议院共同审议通过，澳大利亚政府正式颁布《关键基础设施安全法案2018》（*Security of Critical Infrastructure Bill* 2018）②，旨在制定有效的制度框架来解决和管理澳大利亚关键基础设施所涉及的国家安全风险，其中，关键基础设施范畴的划分与《关键基础设施安全法案2017》保持一致，但增加了关键基础设施资产清单的项数，从100项扩充为165项。

2020年12月10日，为修正《关键基础设施安全法案2018》，澳大利亚内政部长向议会提交《安全立法修正案（关键基础设施）法案2020》（*Security Legislation Amendment*（*Critical Infrastructure*）*Bill* 2020）③，将关键基础设施范畴从6类拓展为11类，包括通信、数据存储或处理、金融服务和市场、水和污水处理、能源、保健和医疗、高等教育和研究、食品和杂货、运输、空间技术、国防工业。

综上可见，在制定关键基础设施相关法律法规方面，澳大利亚政府相较于美国政府和德国政府起步较晚，近年来通过对相关法案的不断完善修正，逐步扩大了关键基础设施的范畴，而关键基础设施的概念则并未发生明显变化。

（四）日本：较为稳定的关键基础设施体系

2000年12月，日本政府颁布《关键基础设施网络反恐措施特别行动计划》④，明确要求开展风险分析、重新审查安全指导方针以及推动政府与供应商信息交流

---

① "Security of Critical Infrastructure Bill 2017", https://www.legislation.gov.au/Details/C2017B00260 [2021-10-23]。

② "Security of Critical Infrastructure Bill 2018", https://www.aph.gov.au/Parliamentary_Business/Bills_Legislation/Bills_Search_Results/Result?bId=s1118 [2021-10-23]。

③ "Security Legislation Amendment（Critical Infrastructure）Bill 2020", https://www.legislation.gov.au/Details/C2020B00201 [2021-10-23]。

④ "Special Action Plan on Countermeasures to Cyber-terrorism of Critical Infrastructure（Provisional Translation）", https://japan.kantei.go.jp/it/security/2001/cyber_terror.html[2021-10-23]。

等方式来推动网络安全治理，以避免关键基础设施受到网络恐怖活动的攻击（张友春，2002）。

2005 年 12 月，日本国家信息安全中心制定并颁布《关键基础设施信息安全措施行动计划》（*Action Plan on Information Security Measures for Critical Infrastructures*）①，将关键基础设施的概念界定为"由提供高度不可代替且对人民社会生活和经济活动不可或缺的服务的商业实体组成，如果其功能被暂停、削弱或是无法运行，人们的社会生活和经济活动将会遭受到重大破坏"，并将关键基础设施的范畴划分为 10 类，包括电信、金融、民航、铁路、电力、燃气、政务、医疗、水利和物流（黄道丽和方婷，2016）。

2010 年 5 月，为适应不断变化的信息环境，日本信息安全政策委员会颁布《保护国民信息安全战略》（*Information Security Strategy for Protecting the Nation*）②，旨在通过加强对关键基础设施的保护来降低国民使用信息技术时面临的风险，该战略沿用了 2005 年《关键基础设施信息安全措施行动计划》中对关键基础设施的概念与范畴界定（王舒毅，2015）。

2013 年 6 月，为保护日本信息化社会正常运转不可或缺的关键基础设施的安全，日本国家信息安全中心颁布《网络安全战略——塑造全球领先、富有弹性和有活力的网络空间》（*Cybersecurity Strategy—Toward a World-leading，Resilient and Vigorous Cyberspace*）③，并继续沿用了 2005 年《关键基础设施信息安全措施行动计划》中对关键基础设施的概念与范畴界定（卢英佳和吕欣，2014）。

2015 年 5 月，为加强关键基础设施保障能力，日本网络安全战略总部与日本网络安全中心共同制定并颁布新的《网络安全战略》（*Cybersecurity Strategy*）④，明确关键基础设施保障能力建设的重点任务是形成系列保障措施政策和宗旨、建立关键基础设施保障核心机构、健全关键基础设施相关网络安全的标准和认证体系，在该战略中关键基础设施的范畴划分拓展至 13 类，包括电信、金融、民航、铁路、电力、燃气、政务、医疗、水利、物流、化工、信贷和石油（韩宁，2017）。

综上可以看出，日本政府对关键基础设施的概念界定并未发生变化，始终沿用 2005 年《关键基础设施信息安全措施行动计划》中给出的关键基础设施概

---

① "Action Plan on Information Security Measures for Critical Infrastructures"，https://www.nisc.go.jp/eng/pdf/actionplan_ci_eng.pdf[2021-10-23]。

② "Information Security Strategy for Protecting the Nation"，https://www.nisc.go.jp/eng/pdf/New_Strategy_English.pdf[2021-10-23]。

③ "Cybersecurity Strategy—Toward a World-leading，Resilient and Vigorous Cyberspace"，https://www.nisc.go.jp/eng/pdf/CyberSecurityStrategy.pdf[2021-10-23]。

④ "Cybersecurity Strategy"，https://www.nisc.go.jp/eng/pdf/cs-strategy-en.pdf[2021-10-23]。

念，而对关键基础设施的范畴划分也相对稳定，仅在 2015 年进行了小范围的扩展。

（五）中国：特色政策导向下的关键基础设施

我国在关键基础设施相关法律法规制定方面起步较晚。以适用设施领域、适用设施类型、适用设施地域为依据，可将已有的政策大体分为以下三类。

1. 聚焦于某个特定领域关键基础设施的政策

在这类政策里，分别给出了关键基础设施的范畴划分。具体地，在《国务院办公厅关于开展重大基础设施安全隐患排查工作的通知》（国办发〔2007〕58 号）中，将关键基础设施的范畴划分为 9 类，包括公路交通设施、铁路交通设施、水运交通设施、民航交通设施、大型水利设施、大型煤矿、重要电力设施、石油天然气设施、城市基础设施。在《国务院办公厅关于保持基础设施领域补短板力度的指导意见》（国办发〔2018〕101 号）中，将关键基础设施的范畴划分为 9 类，包括脱贫攻坚、铁路、公路与水运、机场、水利、能源、农业农村、生态环保、社会民生等领域基础设施。

2. 聚焦于某种特定类型关键基础设施的政策

这类政策分别适用于国家空间信息基础设施、国家重大科技基础设施、国家重大科研基础设施、电动汽车充电基础设施、关键信息基础设施等不同类型的关键基础设施，具体包括《关于促进我国国家空间信息基础设施建设和应用的若干意见》、《国家重大科技基础设施建设中长期规划（2012—2030 年）》、《国务院关于国家重大科研基础设施和大型科研仪器向社会开放的意见》（国发〔2014〕70 号）、《国务院办公厅关于加快电动汽车充电基础设施建设的指导意见》（国办发〔2015〕73 号）、《关键信息基础设施安全保护条例》（2021 年国令第 745 号）。

3. 聚焦于不同地域关键基础设施的政策

这类政策分别适用于城市、城镇和农村等不同地域的关键基础设施，具体包括《国务院关于加强城市基础设施建设的意见》（国发〔2013〕36 号）、《国务院关于进一步做好城镇棚户区和城乡危房改造及配套基础设施建设有关工作的意见》（国发〔2015〕37 号）、《国务院办公厅关于创新农村基础设施投融资体制机制的指导意见》（国办发〔2017〕17 号）。

（六）本书所界定的关键基础设施

2013 年 9 月，正是在访问哈萨克斯坦期间，习近平首次提出共建丝绸之路经济带。随后在习近平主席访问印度尼西亚时，21 世纪海上丝绸之路的合作倡议首次提出[①]；2013 年 12 月，习近平在中央经济工作会议上提出，推进丝绸之路经济带建设，建设 21 世纪海上丝绸之路[②]；2014 年 3 月，政府工作报告提出抓紧规划建设丝绸之路经济带、21 世纪海上丝绸之路[③]，这也标志着"一带一路"倡议已成为国家级顶层合作倡议，进入全面推进期。共建"一带一路"致力于亚欧非大陆及附近海洋的互联互通，建立和加强沿线各国互联互通伙伴关系，构建全方位、多层次、复合型的互联互通网络，实现沿线各国多元、自主、平衡、可持续的发展[④]。

2015 年 3 月，国家发展改革委、外交部、商务部联合发布《推动共建丝绸之路经济带和 21 世纪海上丝绸之路的愿景与行动》，明确了"一带一路"倡议对基础设施发展的战略定位，将设施联通列为五大合作重点之一，强调了基础设施互联互通是"一带一路"建设的优先领域。作为构建互联互通网络的重要突破口，关键基础设施的发展要点在《推动共建丝绸之路经济带和 21 世纪海上丝绸之路的愿景与行动》中得以体现，一是抓住交通基础设施的关键通道、关键节点和重点工程，优先打通缺失路段，畅通瓶颈路段，配套完善道路安全防护设施和交通管理设施设备，提升道路通达水平；二是加强能源基础设施互联互通合作，共同维护输油、输气管道等运输通道安全，推进跨境电力与输电通道建设，积极开展区域电网升级改造合作；三是共同推进跨境光缆等通信干线网络建设，提高国际通信互联互通水平，畅通信息丝绸之路。

结合上述要点，将本书所研究的关键基础设施界定为"与实现'一带一路'倡议中互联互通目标相关的交通、能源、通信网络等基础设施"，并将关键基础设施的范畴划分为三类，包括交通基础设施、能源基础设施、通信网络基础设施。

二、关键基础设施建设风险的概念界定

界定关键基础设施建设风险的概念，首先需要全面剖析关键基础设施建设项目的共性特征。其次基于所界定的概念，进一步系统梳理相关研究，归纳关键基

---

① 《习近平前年在哈首提"丝路概念"蓝图逐步落实》，http://politics.people.com.cn/n/2015/0508/c1001-26967220.html[2022-06-22]。

② 《一带一路 习近平治国理政关键词（7）：互利共赢 造福世界》，http://theory.people.com.cn/n1/2016/0205/c49150-28112740.html[2022-06-22]。

③ 《政府工作报告（全文）》，http://www.gov.cn/guowuyuan/2014-03/14/content_2638989.htm[2022-06-01]。

④ 《授权发布：推动共建丝绸之路经济带和 21 世纪海上丝绸之路的愿景与行动》，http://www.xinhuanet.com/world/2015-03/28/c_1114793986.htm[2015-04-20]。

础设施建设风险的主要特征，为凝练特征驱动的关键基础设施建设风险研究问题提供切入点。

（一）关键基础设施建设项目共性特征

与一般项目相比，关键基础设施建设项目往往具有战略影响深远、资金需求量大、建设工程复杂、参与主体多元、项目交互关联等方面的共性特征，各个共性特征的具体表现描述如下。

1. 战略影响深远

关键基础设施是构建全方位、多层次、复合型的互联互通网络的核心要素，也是实现沿线各国多元、自主、平衡、可持续发展的重要载体。由此可见，关键基础设施建设具有较为深远的战略影响。当前，许多国家制订了与关键基础设施建设相关的战略规划，如中国的"一带一路"倡议和交通强国战略、美国的《增强联邦政府网络与关键基础设施网络安全》行政指令和《基础设施投资和就业法案》（*The Infrastructure Investment and Jobs Act*）等。已有研究验证了关键基础设施在推动区域经济发展（Arnold and Yildiz，2015；Hong et al.，2011；Röller and Waverman，2001；葛翔宇等，2019；张学良，2012）、促进贸易便利化（Bottasso et al.，2018；Cosar and Demir，2016；胡再勇等，2019；张鹏飞，2018）、加快产业动能培育（Hajibabai and Ouyang，2013；Tan et al.，2018；唐红祥等，2018；孙早和徐远华，2018；孙晓华等，2017）、提升人民生活质量（Venkataramanan et al.，2019；Zeng et al.，2015；刘哲铭等，2018；滕敏敏等，2014）等方面所发挥的积极推动作用。但也有一些研究验证了关键基础设施建设对沿线生态环境的不良影响（Asher et al，2020；Rouse et al.，2020；陈杰，2020；任雁等，2015），以及可能诱发的通货膨胀（Feltenstein and Ha，1999；Kim，1998；陈红，2012；陈为涛等，2010）和债务危机（Barney and Souksakoun，2021；Lavee et al.，2011；李升等，2018；张平，2014）。

2. 资金需求量大

关键基础设施建设需要投入大量的人力、物力来完成，对投资规模要求较高（Dailami and Leipziger，1998；Gholipour et al.，2021；Kim et al.，2018；陈银娥等，2020；沈梦溪，2016b；孙烨和吴昊洋，2017）。亚洲开发银行和亚洲开发银行研究所报告《无缝连接的亚洲基础设施》（*Infrastructure for a Seamless Asia*）显示，2010~2020 年亚洲国家基础设施部门投资需求为 799.18 亿美元，其中，交通基础设施、能源基础设施、通信网络基础设施投资需求分别为 246.61 亿美元、

408.86 亿美元、105.57 亿美元,三类关键基础设施累计占比为 95.23%。牛津经济研究院和二十国集团全球基础设施建设中心联合发布的报告《全球基础设施展望——2040 年基础设施投资需求:50 个国家、7 个部门》显示,在"一带一路"倡议带动下,2016～2040 年全球基础设施建设投资累计近 94 万亿美元,其中,交通、能源、通信网络三类关键基础设施累计投资 75.89 万亿美元,占比为 80.73%。

3. 建设工程复杂

交通、能源、通信网络等关键基础设施的建设过程是一项复杂的系统工程(Klashner and Sabet,2007;Pryke et al.,2018;梁茹和盛昭瀚,2015;麦强等,2019)。一方面,由于关键基础设施具有独特的空间布局,通常会涉及较广的地域跨度,可能会跨省(区、市)甚至跨越国界,如连通香港、珠海、澳门三地的港珠澳大桥,中亚天然气管道工程以及中巴跨境光缆项目等,整个建设过程中需要多个地方政府部门甚至是多个国家的政府部门进行沟通协调(Abrell and Rausch,2016;Salling et al.,2007;陈宏权等,2020;王利平和呼睿颖,2021);另一方面,关键基础设施建设项目沿线地区的经济状况、地质条件、气候环境、社会习俗等各有差异,项目过程中不可预见情况的发生频率会大大增加(Dong et al.,2018;Salling et al.,2007;张婉婷和科列斯尼科娃,2020)。

4. 参与主体多元

由于关键基础设施建设整个过程都伴随着人力、物力、资金等方面的巨大需求,通常情况下单凭一家机构很难满足,往往会需要政府部门、项目承建单位、项目设计单位和以银行、证券公司、信托公司、基金公司等金融机构为代表的融资机构及境外项目所涉及东道国的政府部门、施工企业、金融机构等多方主体的共同参与(Aladağ and Işik,2020;Cuppen et al.,2016;Khan et al.,2021;陈锐和谭英双,2017;汪文雄和李启明,2010;王立国和王昱睿,2019)。作为中国首个纯公益市政工程 PPP 项目,安庆外环北路项目涉及多个参与主体,包括安庆市人民政府、北京城建设计发展集团股份有限公司、安庆市城市建设投资发展(集团)有限公司、安庆市住房和城乡建设局、安庆市财政局、北京城建道桥建设集团有限公司、亚泰集团等(Liang and Hu,2020)。作为东南亚的首条高速铁路和中国在海外承建的首条高速铁路,雅万高铁项目所涉及的参与主体众多,包括中国政府、印度尼西亚政府、印度尼西亚交通部、中国国家铁路集团有限公司、中国电力建设集团有限公司、中国中车股份有限公司、中国铁路通信信号股份有限公司以及印度尼西亚的国营建筑公司 Wijaya Karya、农场运营公司 Perkebunan Nusantara VIII、铁路公司 Kereta Api Indonesia、公路服务公司 Jasa Marga 等[①]。

5. 项目交互关联

关键基础设施建设项目通常表现为项目集群的形式，由具有共同目标的一组项目构成，呈现出层级化的结构，采取"分期—分段"施工模式，各个项目并非独立实施，而是存在时序、资源等方面的交互关联（Martinsuo and Hoverfält，2018；Verweij，2015；程书萍，2017；高武等，2016；郭宁等，2019）。例如，某跨境隧道建设项目是一个由入口项目、挖掘项目、支持项目、衬砌项目、防水排水项目、机电项目等构成的项目集群，这些项目既存在施工流程上的时序关联，或先后施工（如入口项目和挖掘项目，前者施工完毕后才会开展后者的施工作业），或同步施工（如防水排水项目与机电项目，两者可以同步开展施工作业），也会存在施工作业人员、设施设备等人力物力资源的共享或排他关联（Li et al.，2019）。

（二）关键基础设施建设风险及其主要特征

结合关键基础设施建设项目的共性特征分析，将关键基础设施建设风险的概念界定为：由于政治、经济金融、双边政策等国家宏观层面下多种因素和资金到位不及时、组织协调不畅等项目微观层面下多种因素的综合作用，关键基础设施新建项目及改扩建项目在建设过程中出现项目延期、中断乃至终止等与实现关键基础设施互联互通目标相偏离现象的可能性。

通过对相关研究的系统性梳理，进一步归纳出关键基础设施建设风险的主要特征。

1. 风险多源性

交通、能源、通信网络等关键基础设施建设项目从规划设计、融资策划、工程施工、竣工验收到交付运营的全生命周期中，会面临政府信用缺失、通货膨胀、成本超支、设计变更等来自国家宏观层面和项目微观层面诸多风险因素的影响，各个风险因素诱因不同、性质各异（Aladağ and Işik，2020；Dong et al.，2018；余莹，2015；赵泽斌和满庆鹏，2018）。

2. 风险关联性

交通、能源、通信网络等关键基础设施建设项目所涉及的各个风险因素并非

[①]《中印尼签署雅万高铁项目》，http://politics.people.com.cn/n/2015/1017/c70731-27708417.html[2015-04-20]。

完全独立，而是存在着相互关联的交互影响（Ahmadabadi and Heravi，2019；Li et al.，2019；王军武和余旭鹏，2020；汪涛等，2019；赵娜等，2018）。例如，工期延迟势必会使关键基础设施建设项目面临劳动力补给、组织协调等各项成本的额外支出，从而导致成本超支的风险隐患加剧。

3. 风险模糊性

现实中，获取交通、能源、通信网络等关键基础设施建设项目所涉及各个风险因素表现的相关数据是一项非常重要的工作，其中，国家层面的风险数据具有较高的可获取性，通常可以通过对专业数据库、统计年鉴、统计报告的信息采集来完成跨年度、跨月度的历史数据积累，但难以保证数据的时效性；而项目层面的风险数据则需要借助精密仪器并消耗大量时间完成数据的实时采集、快速清洗、高效处理与科学分析，对于项目参与主体而言具有较大的难度。为了刻画项目层面的风险，以专家的认知和经验为依据，利用模糊语言信息进行主观判定是更具有现实可操作性且较为有效的方式（Andric et al.，2019；Zolfaghari and Mousavi，2018；潘彬等，2015；王耀辉和马荣国，2009）。

4. 风险随机性

与一般的工程项目相比，交通、能源、通信网络等关键基础设施建设项目的工程量更大、工期更长、存在更多不确定性，各个风险因素在项目全生命周期中的表现并非一成不变，而是会因项目施工期间自然环境与经济社会环境的改变发生随机变化（Gonzalez-Ruiz et al.，2019；Salling and Banister，2010；Tixier et al.，2017；高武等，2016；张劲和索玮岚，2020）。

5. 国别风险差异显著性

由于各个国家政治经济体制不同，所处发展阶段各异，关键基础设施建设项目所面临的风险态势也不尽相同（Guo et al.，2013；张光南和陈广汉，2009）。例如，同处于东南亚地区，有"亚洲四小龙"之称的新加坡在基础设施建设方面成就斐然，其樟宜机场的竞争力优势得到了全球广泛认可，在该国开展关键基础设施建设面临的风险可控性较高；而印度尼西亚近年来饱受地震、海啸等自然灾害的侵袭，开展关键基础设施建设面临着巨大的风险挑战。

第二节　关键基础设施建设融资模式适用性分析

随着经济全球化和区域一体化的不断深入，跨区域互联互通基础设施的需求日益增长，交通、能源、通信网络等关键基础设施建设进入快速发展期，但由于资金需求量大，关键基础设施建设仍面临着资金缺口大、融资需求难以满足等问题。PPP 模式、BOT 模式等融资模式为解决关键基础设施建设融资问题提供了新的思路。下面，将对各个模式的关键基础设施建设融资适用性进行详细分析。

一、PPP 模式适用性分析

PPP 模式最早起源于 17 世纪的英国，旨在解决当时的城市公共管理效率问题（叶晓甦和徐春梅，2013），代表性的项目包括英吉利海峡隧道项目、希斯罗机场项目等。随后，PPP 模式在全球范围内得到快速推广，不同国际组织分别对其做出了概念界定。联合国开发计划署将 PPP 模式界定为"政府、营利性企业和非营利性组织基于某个项目而形成的相互合作关系的形式"（贾康和孙洁，2009），欧盟委员会将 PPP 模式界定为"公共部门和私人部门之间的一种合作关系，其目的是提供传统上由公共部门提供的公共项目或服务"[①]，而美国 PPP 国家委员会（The National Council for Public-Private Partnerships，NCPPP）将 PPP 模式界定为"介于外包和私有化之间并结合了两者特点的一种公共产品提供方式，它充分利用私人资源设计、建设、投资、经营和维护公共基础设施，并提供相关服务以满足公共需求"[②]。

2014 年 9 月，我国财政部在《关于推广运用政府和社会资本合作模式有关问题的通知》中，将 PPP 模式界定为"在基础设施及公共服务领域建立的一种长期合作关系。通常模式是由社会资本承担设计、建设、运营、维护基础设施的大部分工作，并通过'使用者付费'及必要的'政府付费'获得合理投资回报；政府部门负责基础设施及公共服务价格和质量监管，以保证公共利益最大化"。2015 年 5 月，《关于在公共服务领域推广政府和社会资本合作模式的指导意见》中，将 PPP 模式界定为"公共服务供给机制的重大创新，即政府采取竞争性方式择优选择具有投资、运营管理能力的社会资本，双方按照平等协商原则订立合同，明确责权利关系，由社会资本提供公共服务，政府依据公共服务绩效评价结果向社会资本支付相应对价，保证社会资本获得合理收益"。

PPP 模式有助于强化政府和社会资本的联系、减轻政府财政负担和债务压

---

① "Internal Market Strategy-Priorities 2003—2006"，https://www.europarl.europa.eu/doceo/document/TA-5-2004-0183_EN.html[2021-08-15]。

② "Innovative Public-Private Partnerships: Pathway to Effectively Solving Problems"，https://www.hsdl.org/?abstract&did=690623[2021-08-15]。

力、提高投资效率和质量、调动全社会积极性、营造投资主体多元化的良好氛围（Cui et al.，2018；Osei-Kyei and Chan，2015；Song et al.，2016；马亮等，2019；解本政等，2018；周正祥等，2015）。作为拓宽融资渠道、化解融资困境的重要政策工具，PPP 模式已在国内外关键基础设施建设领域广泛应用（Liyanage and Villalba-Romero，2015；Tang et al.，2019；蔡东方，2019；吴贞瑶等，2018）。

近年来，PPP 模式在"一带一路"沿线国家关键基础设施建设中发挥了积极的推动作用（Sun et al.，2020；刘浩等，2018；王亦虹等，2021；赵蜀蓉等，2018）。2017 年 5 月，在"一带一路"国际合作高峰论坛期间，国家发展改革委何立峰主任与联合国欧洲经济委员会秘书长巴赫先生围绕"一带一路"PPP 合作签署了《谅解备忘录》，从法律制度和框架体系、典型案例、国际专家库和对话机制等方面进一步推动 PPP 模式在"一带一路"建设中的积极作用。权威机构 IJGlobal 的数据显示，自 2013 年 1 月至 2021 年 10 月，63 个"一带一路"沿线国家（以国家信息中心主办"中国一带一路网"为依据，不含巴勒斯坦）待融资、融资中和已完成融资交易的交通、能源、通信网络等关键基础设施建设项目中有 16.04% 的项目采用了 PPP 模式。PPP 模式已在"一带一路"沿线国家关键基础设施建设中得到较为广泛的应用，涌现出阿尔巴尼亚"蓝色走廊"高速公路项目、土耳其盖布泽—奥尔罕加齐—伊兹密尔高速公路项目、巴基斯坦萨察尔 50 兆瓦风电项目、孟加拉巴瑞萨 350 兆瓦燃煤电站项目、印度尼西亚 Satria 卫星项目、菲律宾国家光纤骨干网络项目等代表性项目。

二、BOT 模式适用性分析

BOT 模式同样起源于 17 世纪的英国，由负责管理海上事务的领港公会应用于灯塔的建设与经营，在 1984 年由土耳其总理土格脱·奥扎尔首次提出（李佳升和陈道军，2007）。1994 年，世界银行在发布的报告《1994 年世界发展报告：为发展提供基础设施》中，将 BOT 模式界定为"私人团体或国际财团同意对某项基础设施提供资金、进行建设和运营，并在一定时期内经营该设施，然后将其移交给政府部门或其他公共机构"。亚洲开发银行将 BOT 模式界定为"项目公司计划、筹资和建设基础设施项目，经所在国政府特许在一定时期内经营该项目，特许权到期时将资产的所有权移交给国家"（王喜军等，2008）。1996 年，联合国工业发展组织在发布的报告《通过建造—运营—转让（BOT）项目发展基础设施指南》（*Guidelines for Infrastructure Development through Build-Operate-Transfer（BOT）Project*）中，将 BOT 模式界定为"私有组织在一定时期内对基础设施进行筹资、建设、维护及运营，此后移交所有权转为公有"。

1995 年 1 月，我国对外贸易经济合作部在《关于以 BOT 方式吸收外商投资的有关问题的通知》中，建议利用 BOT 模式吸收外商投资于基础设施领域，并规范该类项目的招商和审批。1995 年 8 月，在国家计划委员会、电力工业部、交通部联合发布的《关于试办外商投资特许权项目审批管理有关问题的通知》中，将BOT 模式界定为"政府部门通过特许权协议，在规定的时间内，将项目授予外商为特许权项目成立的项目公司，由项目公司负责该项目的投融资、建设、运营和维护。特许期满，项目公司将特许权项目的设施无偿移交给政府部门"。2000 年12 月，国务院发布的《关于实施西部大开发若干政策措施的通知》（国发〔2000〕33 号）中，明确提出"在西部地区进行以 BOT 方式利用外资的试点"。

BOT 模式具有多方互利的优点。对于政府方，该模式有助于拓宽资金来源、减轻财政负担、引入外资和外商经验、降低政府风险、合理利用资源、促进国内金融市场（Ashuri et al.，2012；Sun et al.，2019；王辉和何柏森，1999；杨惠馨，1995）；对于项目发起方，该模式便于利用财务杠杆、降低风险、获得税收优惠（Wang et al.，2018a；谭志加等，2013；王东波等，2009）；对于项目投资方，该模式有利于增加投资机会、获取较高利润率（Sun et al.，2021；杨宏伟等，2003）。基于上述优点，BOT 模式相较于 PPP 模式更早在国内外关键基础设施建设领域得到广泛应用（Akcay et al.，2019；Chen et al.，2021；Shen et al.，1996；马宝茹，1996；宋金波等，2016；严兵和阮南，2003）。近年来，BOT 模式在"一带一路"沿线国家交通、能源、通信网络等关键基础设施建设中也得到了应用，如马来西亚南北高速公路项目、越南永新燃煤电厂项目、柬埔寨额勒赛河下游水电项目、柬埔寨甘再水电站项目等。

三、ABS 模式适用性分析

ABS 模式的应用最早可追溯到 20 世纪 70 年代初，美国以住宅抵押贷款证券化起步，并于 1985 年 3 月首次发行计算机租赁担保证券，经过几十年的发展，资产证券市场逐步成为仅次于政府债券市场的第二大证券市场（黄育华，2000）。ABS 模式 20 世纪 80 年代在英国、法国、西班牙等欧洲国家得到了蓬勃发展，并于 20 世纪 90 年代进入日本、印度尼西亚、韩国、马来西亚等亚洲国家，进而成为全球金融领域最重大和发展最迅速的金融创新和金融工具（Mansini and Speranza，2002；何德旭，2001；邝国权，1996）。经济合作与发展组织将 ABS模式定义为"把具有比较稳定的未来现金流，但缺乏流动性的资产进行重组打包，转变为可出售给第三方并在金融市场流通的生息证券的过程"（宋明，2017）。美国证券交易委员会将 ABS 模式定义为"创立主要由一组不连续的应收款或其他资产组合产生的现金流支撑的证券，它可以是固定的或循环的，并可根据条款在一定时间内变现，同时附加其他一些权利或资产来保证上述支撑，或按时向持券人分配收益"（黄育华，2000）。

1992 年 10 月，三亚市开发建设总公司发行以土地为标的物的三亚地产投资券来融资开发丹洲小区，是我国进行 ABS 的最早探索（黄育华，2000）。1997 年 7 月，中国人民银行颁布《特种金融债券托管回购办法》，使不良资产支持债券的发行成为可能。2000 年 9 月和 10 月，中国建设银行和中国工商银行两家国有银行相继获准实行住房抵押贷款证券化试点，但由于早期相关法律法规仍不完善，并未正式发行产品。2005 年 4 月，中国人民银行和中国银行业监督管理委员会发布《信贷资产证券化试点管理办法》。2005 年 12 月，由中国建设银行作为发起机构的国内首单个人住房抵押贷款证券化产品"建元 2005-1 个人住房抵押贷款支持证券"正式进入全国银行间债券市场，成为开创国内住房抵押贷款证券化先河的重要金融创新业务[①]。随后由于受到 2008 年国际金融危机的影响，试点宣告暂停（林敏华，2015）。2012 年 5 月，中国人民银行、中国银行业监督管理委员会和财政部联合发布《关于进一步扩大信贷资产证券化试点有关事项的通知》，逐步推进信贷资产证券化常规化发展。2016 年 7 月，中共中央、国务院发布《关于深化投融资体制改革的意见》，强调"依托多层次资本市场体系，拓宽投资项目融资渠道，支持有真实经济活动支撑的资产证券化，盘活存量资产，优化金融资源配置，更好地服务投资兴业"。

ABS 模式具有化解商业银行不良债权、盘活国企存量资产、筹集基础设施建设资金等优点（朱宝宪和刘炜莉，1999），同时能够缓和货币供给、提高货币流通速度、降低货币市场均衡利率水平、加强短期利率影响长期利率的实效性（张超英，2005），还有助于分散投资风险（Dong et al.，2021；庄新田和黄小原，2002）。但 ABS 模式也会带来道德风险问题（张勇和方东辉，2017）及违约风险（张勇等，2019）。目前，ABS 模式已在国内外关键基础设施建设领域得到了较为广泛应用（Alafita and Pearce，2014；Zhang et al.，2021a；华冰和张颖，2019；林晓言，2000；韦秀长和杨柳，2007；闫妍等，2016）。虽然相较于 PPP 模式和 BOT 模式，ABS 模式在"一带一路"沿线国家交通、能源、通信网络等关键基础设施建设中的应用尚处于起步探索阶段，但仍有一些机构和学者对其应用前景给予了高度认可（国家开发银行和联合国开发计划署，2019；李治国，2019）。近年来，我国已主导陆

---

① 《建元 2005-1 个人住房抵押贷款支持证券公开发行》，http://www1.ccb.com/cn/ccbtoday/newsv3/1134617766100. html[2021-11-20]。

续推出一系列"一带一路"ABS项目,如2017年国内首单"一带一路"概念ABS项目"中银证券-中铁建工一期应收账款资产支持专项计划"及其后续的"华西证券-中铁建工2020年应收账款资产支持专项计划"、2019年新疆维吾尔自治区首单"一带一路"项目资产支持专项计划产品"华泰资管-中建新疆建工应收账款资产支持专项计划"等。

综上可以看出,PPP模式、BOT模式和ABS模式均是适用于关键基础设施建设的融资模式,除此以外,在《融合投融资规则促进"一带一路"可持续发展——"一带一路"经济发展报告(2019)》中,还提及了发行债券、主权融资、企业融资、项目融资、融资租赁、私募股权融资等多种适用于关键基础设施建设的融资模式。关键基础设施建设的相关利益主体可以根据项目需求选取适用的某种单一融资模式或几种融资模式相结合的多元化集成融资模式来满足项目建设的资金需求。

第三节　特征驱动的关键基础设施建设风险研究问题凝练

本节以"风险识别→风险评估→风险应对"的风险管理主要环节为依托,从以下五个方面凝练特征驱动的关键基础设施建设风险研究典型问题。

一、特征驱动的关键基础设施建设重点环节风险识别问题

如前所述,关键基础设施建设项目具有战略影响深远、资金需求量大、建设工程复杂、参与主体多元、项目交互关联等方面的共性特征,其整个项目生命周期也往往涉及规划设计、融资策划、工程施工、竣工验收、交付运营等诸多环节。所凝练的特征驱动的关键基础设施建设重点环节风险识别问题,是以关键基础设施建设重点环节风险为研究对象,以关键基础设施建设风险的风险多源性、风险关联性、风险模糊性和风险随机性等主要特征为问题破解的切入点,分析关键基础设施建设重点环节风险因素构成,并以专家提供的关键基础设施建设重点环节风险因素关联信息为基础数据,进而通过对重点环节风险因素关联信息的量化处理来测算重点环节各个风险因素的随机中心度和随机关系度,为相关基建企业决策者明晰关键基础设施建设重点环节风险因素构成,研判重点环节各个风险因素的影响力,诊断各个风险因素的可控性,有效应对与化解重点环节风险提供必要的决策支持。

根据上述分析,可进一步给出特征驱动的关键基础设施建设重点环节风险识别问题的形式化描述。假设关键基础设施建设重点环节风险因素集合为$F = \{F_1, F_2, \cdots, F_n\}$,

专家集合为 $E=\{E_1,E_2,\cdots,E_d\}$，模糊语言短语评价集合为 $S=\{S_0,S_1,\cdots,S_g\}$，需要解决的特征驱动的关键基础设施建设重点环节风险识别问题是：根据已知的重点环节风险因素关联初始判断矩阵 $\tilde{Z}_k=[\tilde{z}_{kij}]_{n\times n}$（由专家 E_k 提供，且有 $\tilde{z}_{kij}\in S$），通过某种量化分析方法确定重点环节风险因素的影响力排序和可控性归类。

二、国别视角下特征驱动的关键基础设施建设风险评估问题

所凝练的国别视角下特征驱动的关键基础设施建设风险评估问题，是以"一带一路"沿线国家的关键基础设施建设风险为研究对象，以关键基础设施建设风险的风险多源性、风险关联性、风险随机性、国别风险差异显著性等主要特征为问题破解的切入点，以专家提供的关键基础设施建设风险因素关联信息和"一带一路"沿线若干代表性国家的相关数据为基础，通过对风险因素关联信息和风险因素评估信息的量化处理来构造融入决策机制偏好的关键基础设施建设风险指数，为相关政府管理部门和基建企业决策者科学规划"一带一路"沿线市场区位发展战略、准确排查风险防范重点以及有效制定风险应对策略提供必要的决策支持。

根据上述分析，可进一步给出国别视角下特征驱动的关键基础设施建设风险评估问题的形式化描述。假设关键基础设施建设风险因素集合为 $F=\{F_1,F_2,\cdots,F_n\}$，专家集合为 $E=\{E_1,E_2,\cdots,E_d\}$，样本国家集合为 $C=\{C_1,C_2,\cdots,C_m\}$，需要解决的国别视角下特征驱动的关键基础设施建设风险评估问题是：根据已知的风险因素关联初始判断矩阵 $Z_b=[z_{bij}]_{n\times n}$（由专家 E_b 提供）和风险因素初始评估矩阵 $Y_t=[y_{tki}]_{m\times n}$（通过采集样本国家 C_k 第 t 年在风险因素 F_i 的表现确定），通过某种量化分析方法构造融入决策机制偏好的关键基础设施建设风险指数，进而测算出各个样本国家的关键基础设施建设风险指数，并确定其风险排序及风险因素的影响力排序和可控性归类。

三、项目视角下特征驱动的关键基础设施建设风险评估问题

所凝练的项目视角下特征驱动的关键基础设施建设风险评估问题，以关键基础设施建设风险的风险多源性、风险关联性、风险模糊性与关键基础设施建设项目的项目交互关联等特征为问题破解的切入点，以专家提供的关键基础设施建设风险因素关联信息和项目关联信息及项目风险评估信息为基础，通过对风险因素关联信息和项目关联信息及项目风险评估信息的量化处理来明确关键基础设施建

设项目的风险等级，为相关基建企业决策者准确研判风险态势、科学诊断风险根源及其可控性、有效应对与化解风险提供必要的决策支持。

根据上述分析，可进一步给出项目视角下特征驱动的关键基础设施建设风险评估问题的形式化描述。假设关键基础设施建设项目集合为 $A = \{A_1, A_2, \cdots, A_m\}$，关键基础设施建设风险因素集合为 $F = \{F_1, F_2, \cdots, F_n\}$，专家集合为 $E = \{E_1, E_2, \cdots, E_d\}$，风险等级集合为 $R = \{R_0, R_1, \cdots, R_b\}$，刻画风险因素关联效应及项目在风险发生可能性和后果严重性两个方面表现的模糊语言短语评价集合为 $U = \{U_0, U_1, \cdots, U_g\}$，刻画项目关联效应的模糊语言短语评价集合为 $V = \{V_0, V_1, \cdots, V_g\}$，需要解决的项目视角下特征驱动的关键基础设施建设风险评估问题是：根据已知的风险因素关联效应判断矩阵 $X_k = [x_{kij}]_{n \times n}$（由专家 E_k 提供，且有 $x_{kij} \in U$）、项目关联效应判断矩阵 $C_k = [c_{kqt}]_{m \times m}$（由专家 E_k 提供，且有 $c_{kqt} \in V$）、项目风险发生可能性判断矩阵 $L_k = [l_{kiq}]_{n \times m}$ 和项目风险后果严重性判断矩阵 $S_k = [s_{kiq}]_{n \times m}$（由专家 E_k 提供，且有 $l_{kiq}, s_{kiq} \in U$），通过某种量化分析方法进行项目视角下特征驱动的关键基础设施建设风险评估，进而确定关键基础设施建设项目的风险等级及风险因素的影响力排序和可控性归类。

四、特征驱动的关键基础设施建设风险分担问题

所凝练的特征驱动的关键基础设施建设风险分担问题，以关键基础设施建设风险的风险多源性以及风险分担的多主体性、多任务性和动态性等特征为切入点，以关键基础设施建设项目各个时刻的风险信息以及相关主体的风险承担与控制能力信息、获取收益信息等为基础，通过科学界定各个风险的分担属性，有效判定分担主体，精准量化分担比例来优化设计风险分担方案，为关键基础设施建设项目相关主体明确风险分担责任，形成风险联防联控共同体来降低风险损失并保障项目顺利实施提供必要的决策支持。

根据上述分析，可进一步给出特征驱动的关键基础设施建设风险分担问题的形式化描述。假设关键基础设施建设风险集合为 $F = \{F_1, F_2, \cdots, F_n\}$，风险分担主体集合为 $S = \{S_1, S_2, S_3\}$，t_k 时刻风险 F_i 的损失值为 $l_i(t_k)$，分担主体 S_j 对风险 R_i 的可承担损失值为 $b_i^j(t_k)$、控制成本值为 $c_i^j(t_k)$，分担主体 S_j 承担风险 R_i 所获得的补偿型收益值为 p_i^j，需要解决的关键基础设施建设风险分担问题是：根据已知的 t_k 时刻风险 F_i 的损失值 $l_i(t_k)$、分担主体 S_j 对风险 R_i 的可承担损失值 $b_i^j(t_k)$ 和控制成本值 $c_i^j(t_k)$、分担主体 S_j 承担风险 R_i 所获得的补偿型收益值 p_i^j，通过某种量化分析方法进行特征驱动的关键基础设施建设风险分担的多阶段动态建模，进而实

现关键基础设施建设项目所涉及各个风险的动态分类、风险分担主体的动态指派、风险分担比例的动态分配以及风险分担结果的可视化展示。

五、特定风险场景下关键基础设施建设形势分析与应对举措研究问题

需要特别说明的是，之前所述特征驱动的关键基础设施建设重点环节风险识别问题、国别视角下特征驱动的关键基础设施建设风险评估问题、项目视角下特征驱动的关键基础设施建设风险评估问题、特征驱动的关键基础设施建设风险分担问题等四个典型问题是基于现实问题背景的科学研究导向凝练而出的，而本节所凝练的特定风险场景下关键基础设施建设形势分析与应对举措研究问题不同于上述四个典型问题的研究问题，其是基于现实问题背景的战略需求导向凝练而出的。因此，在研究问题描述方面也与前四个典型问题有所不同，前四个典型问题的问题描述侧重于数学符号的形式化定量表述，本节所凝练问题的问题描述则侧重于场景设定、框架指导、解决路径、产出价值等整体研究脉络的文字化定性表述。

需要解决的特定风险场景下关键基础设施建设形势分析与应对举措研究问题，是以"一带一路"沿线国家交通基础设施建设风险、"一带一路"沿线国家交通基础设施建设融资风险、后疫情时代"一带一路"沿线国家交通基础设施建设风险为特定风险场景，以 DIIS 方法论（潘教峰等，2019）为框架指导，基于收集到的数据揭示形势特征信息、凝练存在的主要问题，通过综合研判探寻解决所凝练问题的突破口，形成适用的应对举措方案，提出针对性的政策建议，进而为相关利益主体协力共同应对多源风险、加快关键基础设施建设高质量发展和关键基础设施互联互通目标实现提供必要的决策支持。

第四节　特征驱动的关键基础设施建设风险研究框架设计

针对上述五类典型问题，本节分别设计针对性的研究框架。

一、特征驱动的关键基础设施建设重点环节风险识别研究框架

结合特征驱动的关键基础设施建设重点环节风险识别的问题描述，构建了适用于该问题的研究框架。该框架由两个环节构成，具体如图 3-1 所示。

第一部分为准备环节，需要根据特征驱动的关键基础设施建设重点环节风险识别问题的研究背景，成立专题研究小组，确定关键基础设施建设重点环节风险因素集合，设计重点环节风险因素关联调查问卷并向专家发放。

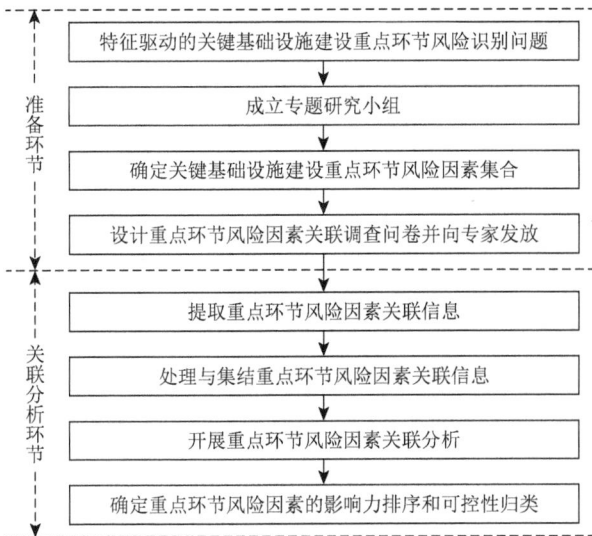

图 3-1　特征驱动的关键基础设施建设重点环节风险识别研究框架

第二部分为关联分析环节，通过回收整理调查问卷获取相应的重点环节风险因素关联信息，并借助信息处理与集结工具对重点环节风险因素关联信息进行处理与集结，进而采取合理的关联分析方法确定关键基础设施建设重点环节风险因素的影响力排序和可控性归类。

二、国别视角下特征驱动的关键基础设施建设风险评估研究框架

结合国别视角下特征驱动的关键基础设施建设风险评估的问题描述，构建了适用于该问题的研究框架。该框架由两个环节构成，具体如图 3-2 所示。

第一部分为准备环节，需要根据国别视角下特征驱动的关键基础设施建设风险评估问题的研究背景，成立专题研究小组，确定关键基础设施建设风险因素集合，设计风险因素关联调查问卷并向专家发放，并进行关键基础设施建设风险因素的国别数据采集。

第二部分为量化评估环节，首先，通过回收整理调查问卷获取相应的风险因素关联信息，并对采集到的国别数据进行统计检验；其次，利用信息随机化工具分别处理风险因素的关联信息和国别数据，生成风险因素的随机关联信息和随机评估信息；再次，基于生成的风险因素随机关联信息进行风险因素的关联分析；最后，构造关键基础设施建设风险指数并进行测算，进而确定样本国家的风险排序。

```
┌─────────────────────────────────────────────────────┐
│  国别视角下特征驱动的关键基础设施建设风险评估问题      │
└─────────────────────────────────────────────────────┘
                        ↓
            ┌─────────────────────┐
            │    成立专题研究小组    │
            └─────────────────────┘
                        ↓
        ┌───────────────────────────────┐
        │  确定关键基础设施建设风险因素集合  │
        └───────────────────────────────┘
                        ↓
      ┌─────────────────────────────────────┐
      │  设计风险因素关联调查问卷并向专家发放    │
      └─────────────────────────────────────┘
                        ↓
      ┌─────────────────────────────────────┐
      │  采集关键基础设施建设风险因素的国别数据  │
      └─────────────────────────────────────┘

      ┌─────────────────────────────────────────┐
      │  提取风险因素的关联信息并对国别数据进行统计检验  │
      └─────────────────────────────────────────┘
                        ↓
      ┌─────────────────────────────────────┐
      │  生成风险因素的随机关联信息和随机评估信息  │
      └─────────────────────────────────────┘
                        ↓
            ┌─────────────────────┐
            │   开展风险因素关联分析   │
            └─────────────────────┘
                        ↓
      ┌─────────────────────────────────────┐
      │  构造并测算关键基础设施建设风险指数      │
      └─────────────────────────────────────┘
                        ↓
            ┌─────────────────────┐
            │   确定样本国家的风险排序  │
            └─────────────────────┘
```

准备环节

量化评估环节

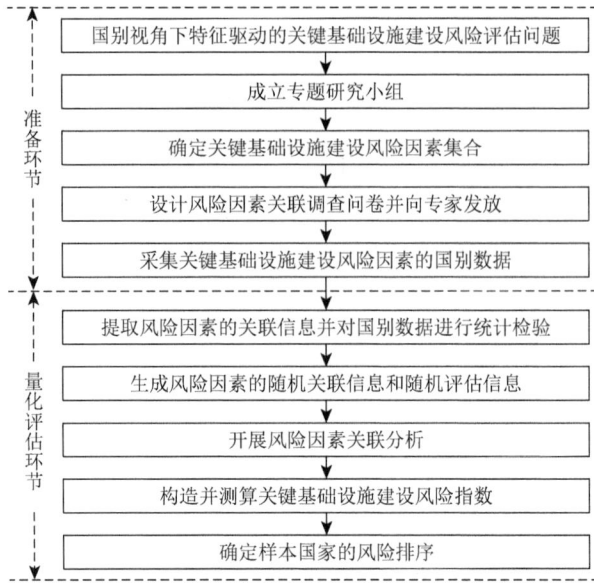

图 3-2   国别视角下特征驱动的关键基础设施建设风险评估研究框架

三、项目视角下特征驱动的关键基础设施建设风险评估研究框架

结合项目视角下特征驱动的关键基础设施建设风险评估的问题描述，构建了适用于该问题的研究框架。该框架由两个环节构成，具体如图 3-3 所示。

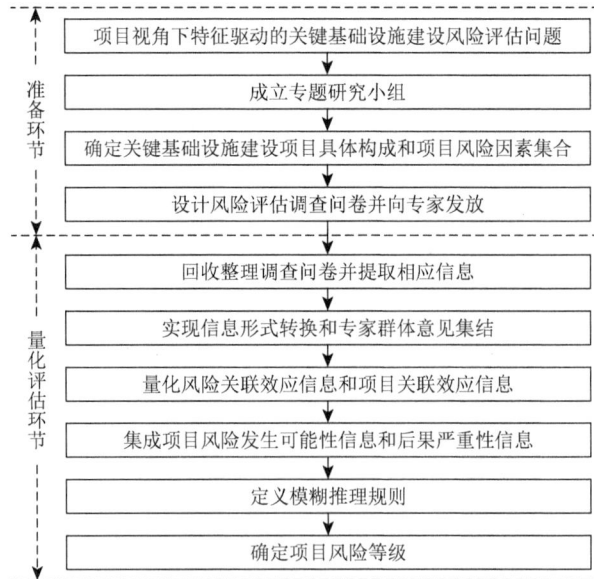

```
┌─────────────────────────────────────────────────────┐
│  项目视角下特征驱动的关键基础设施建设风险评估问题      │
└─────────────────────────────────────────────────────┘
                        ↓
            ┌─────────────────────┐
            │    成立专题研究小组    │
            └─────────────────────┘
                        ↓
    ┌───────────────────────────────────────┐
    │  确定关键基础设施建设项目具体构成和项目风险因素集合  │
    └───────────────────────────────────────┘
                        ↓
        ┌───────────────────────────────┐
        │  设计风险评估调查问卷并向专家发放  │
        └───────────────────────────────┘

        ┌───────────────────────────────┐
        │  回收整理调查问卷并提取相应信息    │
        └───────────────────────────────┘
                        ↓
      ┌─────────────────────────────────────┐
      │  实现信息形式转换和专家群体意见集结      │
      └─────────────────────────────────────┘
                        ↓
      ┌─────────────────────────────────────┐
      │  量化风险关联效应信息和项目关联效应信息  │
      └─────────────────────────────────────┘
                        ↓
      ┌─────────────────────────────────────┐
      │  集成项目风险发生可能性信息和后果严重性信息  │
      └─────────────────────────────────────┘
                        ↓
            ┌─────────────────────┐
            │    定义模糊推理规则    │
            └─────────────────────┘
                        ↓
            ┌─────────────────────┐
            │    确定项目风险等级    │
            └─────────────────────┘
```

准备环节

量化评估环节

图 3-3   项目视角下特征驱动的关键基础设施建设风险评估研究框架

第一部分为准备环节，需要根据项目视角下特征驱动的关键基础设施建设风险评估问题的研究背景，成立专题研究小组，确定关键基础设施建设项目的具体构成和项目风险因素集合，进而设计风险评估调查问卷并向专家发放。

第二部分为量化评估环节，首先，通过回收整理调查问卷获取相应的风险因素关联信息、项目关联信息、项目风险发生可能性信息和后果严重性信息，并利用信息处理与集结工具对上述信息进行形式转换和专家群体意见集结；其次，基于转换后的风险因素关联信息和项目关联信息，对风险因素关联效应和项目关联效应分别进行量化处理；再次，将量化后的双重关联效应融入项目风险发生可能性信息和后果严重性信息的集成过程；最后，定义模糊推理规则，并根据集成后项目风险发生可能性和后果严重性的推理结果来确定项目风险等级。

四、特征驱动的关键基础设施建设风险分担研究框架

结合特征驱动的关键基础设施建设风险分担的问题描述，构建了适用于该问题的研究框架。该框架由两个环节构成，具体如图 3-4 所示。

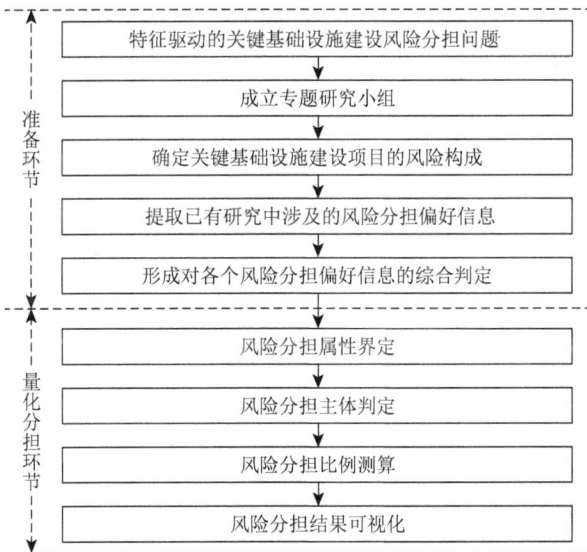

图 3-4　特征驱动的关键基础设施建设风险分担研究框架

第一部分为准备环节，需要根据特征驱动的关键基础设施建设风险分担问题的研究背景，成立专题研究小组，确定关键基础设施建设项目的风险构成，并提取已有研究中涉及的风险分担偏好信息，进而形成对各个风险分担偏好信息的综合判定。

第二部分为量化分担环节，该环节聚焦风险分担属性界定、风险分担主体判定、风险分担比例测算、风险分担结果可视化四个核心工作，通过定义分担规则、设计基于分担规则的算法、提出风险分担比例测算方法、构建实现分担结果可视化展示的风险分担矩阵来构建关键基础设施建设风险分担多阶段动态模型。

五、特定风险场景下关键基础设施建设形势分析与应对举措研究框架

需要特别说明的是，由于特定风险场景下关键基础设施建设形势分析与应对举措研究问题的导向差异，其问题描述不同于其他四类典型问题，在设计研究框架时，也充分考虑了该问题的特色，构建了适用于该问题的研究框架。该框架由四个环节构成，具体如图 3-5 所示。

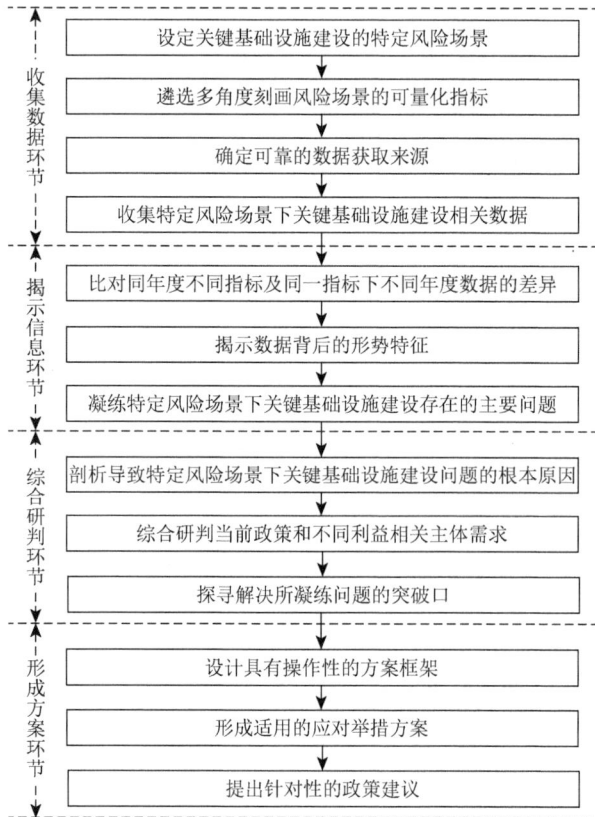

图 3-5　特定风险场景下关键基础设施建设形势分析与应对举措研究框架

第一部分为收集数据环节，该环节需要根据设定的关键基础设施建设的特定

风险场景，遴选多角度刻画风险场景的可量化指标，依托可靠的数据获取来源完成数据收集。

第二部分为揭示信息环节，该环节将对所收集数据进行同年度不同指标的数据差异比对及同一指标下不同年度的数据差异比对，通过揭示数据背后的形势特征来凝练特定风险场景下关键基础设施建设存在的主要问题。

第三部分为综合研判环节，从外部环境、自身原因等多个视角深度剖析导致特定风险场景下关键基础设施建设问题的根本原因，通过对当前政策解读和不同相关利益主体需求调研的综合研判，探寻解决所凝练问题的突破口。

第四部分为形成方案环节，从顶层设计、体制机制创新、技术模式优化等方面设计具有操作性的方案框架，形成适用的应对举措方案，提出针对性的政策建议。

综上，理论基础研究是开展特征驱动的关键基础设施建设风险研究的首要工作。本章主要完成了以下三个方面的具体工作。

（1）明晰了相关概念及其范畴界定，基于已有研究给出了关键基础设施、关键基础设施建设风险等概念及其范畴的界定，明确了关键基础设施建设项目的共性特征和关键基础设施建设风险的主要特征，进而分析了PPP、BOT、ABS等融资模式对于关键基础设施建设的适用性。

（2）凝练了典型研究问题，即特征驱动的关键基础设施建设重点环节风险识别问题、国别视角下特征驱动的关键基础设施建设风险评估问题、项目视角下特征驱动的关键基础设施建设风险评估问题、特征驱动的关键基础设施建设风险分担问题、特定风险场景下关键基础设施建设形势分析与应对举措研究问题，并给出五类典型研究问题的问题描述。

（3）设计了典型研究问题的研究框架，结合五类典型问题的问题描述，分别明确了各个问题的重要研究环节，并给出了与五类典型研究问题相匹配的针对性研究框架。

上述研究工作将为后续章节围绕五类典型研究问题开展针对性的方法探索、应用验证和政策建议设计奠定重要的理论基础。

第四章 特征驱动的关键基础设施建设重点环节风险识别研究

从单一模式向多元化集成模式转变已成为新形势下拓宽关键基础设施建设融资渠道的必然选择，在规避单一模式局限、形成多元模式优势合力的同时，也加剧了融资不确定性和复杂性，从而对融资风险识别提出了更高的要求（Kumari and Sharma，2017；Lu et al.，2019；鲁夏琼和王松江，2010；吴建忠等，2018）。本章将融资环节作为关键基础设施建设重点环节，阐述开展特征驱动的关键基础设施建设融资风险识别研究的必要性，构建多元化集成模式下关键基础设施建设融资风险识别框架，提出特征驱动的关键基础设施建设融资风险识别两阶段模型，并以"PPP＋ABS"模式大成西黄河大桥收益权计划为案例开展典型应用研究，验证所提方法的有效性和先进性，并根据识别结果给出针对性的管理启示与建议。

第一节 特征驱动的关键基础设施建设重点环节风险识别问题研究背景阐述

"一带一路"倡议的持续推进，为交通、能源、通信网络等关键基础设施建设创造了高质量发展的重大机遇（Wang et al.，2020；Wu et al.，2020；方鸣和谢敏，2021；张劲和索玮岚，2020）。关键基础设施建设是一个复杂的系统工程，涉及规划设计、融资策划、工程施工、竣工验收、交付运营等多个环节（Gonzalez-Ruiz et al.，2019；Miller and Szimba，2015）。融资策划成功与否直接决定了后续工程施工环节必需资金投入的可用性、充足性和稳定性，融资环节也由此成为关键基础设施建设的重点环节（Li et al.，2017；Sundararajan and Tseng，2017）。虽然国家和地方政府部门不断加大关键基础设施建设投入，但资金缺口大、融资需求难以满足的问题却越发凸显（Kyriacou et al.，2019；燕雪等，2017）。

为拓宽融资渠道，商务部、交通运输部、财政部等各部委陆续出台了《关于促进对外承包工程高质量发展的指导意见》（商合发〔2019〕273 号）、《关于深化交通运输基础设施投融资改革的指导意见》（交财审发〔2015〕67 号）、《关于推广运用政府和社会资本合作模式有关问题的通知》（财金〔2014〕76 号）等文件来强化对关键基础设施建设融资的引导。在新的发展形势下，地方政府、相关企业也积极探索关键基础设施建设融资的模式创新（Sun et al.，2014），逐步从 PPP

模式（Li et al.，2017；袁永博等，2011）、BOT 模式（Schaufelberger and Wipadapisut，2003）等单一模式为主导转向多元化集成模式融合发展（Kumari and Sharma，2017；Lu et al.，2019；鲁夏琼和王松江，2010；吴建忠等，2018），如荔榕高速的"PPP＋工程采购施工（engineering procurement construction，EPC）总承包＋运营期政府补贴"模式、个屯公路隧道的"BOT＋建设-移交（build-transfer，BT）＋移交-运营-移交（transfer-operate-transfer，TOT）"模式等。多元化集成模式有利于规避单一融资模式局限、形成多元模式优势合力，但也可能加剧融资不确定性和复杂性，从而诱发融资风险，即在政府信用缺失、收益稳健性等诸多因素的综合作用下，出现无法筹集到资金、融资金额没有达到预期、不能按期偿债等偏离目标的情况而导致关键基础设施建设中断、终止或项目亏损（Kumari and Sharma，2017；Lu et al.，2019；鲁夏琼和王松江，2010；吴建忠等，2018），如国内首单违约"PPP＋ABS"模式的大成西黄河大桥收益权计划。因此，非常有必要开展多元化集成模式下关键基础设施建设融资风险识别，通过明晰融资风险因素构成、研判融资风险因素影响力、诊断融资风险因素可控性，为相关利益主体有效应对与化解融资风险提供必要的决策支撑。

目前，多元化集成模式下关键基础设施建设融资风险识别研究尚处于探索阶段，学者主要采用了案例分析法来定性识别融资风险因素构成（Lu et al.，2019；鲁夏琼和王松江，2010；吴建忠等，2018）。与该主题相关的研究主要涉及两类：一类是单一模式下关键基础设施建设融资风险识别研究。聚焦于 BOT 模式，Schaufelberger 和 Wipadapisut（2003）采用案例分析法，识别出交通和能源基础设施建设融资过程中面临的政治、金融和市场等风险因素；聚焦于 PPP 模式，Macário 等（2015）采用案例分析法，识别出交通基础设施建设融资过程中面临的合同准备不充分等 8 个风险因素；Ahmadabadi 和 Heravi（2019）将文献研究法、专家访谈法、设计结构矩阵相结合，识别出交通基础设施建设融资过程中面临的设计改变等 34 个风险因素；Aladağ 和 Işik（2020）将文献研究法与专题讨论法相结合，识别出交通基础设施建设融资过程中面临的合作伙伴选择不当等 13 个风险因素。该类研究大多为定性识别，以明晰融资风险因素构成为重点。另一类是聚焦融资贸易、项目管理等相关主题的风险识别研究。例如，Zhang 等（2013）将区间 AHP 方和扩展 TOPSIS 法相结合，识别了水电工程项目风险因素构成及其影响力排序；张海亮等（2015）采用 GARCH-Copula 模型，识别了不同融资铜模式的单一风险和综合风险及其联动分布特征；Han 等（2019）将解释结构模型与影响矩阵乘法分类法相结合，识别了 PPP 棕地恢复项目风险因素及其关联关系结构；汪涛等（2019）采用元网络分析法，识别了重大基础设施建设项目风险因素及其关联网络结构。该类研究以定量识别为主，不仅能够明晰相关问题的风险因素构成，还能够量化各个风险因素在分布、影响力和关联结构方面的特征。

　　有必要指出的是，解决多元化集成模式下关键基础设施建设融资风险识别问题需要考虑如下典型特征。①融资风险多源性。关键基础设施建设融资会面临政府信用缺失、收益稳健性等诸多风险因素的影响，各个风险因素来源不同、性质各异（Aladağ and Işik，2020；Lu et al，2019；鲁夏琼和王松江，2010；吴建忠等，2018）。②融资风险关联性。与已有研究中融资风险（张海亮等，2015）、项目风险（Han et al.，2019；汪涛等，2019）相同的是，关键基础设施建设融资所涉及的各个风险因素并非独立存在，而是相互关联的（Ahmadabadi and Heravi，2019；Li et al.，2019），如政府的信用缺失势必会增加关键基础设施建设市场运行的不确定性，从而影响收益稳健性。③融资风险模糊性。关键基础设施建设融资各个风险因素的表现很难用精确数值量化，更适合以专家的认知和经验为依据，利用模糊语言信息进行主观判定（Aladağ and Işik，2020；Li et al.，2019；Macário et al.，2015）。④融资风险随机性。关键基础设施建设融资存在更多不确定性，各个风险因素的表现也会发生随机变化（Gonzalez-Ruiz et al.，2019；Sundararajan and Tseng，2017）。

　　已有研究为明晰多元化集成模式下关键基础设施建设融资风险因素构成提供了参考与借鉴，但缺少对融资风险因素影响力和可控性的定量研判与诊断，这将不利于融资风险的有效应对与化解。鉴于此，本章将融资风险的多源性、关联性、模糊性、随机性四个典型特征融入多元化集成模式下关键基础设施建设融资风险识别过程，设计与典型特征相匹配的融资风险识别框架，并构建特征驱动的融资风险识别两阶段模型，进而通过以"PPP＋ABS"模式大成西黄河大桥收益权计划为例的典型应用研究来验证模型有效性，为明晰融资风险因素构成、研判融资风险因素影响力、诊断融资风险因素可控性提供重要的框架指导和模型支撑。

第二节　多元化集成模式下特征驱动的关键基础设施建设融资风险识别框架设计

　　设计与典型特征相匹配的融资风险识别框架是开展多元化集成模式下关键基础设施建设融资风险识别的首要工作。首先，给出多元化集成模式的内涵界定和特征分析；其次，给出特征驱动的关键基础设施建设融资风险识别过程的阶段划分；最后，绘制出特征驱动的关键基础设施建设融资风险识别流程图。

一、多元化集成模式的内涵界定和特征分析

　　与一般项目相比，关键基础设施建设项目对资本和政策高度依赖，与资金需求规模大、融资环境复杂多变、短期收益不明显相对应的是对融资模式的更高要

求（Kumari and Sharma，2017；张劲和索玮岚，2020）。现实中，任何一种融资模式都有其适用条件和局限性，依托单一模式的有限融资渠道难以满足当前关键基础设施建设的融资需求。从单一模式向多元化集成模式转变已成为新形势下拓宽关键基础设施建设融资渠道的必然选择（Kumari and Sharma，2017；Lu et al.，2019；吴建忠等，2018）。本章将多元化集成模式的内涵界定为：以最大化满足关键基础设施建设融资需求为导向，将两种或两种以上融资模式有机组合，综合利用各个融资模式的渠道资源形成优势合力，为资金及时到位和稳定投入提供保障的新型融资模式。

不难看出，多元化集成模式具有优势明显、风险犹存的特征。一方面，多元化集成模式以多个融资渠道资源为依托，能够充分释放商业银行、证券公司、担保公司、信托公司、债券购买者等资本市场不同主体的投资意愿。但另一方面，由于融资环境的复杂多变，采取任何融资模式都会不可避免地受到诸多风险因素的干扰，有些风险因素是每种融资模式均会面临的共性风险因素，有些风险因素是某种融资模式所特有的个性风险因素。多元化集成模式中不同融资模式的相互影响可能会缓解或抵消某种融资模式的某个风险因素，但也可能会诱发新的风险因素。

例如，关键基础设施建设融资回报周期较长，对社会资本的吸引力有限，导致 PPP 模式面临融资成本高的风险。而 ABS 模式有助于社会资本在不增加负债的情况下提前回笼资金、提高资金使用效率，进而实现融资成本的有效降低。因此，"PPP＋ABS" 模式能够抵消 PPP 模式的融资成本高这一风险因素。但 "PPP＋ABS" 模式通常以收益权为基础资产进行证券化融资，而 PPP 模式下经营权和收益权的分离使得无法真实售出证券化资产，这就导致难以实现 ABS 模式的风险隔离任务，即诱发出破产隔离受阻这一新的风险因素。

二、多元化集成模式下特征驱动的关键基础设施建设融资风险识别过程的阶段划分

风险识别是借助有效的工具和技术来确定不同来源的潜在风险因素，科学界定风险因素分类，并明晰其影响力与可控性表现的过程（Siraj and Fayek，2019；索玮岚和陈锐，2014）。结合多元化集成模式下关键基础设施建设融资风险的多源性、关联性、模糊性、随机性等典型特征，将融资风险识别过程分解为如下两个阶段。

（1）阶段一：多元化集成模式下特征驱动的关键基础设施建设融资风险因素构成分析。该阶段与融资风险的多源性特征相匹配，主要涉及两个环节：一是融资风险因素确定环节，首先需要根据应用实践分析关键基础设施建设融资的多元化集成模式构成，其次确定融资风险因素获取渠道和融资风险因素筛选方式，进而界定各模式的融资风险因素构成；二是融资风险因素维度划分环节，需要

设定划分视角，明确划分规则，进而界定不同维度融资风险因素的具体构成。

（2）阶段二：多元化集成模式下特征驱动的关键基础设施建设融资风险因素研判与诊断。该阶段与融资风险的关联性、模糊性、随机性等特征相匹配，主要涉及两个环节：一是融资风险因素关联信息获取与处理环节，需要明确融资风险因素关联信息的表现形式、获取方式，并对其进行提取极值、转换形式、随机化处理、构建矩阵等量化处理；二是融资风险因素关联分析环节，需要结合处理后的融资风险因素关联信息，给出融资风险因素关联分析方法，构建融资风险因素随机关联的规范化矩阵和综合矩阵，设定融资风险因素的影响力研判依据和可控性诊断准则，进而明晰各融资风险因素的影响力和可控性表现。

三、多元化集成模式下特征驱动的关键基础设施建设融资风险识别的流程绘制

根据上述识别过程的描述，可绘制如图 4-1 所示的多元化集成模式下特征驱动的关键基础设施建设融资风险识别流程图，为相关利益主体开展融资风险识别的实践工作提供框架性指导。

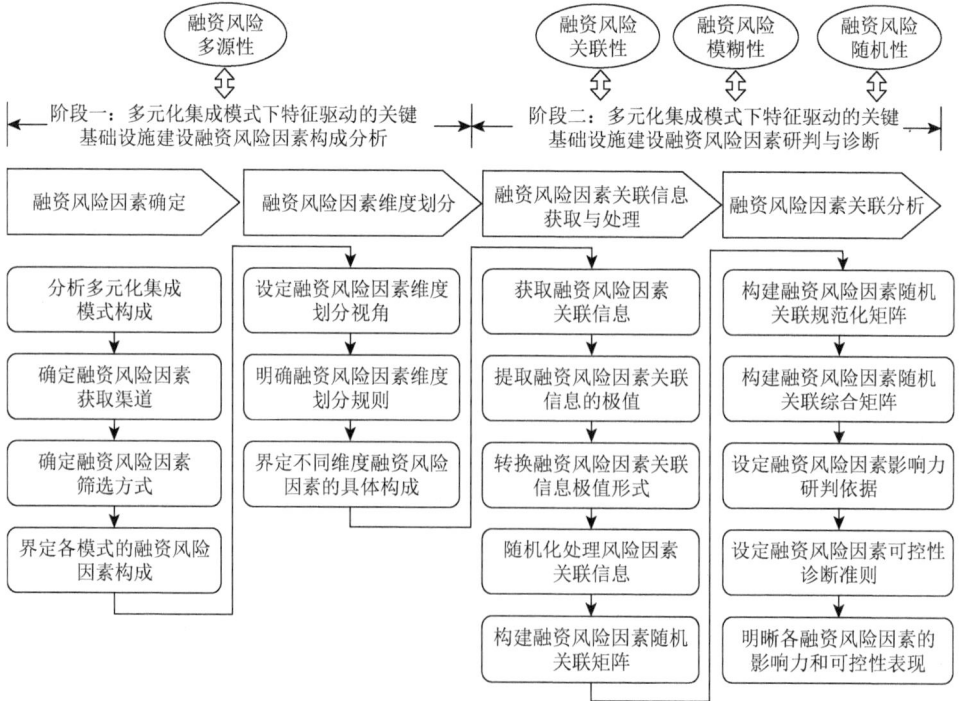

图 4-1　多元化集成模式下特征驱动的关键基础设施建设融资风险识别流程图

第三节　特征驱动的关键基础设施建设融资风险识别两阶段模型构建

依托图 4-1 所示的多元化集成模式下特征驱动的关键基础设施建设融资风险识别流程，本节提出基于扩展 DEMATEL 的融资风险识别两阶段模型。先给出关于 DEMATEL 方法的预备知识，然后给出多元化集成模式下特征驱动的关键基础设施建设融资风险识别问题相关符号定义与描述。在此基础上，给出所提出两阶段模型中各阶段核心工作原理与具体步骤的描述。

一、关于 DEMATEL 方法的预备知识

关于 DEMATEL 方法的说明将从方法的提出及其基本原理、方法的扩展研究、方法的风险管理领域典型应用三个方面阐述。

（一）DEMATEL 方法的提出及其基本原理

DEMATEL 方法是美国 Bottelle 研究所的学者致力于解决现实世界中复杂、困难的问题（如种族、饥饿、环保、能源问题）提出的方法论（Fontela and Gabus，1976；Gabus and Fontela，1972，1973）。该方法的核心思想是利用图论与矩阵工具进行系统中诸多因素的两两分析，结合对各因素之间直接影响关系有无及其强弱的判断，识别各个因素的影响力定位和可控性分类（索玮岚，2008）。

DEMATEL 方法的基本原理为：首先，结合对系统中各因素之间直接影响关系有无及其强弱的判断，构建初始直接影响矩阵，进而对其进行规范化处理，确保矩阵中除主对角线以外的元素取值均在 $[0, 1]$；其次，利用规范化后矩阵满足的马尔可夫矩阵吸收性，通过矩阵的迭代运算构建综合影响矩阵，在此基础上，通过综合影响矩阵行和与列和的计算，分别得出各个风险因素的影响程度和被影响程度，进而确定反映各风险因素影响力定位和可控性分类的中心度和关系度，并基于中心度和关系度的计算结果构建因果关系图。

（二）DEMATEL 方法的扩展研究

关于 DEMATEL 方法的扩展研究主要聚焦在以下两个方面。

一是 DEMATEL 自身的方法创新，主要侧重通过对信息表现形式的多样化来扩展方法的应用环境。代表性的研究成果有：Tamura 和 Akazawa（2005）将

DEMATEL 方法扩展至随机环境；Lin 和 Wu（2008）将 DEMATEL 方法扩展至模糊环境；Suo 等（2012）将 DEMATEL 方法扩展至不确定语言环境；高沛然和卢新元（2014）将 DEMATEL 方法扩展至区间数环境；武春友等（2014）等将 DEMATEL 方法扩展至灰数环境；Zhou 等（2017）将 DEMATEL 方法扩展至 D 数环境；Asan 等（2018）将 DEMATEL 方法扩展至区间值犹豫模糊环境；Feng 等（2018）将 DEMATEL 方法扩展至中智集环境；张琦等（2019）将 DEMATEL 方法扩展至梯形直觉模糊数环境；韩玮等（2021）将 DEMATEL 方法扩展至不完备判断信息下的群组决策环境；索玮岚等（2021）将 DEMATEL 方法扩展至动态随机环境；王伟明等（2021）将 DEMATEL 方法扩展至区间信息下的大规模群体决策环境。

二是 DEMATEL 与其他方法的融合创新。目前已有国内外学者将 DEMATEL 方法与因子分析方法、网络分析方法（analytic network process，ANP）、数据包络分析（data envelopment analysis，DEA）方法、逼近理想点（technique for order preference by similarity to an ideal solution，TOPSIS）方法、VIKOR 方法等进行融合创新来解决不同领域的具体问题。代表性的研究成果主要有：Tzeng 等（2007）将 DEMATEL 方法与因子分析方法进行融合创新来解决网络化学习项目的交互效应评价问题；周德群和章玲（2008）将 DEMATEL 方法与解释结构模型进行融合创新来解决复杂系统层次划分问题；Tsai 和 Chou（2009）将 DEMATEL 方法与 ANP 方法、0—1 目标规划模型进行融合创新来解决中小企业可持续发展的管理系统选择问题；Tseng（2009）将 DEMATEL 方法与灰色理论、模糊集理论进行融合创新来解决具有不确定性的房地产代理服务质量期望排序问题；Chen J K 和 Chen I S（2010）将 DEMATEL 方法与模糊 ANP、TOPSIS 方法进行融合创新来解决台湾高等教育创新绩效评价问题；安相华等（2011）将 DEMATEL 方法与 Choquet 积分、Pareto 进化算法进行融合创新来解决产品开发过程中客户需求与质量特性的映射问题；朱春艳等（2012）将 DEMATEL 方法与熵进行融合创新来解决顾客重要度修正问题；Bai 和 Sarkis（2013）将 DEMATEL 方法与灰色关联分析方法进行融合创新来解决业务流程管理关键成功因素评价问题；崔强等（2013）将 DEMATEL 方法与反向传播（back propagation，BP）神经网络模型进行融合创新来解决空港竞争力影响因素识别问题；Li 等（2014）将 DEMATEL 方法与 Dempster-Shafer 理论进行融合创新来解决应急管理的关键成功因素识别问题；Tadić 等（2014）将模糊 DEMATEL 方法与模糊 ANP、模糊 VIKOR 方法进行融合创新来解决城市物流概念选择问题；弓晓敏等（2016）将二元语义 DEMATEL 方法与 DEA 方法进行融合创新来解决多属性群决策问题；马跃等（2017）将 DEMATEL 方法与超效率 DEA 方法、广义回归神经网络模型进行融合创新来解决工业化对信息化促进效率的影响因素分析问题；Liu 等（2018）将 DEMATEL 方法与博弈理论进行融合创新来解决供应商选择问题；范德成和谷晓梅（2021）将 DEMATEL 方法与改进熵值、解释结构模型进行融合创新来解决高技术产业技术创新生态系统健康性评价及关键影响因素分析问题。

（三）DEMATEL 方法的风险管理领域典型应用

DEMATEL 方法已经得到一些风险管理领域学者的关注，在供应链风险、信息安全风险、项目风险等典型领域进行了应用。

在供应链风险管理领域，Fazli 等（2015）将 DEMATEL 方法与 ANP 相结合，并应用于原油供应链风险分析；Rajesh 和 Ravi（2015）将 DEMATEL 方法与灰色理论相结合，并应用于电子供应链风险缓释的驱动因素因果关系分析；Govindan 和 Chaudhuri（2016）将 DEMATEL 方法应用于第三方物流服务供应链所面临风险之间的关联关系分析；He 等（2021）将 DEMATEL 方法与 KANO 模型、质量功能展开方法相结合，并应用于可持续供应链的风险韧性方案优化；何丽娜等（2021）将犹豫模糊 DEMATEL 方法与风险屋相结合，并应用于供应链风险分析。

在信息安全风险管理领域，黄景文和丁永生（2007）将 DEMATEL 方法应用于信息安全风险因素的因果关系与相对重要程度识别；Fan 等（2012）将 DEMATEL 方法与二元语义模糊表示模型相结合，并应用于信息技术外包风险识别；Ouyang 等（2013）将 DEMATEL 方法与 ANP、VIKOR 方法相结合，并应用于信息安全风险控制评估；Suresh 和 Dillibabu（2021）将模糊 DEMATEL 方法与直觉模糊 TOPSIS 方法、改进乌鸦搜索算法优化的神经模糊推理系统相结合，并应用于软件风险预测。

在项目风险管理领域，Morteza 和 Jolanta（2019）将模糊 DEMATEL 方法与模糊 ANP 相结合，并应用于施工项目风险评价；Wu 和 Zhou（2019）将 DEMATEL 方法扩展至犹豫模糊语言短语环境，并应用于合同能源管理项目中城市屋顶分布式光伏的风险评估；Zhang 等（2019b）将 DEMATEL 方法应用于海绵城市 PPP 项目的关键风险识别；车鲁平等（2020）将 DEMATEL 方法与 ANP 相结合，并应用于交通基础设施 PPP 项目风险评价；陈伟等（2020）将 DEMATEL 方法与贝叶斯网络模型相结合，并应用于装配式建筑工程施工安全风险传导演化分析。

在其他风险管理领域，Chang 和 Cheng（2011）将 DEMATEL 方法与模糊有序加权平均算子相结合，并应用于失效风险评价；王中原和魏法杰（2015）将 DEMATEL 方法与改进的模糊 AHP 相结合，并应用于军工企业法律风险识别；Lin 等（2018）将 DEMATEL 方法与 D 数理论相结合，并应用于中国新能源电力系统的风险识别与分析；Meng 等（2019）将 DEMATEL 方法与贝叶斯网络模型相结合，并应用于海上平台泄漏事故动态定量风险评估；刘慧等（2020）将 DEMATEL 方法应用于研发网络风险交互关系识别与测度；薛晔等（2020）将 DEMATEL 方法与模糊认知图模型相结合，并应用于煤层气开发社会生态环境风险因素分析及对策仿真。

二、多元化集成模式下特征驱动的关键基础设施建设融资风险识别问题相关符号定义与描述

为便于分析，采用下列符号描述多元化集成模式下特征驱动的关键基础设施建设融资风险识别问题所涉及的集合和变量。

M：关键基础设施建设融资的多元化集成模式，可将其看作由 b 种（$b \geq 2$）融资模式组成的集合，即 $M = \{M_1, M_2, \cdots, M_b\}$，其中，$M_a$ 为第 a 种融资模式，$a \in \{1, 2, \cdots, b\}$。

$F^a = \{F_1^a, F_2^a, \cdots, F_{n_a}^a\}$：多元化集成模式中各个模式的融资风险因素集合，其中，F_β^a 为融资模式 M_a 的第 β 个风险因素，$\beta \in \{1, 2, \cdots, n_a\}$，$a \in \{1, 2, \cdots, b\}$。

$F_{\Omega_1} = \{F_1, F_2, \cdots, F_c\}$：多元化集成模式的共性融资风险因素集合，其中，$F_q$ 为第 q 个共性融资风险因素，$q \in \{1, 2, \cdots, c\}$。

$F_{\Omega_2} = \{F_{c+1}, F_{c+2}, \cdots, F_n\}$：多元化集成模式的个性融资风险因素集合，其中，$F_l$ 为第 l 个个性融资风险因素，$l \in \{c+1, c+2, \cdots, n\}$。

$E = \{E_1, E_2, \cdots, E_d\}$：专家集合，其中，$E_k$ 为第 k 个专家，$k \in \{1, 2, \cdots, d\}$。

$S = \{S_0, S_1, \cdots, S_g\}$：模糊语言短语评价集合，其中，$S_h$ 为第 h 个模糊语言短语，$h \in \{0, 1, \cdots, g\}$。

$\tilde{Z}_k^{\Omega_1} = [\tilde{z}_{kqo}^{\Omega_1}]_{c \times c}$：共性融资风险因素关联初始判断矩阵，其中，$\tilde{z}_{kqo}^{\Omega_1}$ 为专家 E_k 针对共性融资风险因素 F_q 对 F_o（$q \neq o$）的直接影响程度给出的模糊语言短语形式评价信息，$\tilde{z}_{kqo}^{\Omega_1} \in S$，$k = 1, 2, \cdots, d$，$q, o = 1, 2, \cdots, c$，这里不考虑共性融资风险因素自身的关联，即 $\tilde{z}_{kqq}^{\Omega_1} = $ "—"，$k = 1, 2, \cdots, d$，$q = 1, 2, \cdots, c$。

$\tilde{Z}_k^{\Omega_2} = [\tilde{z}_{klw}^{\Omega_2}]_{(n-c) \times (n-c)}$：个性融资风险因素关联初始判断矩阵，其中，$\tilde{z}_{klw}^{\Omega_2}$ 为专家 E_k 针对个性风险因素 F_l 对 F_w（$l \neq w$）的直接影响程度给出的模糊语言短语形式评价信息，$\tilde{z}_{klw}^{\Omega_2} \in S$，$k = 1, 2, \cdots, d$，$l, w = c+1, c+2, \cdots, n$，同样不考虑个性融资风险因素自身的关联，即 $\tilde{z}_{kll}^{\Omega_2} = $ "—"，$k = 1, 2, \cdots, d$，$l = c+1, c+2, \cdots, n$。

$\tilde{Z}_k^{\Omega_1 \rightarrow \Omega_2} = [\tilde{z}_{kql}^{\Omega_1 \rightarrow \Omega_2}]_{c \times (n-c)}$：共性对个性跨维度融资风险因素关联初始判断矩阵，其中，$\tilde{z}_{kql}^{\Omega_1 \rightarrow \Omega_2}$ 为专家 E_k 针对共性融资风险因素 F_q 对个性融资风险因素 F_l 的直接影响程度给出的模糊语言短语形式评价信息，$\tilde{z}_{kql}^{\Omega_1 \rightarrow \Omega_2} \in S$，$k = 1, 2, \cdots, d$，$q = 1, 2, \cdots, c$，$l = c+1, c+2, \cdots, n$。

$\tilde{Z}_k^{\Omega_2 \to \Omega_1} = [\tilde{z}_{klq}^{\Omega_2 \to \Omega_1}]_{(n-c) \times c}$：个性对共性跨维度融资风险因素关联初始判断矩阵，其中，$\tilde{z}_{klq}^{\Omega_2 \to \Omega_1}$ 为专家 E_k 针对个性融资风险因素 F_l 对共性融资风险因素 F_q 的直接影响程度给出的模糊语言短语形式评价信息，$\tilde{z}_{klq}^{\Omega_2 \to \Omega_1} \in S$，$k = 1, 2, \cdots, d$，$q = 1, 2, \cdots, c$，$l = c+1, c+2, \cdots, n$。

基于上面的符号说明，本章要解决的问题是如何根据已知的共性融资风险因素关联初始判断矩阵 $\tilde{Z}_k^{\Omega_1}$、个性融资风险因素关联初始判断矩阵 $\tilde{Z}_k^{\Omega_2}$、共性对个性跨维度融资风险因素关联初始判断矩阵 $\tilde{Z}_k^{\Omega_1 \to \Omega_2}$ 以及个性对共性跨维度融资风险因素关联初始判断矩阵 $\tilde{Z}_k^{\Omega_2 \to \Omega_1}$，对融资风险的多源性、关联性、模糊性、随机性等典型特征进行量化处理并融入多元化集成模式下关键基础设施建设融资风险识别过程，进而研判各个融资风险因素的影响力并诊断其可控性。

三、特征驱动的关键基础设施建设融资风险识别两阶段模型的原理与步骤

按照图 4-1 所示的多元化集成模式下特征驱动的关键基础设施建设融资风险识别阶段划分，给出所构建两阶段模型所涉及各阶段的核心原理和详细步骤。

（一）阶段一：多元化集成模式下特征驱动的关键基础设施建设融资风险因素构成分析

这一阶段涉及融资风险因素确定与融资风险因素维度划分两个环节，其中，确定融资风险因素是划分维度的基础和前提，两者共同支撑阶段二的融资风险因素研判与诊断。

1. 融资风险因素确定

以"项目实例解读分析→资料收集与分类梳理→风险因素筛选与预处理→风险因素修正与量化定义"为主线，确定多元化集成模式下特征驱动的关键基础设施建设融资风险因素，具体流程描述如下。

1）分析多元化集成模式构成

结合多元化集成模式的内涵界定，对所研究关键基础设施建设项目实例的背景材料进行解读分析，确定项目实例采用的具体融资模式。

2）确定融资风险因素获取渠道

以中国知网期刊全文数据库和 Web of Science 数据库为检索源，通过头脑风

暴法设计相关的主题组合检索词，设定合理的时间区间进行相关中英文文献检索及文献追溯；同时，以主流搜索引擎、财政部政府和社会资本合作中心官网、PPP服务平台等为检索源，进行典型案例的相关素材收集。在此基础上，以常见的融资模式为划分依据，对检索到的文献和典型案例进行分类梳理。

3）确定融资风险因素筛选方式

从分类梳理的文献和典型案例中筛选出与多元化集成模式 M 所属集合中各个模式相对应的融资风险因素，并对筛选出的融资风险因素进行相似/相同风险因素的合并，形成各个模式的融资风险因素初始清单。

4）界定各模式的融资风险因素构成

通过在线调查的方式向交通、能源、通信网络等关键基础设施建设相关领域的企业业务骨干、科研机构和高等院校知名学者征求意见，对各个模式的融资风险因素初始清单进行多轮修正与完善，进而形成各个模式的融资风险因素集合。

2. 融资风险因素维度划分

1）设定融资风险因素维度划分视角

由于多元化集成模式下特征驱动的关键基础设施建设融资风险因素的种类繁多、性质各异，本节以共性维度和个性维度作为切入点来划分融资风险因素维度。

2）明确融资风险因素维度划分规则

利用集合运算规则，基于各个模式的融资风险因素集合分别生成共性融资风险因素集合和个性融资风险因素集合。

3）界定不同维度融资风险因素具体构成

将多元化集成模式的共性融资风险因素集合定义为 $F_{\Omega_1} = \{F_1, F_2, \cdots, F_c\}$，可通过集合交集运算规则来确定 F_{Ω_1}，即

$$F_{\Omega_1} = F^1 \bigcap F^2 \bigcap \cdots \bigcap F^b \tag{4-1}$$

其中，F^1、F^2、$\cdots$、F^b 为与融资模式 M_1、M_2、$\cdots$、M_b 对应的融资风险因素集合。同时，将多元化集成模式的个性融资风险因素集合定义为 $F_{\Omega_2} = \{F_{c+1}, F_{c+2}, \cdots, F_n\}$，通过集合并集和差集运算规则来确定 F_{Ω_2}，即

$$F_{\Omega_2} = F^1 \bigcup F^2 \bigcup \cdots \bigcup F^b \bigcup F^\oplus - F_{\Omega_1} - F^\ominus \tag{4-2}$$

其中，$F^\oplus$ 为多元化集成模式下各个融资模式相互影响而新诱发的融资风险因素集合；$F^\ominus$ 为多元化集成模式下各个融资模式相互影响而抵消的融资风险因素集合。通过集体会商可以确定这两个融资风险因素集合的构成。

（二）阶段二：多元化集成模式下特征驱动的关键基础设施建设融资风险因素研判与诊断

这一阶段涉及融资风险因素关联信息获取与处理以及融资风险因素关联分析两个环节。

1. 融资风险因素关联信息获取与处理

1）获取融资风险因素关联信息

依托专家经验获取刻画融资风险因素关联的模糊语言短语形式评价信息，并整合共性融资风险因素关联初始判断矩阵 $\tilde{Z}_k^{\Omega_1}$、个性融资风险因素关联初始判断矩阵 $\tilde{Z}_k^{\Omega_2}$ 以及跨维度融资风险因素关联初始判断矩阵 $\tilde{Z}_k^{\Omega_1 \to \Omega_2}$ 和 $\tilde{Z}_k^{\Omega_2 \to \Omega_1}$，构建融资风险因素关联矩阵 $\tilde{Z}_k = [\tilde{z}_{kij}]_{n \times n}$，其中，融资风险因素关联信息 $\tilde{z}_{kij}$ 的计算公式为

$$\tilde{z}_{kij} = \begin{cases} \tilde{z}_{kqo}^{\Omega_1}, & i \neq j, \ i,j \in \{1,2,\cdots,c\} \\ \tilde{z}_{kql}^{\Omega_1 \to \Omega_2}, & i \neq j, \ i \in \{1,2,\cdots,c\}, j \in \{c+1,c+2,\cdots,n\} \\ \tilde{z}_{klq}^{\Omega_2 \to \Omega_1}, & i \neq j, \ i \in \{c+1,c+2,\cdots,n\}, j \in \{1,2,\cdots,c\} \\ \tilde{z}_{klw}^{\Omega_2}, & i \neq j, \ i,j \in \{c+1,c+2,\cdots,n\} \\ \text{"—"}, & i = j, \ i,j \in \{1,2,\cdots,n\} \end{cases} \quad (4\text{-}3)$$

其中，$k = 1,2,\cdots,d$；$q,o = 1,2,\cdots,c$；$l,w = c+1,c+2,\cdots,n$。

2）提取融资风险因素关联信息的极值

利用模糊语言短语极大化和极小化运算算子（Herrera et al.，1995），确定融资风险因素关联的极大化评价信息 $\tilde{z}_{ij}^+$ 和极小化评价信息 $\tilde{z}_{ij}^-$，其计算公式分别为

$$\tilde{z}_{ij}^+ = \begin{cases} \max_{1 \leq k \leq d} \{\tilde{z}_{kij}\}, & \tilde{z}_{ij}^+ \in S, \ i \neq j \\ \text{"—"}, & i = j \end{cases} \quad (4\text{-}4)$$

$$\tilde{z}_{ij}^- = \begin{cases} \min_{1 \leq k \leq d} \{\tilde{z}_{kij}\}, & \tilde{z}_{ij}^- \in S, \ i \neq j \\ \text{"—"}, & i = j \end{cases} \quad (4\text{-}5)$$

其中，$i,j = 1,2,\cdots,n$。

3）转换融资风险因素关联信息极值形式

依据二元语义转换函数 θ（Herrera and Martinez，2000），将融资风险因素关联的极大化评价信息 $\tilde{z}_{ij}^+$ 和极小化评价信息 $\tilde{z}_{ij}^-$ 转换为二元语义形式的 $\hat{z}_{ij}^+$ 和 $\hat{z}_{ij}^-$（$i \neq j$），转换公式分别为

$$\theta : S \to S \times [-0.5, 0.5] \quad (4\text{-}6)$$

$$\hat{z}_{ij}^+ = \theta(\tilde{z}_{ij}^+) = (\tilde{z}_{ij}^+, 0) \quad (4\text{-}7)$$

$$\hat{z}_{ij}^{-} = \theta(\tilde{z}_{ij}^{-}) = (\tilde{z}_{ij}^{-}, 0) \qquad (4\text{-}8)$$

其中，$i \neq j$；$i, j = 1, 2, \cdots, n$。

4）随机化处理风险因素关联信息

设定 $[z_{ij}'^{-}, z_{ij}'^{+}]$（$i \neq j$）为融资风险因素随机关联信息的取值范围，借鉴 Ayrim 等（2018）的研究工作，假设融资风险因素随机关联信息的生成服从均匀分布，利用 Matlab 软件生成 $(n-1) \times (n-1)$ 个随机整数矩阵，其中，任意矩阵 $U_{ij}^{*} = [u_y(z_{ij}'^{-}, z_{ij}'^{+})]_{v \times 1}$ 中的元素 $u_y(z_{ij}'^{-}, z_{ij}'^{+})$ 由 v 个随机整数构成，$y = 1, 2, \cdots, v$，$z_{ij}'^{-}$ 和 $z_{ij}'^{+}$ 的计算公式分别为

$$\Delta^{-1} : S \times [-0.5, 0.5) \rightarrow [0, g] \qquad (4\text{-}9)$$

$$z_{ij}'^{+} = \Delta^{-1}(\hat{z}_{ij}^{+}) = \Delta^{-1}(\tilde{z}_{ij}^{+}, 0) \qquad (4\text{-}10)$$

$$z_{ij}'^{-} = \Delta^{-1}(\hat{z}_{ij}^{-}) = \Delta^{-1}(\tilde{z}_{ij}^{-}, 0) \qquad (4\text{-}11)$$

其中，$\Delta^{-1}(\cdot)$ 为二元语义转换逆函数（Herrera and Martinez，2000），$z_{ij}'^{+} \in [0, g]$，$z_{ij}'^{-} \in [0, g]$，$i \neq j$，$i, j = 1, 2, \cdots, n$。

5）构建融资风险因素随机关联矩阵

基于风险因素关联信息的随机化处理结果，构建融资风险因素随机关联矩阵 $Z^{*} = [z_{ij}^{*}]_{n \times n}$，其中，$z_{ij}^{*}$ 的计算公式为

$$z_{ij}^{*} = \begin{cases} u_y(z_{ij}'^{-}, z_{ij}'^{+}), & y = 1, 2, \cdots, v, \ i \neq j \\ 0, & i = j \end{cases} \qquad (4\text{-}12)$$

其中，$i, j = 1, 2, \cdots, n$。

2. 融资风险因素关联分析

本节将经典的 DEMATEL 法（Fontela and Gabus，1976；Gabus and Fontela，1972，1973）扩展至随机二元语义环境，给出基于随机二元语义 DEMATEL 的融资风险因素关联分析方法来进行融资风险因素关联分析，进而研判各个融资风险因素的影响力并诊断其可控性。

1）构建融资风险因素随机关联规范化矩阵

对融资风险因素随机关联信息进行规范化处理，构建融资风险因素随机关联规范化矩阵 $X^{*} = [x_{ij}^{*}]_{n \times n}$，其中，$x_{ij}^{*}$ 的计算公式为

$$x_{ij}^{*} = \begin{cases} \dfrac{\displaystyle\sum_{y=1}^{v} u_y(z_{ij}'^{-}, z_{ij}'^{+})}{\displaystyle\max_{1 \leq i \leq n} \left\{ \sum_{j=1}^{n} \sum_{y=1}^{v} u_y(z_{ij}'^{-}, z_{ij}'^{+}) \right\}}, & i \neq j \\ 0, & i = j \end{cases} \qquad (4\text{-}13)$$

其中，$i, j = 1, 2, \cdots, n$。显然，$0 \leqslant x_{ij}^* < 1$，且矩阵 X^* 满足马尔可夫矩阵吸收性（Papoulis and Pillai，2002），则有 $\lim_{\tau \to \infty}(X^*)^\tau = O$ 和 $\lim_{\tau \to \infty}(I + (X^*) + (X^*)^2 + \cdots + (X^*)^\tau) = (I - (X^*))^{-1}$，$O$ 为零矩阵，I 为恒等矩阵。

2）构建融资风险因素随机关联综合矩阵

结合上述性质构建融资风险因素随机关联综合矩阵 $T^* = [t_{ij}^*]_{n \times n}$，其计算公式为

$$T^* = \lim_{\tau \to \infty}((X^*) + \cdots + (X^*)^\tau) = (X^*)(I - (X^*))^{-1} \tag{4-14}$$

3）设定融资风险因素影响力研判依据

基于矩阵 T^* 确定各个融资风险因素的随机中心度 p_i^*，其计算公式为

$$p_i^* = \sum_{j=1}^{n} t_{ij}^* + \sum_{j=1}^{n} t_{ji}^* \tag{4-15}$$

其中，$i = 1, 2, \cdots, n$。这里，随机中心度 p_i^* 反映融资风险因素 F_i 在多元化集成模式下关键基础设施建设融资风险因素集合（含共性融资风险因素集合和个性融资风险因素集合）中的影响力，数值越高，影响力越强，$i = 1, 2, \cdots, n$。

4）设定融资风险因素可控性诊断准则

基于矩阵 T^* 确定各个融资风险因素的随机关系度 r_i^*，其计算公式为

$$r_i^* = \sum_{j=1}^{n} t_{ij}^* - \sum_{j=1}^{n} t_{ji}^* \tag{4-16}$$

其中，$i = 1, 2, \cdots, n$。这里，随机关系度 r_i^* 则是诊断融资风险因素 F_i 可控性的标尺，$r_i^* > 0$ 表明 F_i 为原因型融资风险因素，数值越大表明该风险因素越活跃、可控性越弱；若 $r_i^* < 0$，则表明 F_i 为结果型融资风险因素，数值越小表明其越敏感、可控性越强，$i = 1, 2, \cdots, n$。

5）明晰各融资风险因素影响力与可控性表现

以随机中心度 p^* 为横轴、随机关系度 r^* 为纵轴绘制多元化集成模式下关键基础设施建设融资风险因素的因果关系图，作为相关利益主体直观研判融资风险因素影响力、科学诊断融资风险因素可控性、分类制定融资风险应对与化解措施的主要依据。具体而言，随机中心度值较高的融资风险因素为风险根源所在，需要重点关注其发展态势；可控性较弱的原因型融资风险因素，可以通过制定针对性的防范举措来尽量减少损失；可控性较强的结果型融资风险因素，则可通过制定针对性的管控措施来化解。

第四节　典型应用研究：以"PPP + ABS"模式大成西黄河大桥收益权计划为例

以 Lu 等（2019）在文献中提及的"PPP + ABS"模式大成西黄河大桥收益权

计划为案例，应用本章所给出的特征驱动的关键基础设施建设融资风险识别两阶段模型对该案例开展典型应用研究，结合应用研究的计算实验结果来验证模型的可行性和有效性。

一、大成西黄河大桥收益权计划的情况说明

2008 年，包头市土默特右旗人民政府与内蒙古东达蒙古王集团有限公司（以下简称东达蒙古王集团）以 PPP 模式签订大成西黄河大桥建设合作协议，并由东达蒙古王集团与内蒙古东达房地产开发有限公司共同出资组建鄂尔多斯市益通路桥有限公司（以下简称益通路桥公司）来负责大成西黄河大桥的设计、融资、建设与运营，在为期 28 年的特许经营期内拥有收费权。益通路桥公司的实际控制人为东达蒙古王集团，其持有公司 90% 的股份。特许经营期结束后，大成西黄河大桥将移交给包头市土默特右旗人民政府。

大成西黄河大桥于 2011 年 9 月 29 日正式建成通车，作为包头市东南地区与鄂尔多斯市之间的重要交通枢纽，大桥通行费主要来源于运输煤炭的来往车辆。作为原始权益人，益通路桥公司在 2013 年 6 月 25 日以 ABS 模式将特定时期内（2014～2019 年六个年度内每年 3 月至 12 月）的大桥通行费收益权作为基础资产，纳入专项资产管理计划，而 2014～2019 年六个年度内每年 1 月和 2 月的通行费收入则用于益通路桥公司的日常经营管理。

大成西黄河大桥收益权计划由中原证券股份有限公司采用优先/次级结构化设计来进行管理，在上海证券交易所挂牌交易并发行了价值 5 亿元的六档优先级资产支持证券（信用等级均为 AA＋）和价值 0.3 亿元的次级证券进行融资。2015 年 5 月 29 日，作为第一期优先级资产支持证券，"14 益通优先 01"到期兑现，由益通路桥公司履行了差额补足义务。但在 2015 年 6 月 30 日，信用评级机构将该优先级资产支持证券的评级从 AA＋降为 AA。而在 2016 年 5 月 29 日，"14 益通优先 02"未能在到期日披露收益分配和兑付公告，成为国内企业 ABS 市场的首单违约。

二、融资风险识别过程与主要结果

在针对案例项目开展的典型应用研究中，邀请了北京交通大学、交通运输部科学研究院等科研机构和交通基础设施建设行业相关企业的 8 位专家参与计算实验，设定模糊语言短语评价集合 $S = \{S_0: AL(极低), S_1: VL(非常低), S_2: L(低), S_3: M(中等), S_4: H(高), S_5: VH(非常高), S_6: AH(极高)\}$。以在线调查形式收集专家分

别针对任一共性融资风险因素对另一共性融资风险因素直接影响程度、任一个性融资风险因素对另一个性融资风险因素直接影响程度以及任一共性融资风险因素对任一个性融资风险因素直接影响程度、任一个性融资风险因素对任一共性融资风险因素直接影响程度给出的模糊语言短语形式评价信息。下面按照融资风险识别两阶段模型的流程说明相应的计算实验过程与主要结果。

（一）多元化集成模式下特征驱动的关键基础设施建设融资风险因素构成分析阶段的计算实验过程与主要结果

按照该阶段中融资风险因素确定环节给出的流程，通过对项目实例背景资料的解读分析，确定了所涉及的多元化集成模式集合 $M = \{M_1, M_2\}$，其中，M_1 为 PPP 模式，M_2 为 ABS 模式。基于融资风险因素确定环节所涉及的流程中第二步至第四步，确定了 PPP 模式的融资风险因素集合 $F^1 = \{F_1^1:$ 政策变动, $F_2^1:$ 信用缺失, $F_3^1:$ 利率波动, $F_4^1:$ 收益稳健性, $F_5^1:$ 融资成本高, $F_6^1:$ 法律完备性, $F_7^1:$ 风险错配$\}$，ABS 模式的融资风险因素集合 $F^2 = \{F_1^2:$ 政策变动, $F_2^2:$ 信用缺失, $F_3^2:$ 利率波动, $F_4^2:$ 收益稳健性, $F_5^2:$ 法律完备性, $F_6^2:$ 资本可流动性, $F_7^2:$ 交易结构合理性$\}$。

然后，按照该阶段中融资风险因素维度划分环节的三步流程，利用式（4-1）和式（4-2），确定了共性融资风险因素集合 $F_{\Omega_1} = \{F_1:$ 政策变动, $F_2:$ 信用缺失, $F_3:$ 利率波动, $F_4:$ 收益稳健性, $F_5:$ 法律完备性$\}$，个性融资风险因素集合 $F_{\Omega_2} = \{F_6:$ 破产隔离受限, $F_7:$ 风险错配, $F_8:$ 资本可流动性, $F_9:$ 交易结构合理性$\}$。

（二）多元化集成模式下特征驱动的关键基础设施建设融资风险因素研判与诊断阶段的计算实验过程与主要结果

1. 融资风险因素关联信息获取与处理环节的计算实验过程与主要结果

1）获取融资风险因素关联信息

将各专家提供的共性融资风险因素关联初始判断信息、个性融资风险因素关联初始判断信息以及跨维度融资风险因素关联初始判断信息进行整合，利用式（4-3）构建融资风险因素关联矩阵 $\tilde{Z}_1, \tilde{Z}_2, \cdots, \tilde{Z}_8$。鉴于篇幅，这里仅给出矩阵 $\tilde{Z}_1$ 作为示例，即

$$\tilde{Z}_1 = \begin{bmatrix} — & L & VH & AH & M & VH & L & H & H \\ VH & — & AL & L & AL & H & AH & H & H \\ M & M & — & AH & VL & L & L & VH & VH \\ L & M & VL & — & AL & H & L & L & VH \\ M & L & M & H & — & H & H & L & H \\ VL & AL & VH & M & AL & — & H & VH & AL \\ VL & H & AL & L & VL & M & — & L & L \\ VH & H & VL & L & AL & VH & VL & — & VH \\ AL & M & VL & H & M & H & L & M & — \end{bmatrix}$$

2）提取融资风险因素关联信息的极值

利用式（4-4）和式（4-5）分别确定融资风险因素关联的极大化评价信息 $\tilde{z}_{ij}^{+}$ 和极小化评价信息 $\tilde{z}_{ij}^{-}$。

3）转换融资风险因素关联信息极值形式

利用式（4-6）和式（4-7）将融资风险因素关联的极大化评价信息 $\tilde{z}_{ij}^{+}$ 和极小化评价信息 $\tilde{z}_{ij}^{-}$ 分别转换为二元语义形式的 $\hat{z}_{ij}^{+}$ 和 $\hat{z}_{ij}^{-}$。

4）随机化处理风险因素关联信息

利用式（4-9）～式（4-11）确定融资风险因素随机关联信息的取值范围，并利用 Matlab 软件生成融资风险因素随机关联信息，设定任意两两风险因素之间的随机关联信息均由 $v = 10\,000$ 个随机生成的整数构成。

5）构建融资风险因素随机关联矩阵

利用式（4-12）构建融资风险因素随机关联矩阵 Z^{*}。

2. 融资风险因素关联分析环节的计算实验过程与主要结果

1）构建融资风险因素随机关联规范化矩阵

利用式（4-13），构建融资风险因素随机关联规范化矩阵 X^{*}，即

$$X^{*} = \begin{bmatrix} 0.000 & 0.050 & 0.150 & 0.183 & 0.100 & 0.166 & 0.066 & 0.117 & 0.167 \\ 0.167 & 0.000 & 0.033 & 0.067 & 0.033 & 0.117 & 0.167 & 0.133 & 0.134 \\ 0.100 & 0.133 & 0.000 & 0.184 & 0.033 & 0.067 & 0.050 & 0.134 & 0.166 \\ 0.067 & 0.100 & 0.050 & 0.000 & 0.049 & 0.133 & 0.083 & 0.033 & 0.151 \\ 0.100 & 0.067 & 0.083 & 0.133 & 0.000 & 0.150 & 0.133 & 0.033 & 0.151 \\ 0.033 & 0.050 & 0.183 & 0.117 & 0.034 & 0.000 & 0.150 & 0.167 & 0.017 \\ 0.067 & 0.134 & 0.050 & 0.100 & 0.050 & 0.100 & 0.000 & 0.167 & 0.067 \\ 0.167 & 0.117 & 0.066 & 0.067 & 0.034 & 0.134 & 0.033 & 0.000 & 0.151 \\ 0.050 & 0.100 & 0.050 & 0.133 & 0.100 & 0.100 & 0.050 & 0.067 & 0.000 \end{bmatrix}$$

2）构建融资风险因素随机关联综合矩阵

利用式（4-14），构建融资风险因素随机关联综合矩阵 T^*，即

$$T^* = \begin{bmatrix} 0.364 & 0.431 & 0.480 & 0.644 & 0.322 & 0.619 & 0.425 & 0.529 & 0.629 \\ 0.472 & 0.334 & 0.339 & 0.483 & 0.239 & 0.524 & 0.465 & 0.503 & 0.538 \\ 0.419 & 0.455 & 0.295 & 0.579 & 0.237 & 0.481 & 0.366 & 0.490 & 0.575 \\ 0.312 & 0.352 & 0.286 & 0.329 & 0.207 & 0.444 & 0.332 & 0.333 & 0.458 \\ 0.400 & 0.391 & 0.375 & 0.535 & 0.200 & 0.541 & 0.437 & 0.406 & 0.543 \\ 0.328 & 0.355 & 0.425 & 0.476 & 0.205 & 0.365 & 0.411 & 0.488 & 0.400 \\ 0.353 & 0.411 & 0.308 & 0.449 & 0.220 & 0.455 & 0.280 & 0.478 & 0.431 \\ 0.446 & 0.408 & 0.347 & 0.454 & 0.223 & 0.504 & 0.330 & 0.349 & 0.522 \\ 0.298 & 0.347 & 0.279 & 0.440 & 0.246 & 0.413 & 0.301 & 0.349 & 0.326 \end{bmatrix}$$

3）设定融资风险因素影响力研判依据

依据式（4-15）计算各个融资风险因素的随机中心度 p_i^*。

4）设定融资风险因素可控性诊断准则

依据式（4-16）计算各个融资风险因素的随机关系度 r_i^*。上述两个步骤的计算结果如表4-1所示。可以看出，各个融资风险因素的影响力排序为：$F_1 \succ F_6 \succ F_8 \succ F_4 \succ F_9 \succ F_2 \succ F_3 \succ F_7 \succ F_5$，可控性诊断结果表明：$F_1$、$F_2$、$F_3$、$F_5$ 和 F_7 为可控性较弱的原因型融资风险因素，其中，随机关系度值最大的 F_5 为可控性最弱的融资风险因素；F_4、F_6、F_8 和 F_9 为可控性较强的结果型融资风险因素，其中，随机关系度值最小的 F_9 为可控性最强的融资风险因素。

表 4-1 各个融资风险因素随机中心度和随机关系度的计算结果

影响力研判依据与可控性诊断准则	融资风险因素								
	F_1	F_2	F_3	F_4	F_5	F_6	F_7	F_8	F_9
随机中心度 p_i^*	7.835	7.382	7.031	7.442	5.928	7.800	6.732	7.508	7.420
随机关系度 r_i^*	1.048	0.414	0.762	−1.335	1.729	−0.894	0.039	−0.341	−1.422

5）明晰各融资风险因素的影响力与可控性表现

基于表4-1所示的计算结果，可构建如图4-2所示的"PPP＋ABS"模式大成西黄河大桥收益权计划融资风险因素的因果关系图。

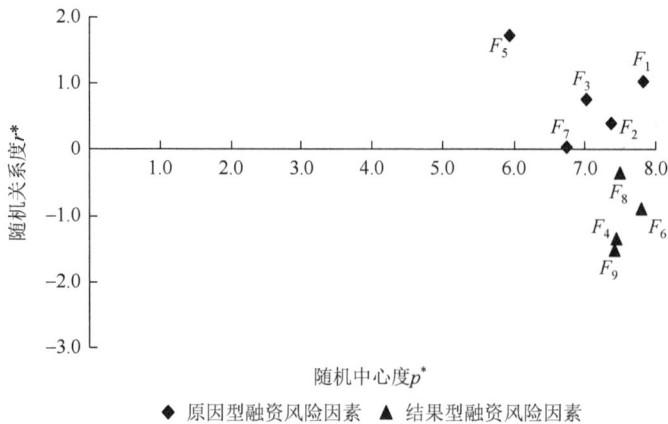

图4-2 "PPP＋ABS"模式大成西黄河大桥收益权计划融资风险因素的因果关系图

三、管理启示与建议

上述计算实验得到的融资风险识别结果，给相关利益主体开展特征驱动的关键基础设施建设融资风险应对与化解工作带来一些重要的启示，建议将融资风险因素的影响力和可控性作为切入点来搭建"一体两翼"的措施体系。

（1）以影响力排序为"一体"支撑，来进行融资风险应对与化解工作的重点任务部署。对影响力排序靠前的融资风险因素赋予应对与化解的优先权，一方面，建议依托人工智能、区块链、大数据等颠覆性新兴技术对高影响力融资风险因素的发展态势进行实时监测，并健全融资风险监测数据上报与共享机制；另一方面，建议利用情境驱动的智能建模技术建立高影响力风险因素的分级预警体系，并结合融资风险等级设计差异化的应对与化解方案。以影响力最高的融资风险因素 F_1（政策变动）为例，相关利益主体需要密切关注国家部委和地方政府相关政策的最新动向，争取政府担保和相应保障并将其纳入特许权协议的稳定条款和调整条款。本章应用案例中，受到国家供给侧去产能政策的影响，当地原煤产量明显下降，严重影响了以收取煤炭运输车辆通行费为主的基础资产现金流，而大成西黄河大桥收益权计划管理人和评级机构均未能对政策变动给予足够的关注和及时的应对，最终导致证券到期兑付违约。

（2）以强化事前约定合理的风险分担与补偿机制为"两翼"抓手之一，来应对原因型融资风险因素。以可控性最弱的融资风险因素 F_5（法律完备性）为例，虽然 2017 年财政部等三部委发布了《关于规范开展政府和社会资本合作项目资产证券化有关事宜的通知》来规范 PPP 项目资产证券化的发展，但仍存在上位法缺失、法律效力不高等问题，相关利益主体可委托第三方专业机构对融资项目的法律完备性进行全方位论证，通过多方会商形成合理的风险分担与补偿方案，最大限度防范法律不健全可能造成的不良影响。

（3）以强化事后启动有效的风险响应与监管机制为另一个"两翼"抓手，来化解结果型融资风险因素。以可控性最强的融资风险因素 F_9（交易结构合理性）为例，兑付违约发生后，相关利益主体需要快速联动响应，通过引入新的投资方、将单向交易结构优化为双向交易结构、调整资产支持证券产品的收益率或收益期限等措施来缓解现金流不足的压力，同时，通过加强增信措施有效性监管、计划管理人和评级机构信息披露责任监管等措施来提升专项计划的安全性，规避计划管理人的失信行为和评级机构的判断偏差。

综上，融资环节在关键基础设施建设全过程中起着非常重要的作用，而多元化集成模式下特征驱动的关键基础设施建设融资风险识别研究是有效应对与化解融资风险的关键前提和重要基础。针对多元化集成模式下特征驱动的关键基础设施建设融资风险的多源性、关联性、模糊性、随机性等典型特征，本章设计了与典型特征相匹配的融资风险识别框架，并构建了融资风险因素确定与维度划分、融资风险因素研判与诊断相结合的融资风险识别两阶段模型，进而通过以"PPP＋ABS"模式大成西黄河大桥收益权计划为案例开展的典型应用研究验证了模型的有效性。

与已有研究相比，本章的主要贡献表现在三个方面：第一，为多元化集成模式下特征驱动的关键基础设施建设融资风险识别工作赋予了更丰富的内涵，不仅能够为相关利益主体明晰融资风险因素构成提供依据，还能够为其研判融资风险因素影响力、诊断融资风险因素可控性提供量化支持；第二，为解决多元化集成模式下特征驱动的关键基础设施建设融资风险识别问题提供了集识别框架指导和识别模型支撑于一体的系统性解决方案；第三，通过将经典 DEMATEL 法扩展至随机二元语义环境来实现多元化集成模式下特征驱动的关键基础设施建设融资风险关联性、模糊性和随机性等典型特征的量化融合，并将量化融合后得到的融资风险识别结果可视化，有利于相关利益主体更直观地研判融资风险因素影响力、诊断融资风险因素可控性，从而为有效应对与化解融资风险提供必要的决策支持。

第五章 国别视角下特征驱动的关键基础设施建设风险评估研究

风险评估是风险识别的后续环节（Guo and Haimes，2016；汪涛等，2019；赵泽斌和满庆鹏，2018）。交通、能源、通信网络等关键基础设施建设过程往往面临着政治、金融、法律等诸多风险因素的严峻挑战（Li et al.，2019；牛静等，2012；李仲平，2017），尤其是风险多源性、风险关联性、风险随机性以及国别风险差异显著性的叠加更增加了风险评估的难度（Morteza and Jolanta，2019；Tixier et al.，2017；张劲和索玮岚，2020）。本章以问题研究背景为切入点，阐述研究必要性，分析国别视角下特征驱动的关键基础设施建设风险特征，描述特征驱动的关键基础设施建设风险因素选取过程，绘制特征驱动的关键基础设施建设风险评估流程，提出特征驱动的关键基础设施建设风险评估方法，以30个"一带一路"沿线国家交通基础设施建设的相关数据为基础开展典型应用研究，验证所提方法的有效性和先进性，并根据评估结果给出针对性的启示与建议。

第一节 国别视角下特征驱动的关键基础设施建设风险评估问题研究背景阐述

近年来，随着"一带一路"倡议的持续推进，中国基建企业"走出去"参与"一带一路"沿线国家关键基础设施建设的步伐也随之不断加快，为实现关键基础设施互联互通注入了强劲的动力。而现实中，受资金需求量大（Gonzalez-Ruiz et al.，2019；欧阳静和张宏海，2017；沈梦溪，2016a）、建设周期长（Canca et al.，2021；Chrimes，2020；谢海林等，2017；张尚武和潘鑫，2021）、建设环境多变（Canca et al.，2021；Chrimes，2020；谢海林等，2017；张尚武和潘鑫，2021）等因素的影响，关键基础设施建设过程往往面临着政府稳固性（Li et al.，2019；沈梦溪，2016b）、腐败（Fazekas and Tóth，2018；董有德等，2020）、社会冲突（Hwang et al.，2016；尹响和胡旭，2019）等多重风险因素的严峻挑战，极易出现项目延期、中断乃至终止等与实现关键基础设施互联互通目标相悖的不良后果。通过开展国别视角下的关键基础设施建设风险评估来明晰"走出去"风险态势，有效应对风险，已经成为中国基建企业开拓海外市场的战略性选择。

目前，关于关键基础设施建设风险评估方法的研究已经引起了一些国内外学者的关注。针对交通基础设施建设风险评估问题，Salling 和 Banister（2010）提出了成本收益分析和量化风险分析相结合的决策模型，并将其应用于格陵兰努克机场建设项目风险评估；Hashemi 等（2011）提出了非参数重抽样 Bootstrap 技术与区间数运算相结合的桥梁建设项目风险评估方法；Dong 等（2018）提出了因素分析、主成分分析、专家打分、极差标准化方法相结合的集成风险评估模型，并以中蒙俄高速公路建设项目为例进行了应用研究；Li 等（2019）提出了考虑双重关联效应的模糊综合评估方法，并将其应用于跨境交通基础设施建设项目的风险评估。针对能源基础设施建设风险评估问题，Stegen 等（2012）以北非沙漠为例评估了能源基础设施建设项目的恐怖主义风险；Arnold 和 Yildiz（2015）提出了一种基于蒙特卡洛仿真的分布式可再生能源基础设施建设的生态风险；Chebotareva 等（2020）提出了基于 Logit 模型的可再生能源建设项目风险评估方法；Ford 和 Abdulla（2021）提出了基于 DEA 的新核能源基础设施部署风险评估方法；Liang 等（2021）提出了基于多粒度语言分布证据推理的可再生能源建设项目风险评估方法。针对通信网络基础设施建设风险评估问题，Johnsen 和 Veen（2013）提出了将初步危险分析、行动研究相结合的方法，评估了挪威铁路应急通信网络基础设施风险；Charni 和 Majer（2014）提出了所有权总成本框架、比较分析、敏感性分析相结合的方法，评估了光纤无线智能电网通信基础设施建设风险。

需要指出的是，已有研究成果大多聚焦于某种特定类型关键基础设施建设风险的微观项目层面，鲜有从国别视角这一宏观层面开展研究的，缺少关于国别风险差异显著性对关键基础设施建设风险所产生影响的考量。关键基础设施建设所涉及的风险多源性、风险关联性和风险随机性（Morteza and Jolanta，2019；Tixier et al.，2017），对关键基础设施建设风险评估存在一定的影响（张劲和索玮岚，2020）。已有研究成果并未考虑上述特征，容易造成风险评估结果出现偏差。因此，有必要探索新的方法来突破上述难点。鉴于此，本章将风险多源性、风险关联性和风险随机性以及国别风险差异显著性量化处理后融入国别视角下特征驱动的关键基础设施建设风险评估过程，根据专家判断生成多重风险因素的随机关联信息，通过关联分析确定各风险因素的排序和归类，进而通过有效集成风险因素随机中心度与多重风险因素的随机评估信息来构造关键基础设施建设风险指数，并根据决策机制系数来确定各个样本国家关键基础设施建设风险指数的折中排序。

第二节　国别视角下特征驱动的关键基础设施建设 风险评估框架设计

首先，给出国别视角下关键基础设施建设风险特征分析；其次，给出国别视角下特征驱动的关键基础设施建设风险因素选取的具体流程；最后，绘制国别视角下特征驱动的关键基础设施建设风险评估流程。

一、国别视角下特征驱动的关键基础设施建设风险特征分析

需要指出的是，国别视角下特征驱动的关键基础设施建设风险评估是一个兼具现实指导迫切性和理论探索难度的重要问题。基于对已有国内外相关研究文献的系统性梳理，从风险多源性、风险关联性、风险随机性和国别风险差异显著性归纳出国别视角下特征驱动的关键基础设施建设风险的典型特征，而如何量化集成这些典型特征也是解决国别视角下特征驱动的关键基础设施建设风险评估问题的理论探索难点。

（1）风险多源性。如前所述，关键基础设施建设过程往往面临着政府稳固性（Li et al.，2019；沈梦溪，2016b）、腐败（Fazekas and Tóth，2018；董有德等，2020）、社会冲突（Hwang et al.，2016；尹响和胡旭，2019）等国家宏观层面政治、经济、社会诸多不同来源风险因素的严峻挑战。

（2）风险关联性。上述不同来源诸多风险因素之间并不是相互独立，而是存在复杂的关联关系（Morteza and Jolanta，2019；Li et al.，2019；汪涛等，2019；赵娜等，2018）。例如，腐败现象的滋生会破坏政府稳固性，进而引发社会冲突，严重影响关键基础设施建设的顺利开展。

（3）风险随机性。关键基础设施建设过程往往具有较长的周期，在该过程中那些不同来源诸多风险因素的表现并非一成不变，而是具有高度的随机性，通常难以准确测算其未来演化趋势（Tixier et al.，2017；高武等，2016）。例如，政府稳固性会由于对突发的自然灾害、公共卫生事件等处置不当而受到冲击，从而发生根本性转变。

（4）国别风险差异显著性。由于各个国家政治经济体制不同，所处发展阶段各异，其关键基础设施建设风险态势也不尽相同（Guo et al.，2013；张光南和陈广汉，2009）。例如，新加坡、阿联酋、沙特阿拉伯等高收入国家已配备了质量良好的关键基础设施，在这些国家开展关键基础设施建设风险可控性较高；而伊拉克、叙利亚、阿富汗等国家则多年饱受战乱影响，在这些国家开展关键基础设施建设面临着巨大的风险挑战。

二、国别视角下特征驱动的关键基础设施建设风险因素选取

风险因素选取是开展国别视角下特征驱动的关键基础设施建设风险评估的首要前提。这里以"资料检索与整合→因素提取与预处理→因素修正与特征分

析"为主线来选取国别视角下特征驱动的关键基础设施建设风险因素，具体过程如下。

（1）在资料检索与整合环节，以中国知网期刊全文数据库、Web of Science数据库为检索源，设定与国别视角下特征驱动的关键基础设施建设风险评估相关的主题组合检索词及适合的时间区间进行相关中英文文献检索及文献追溯，并以百度、中国国家数字图书馆为检索源，对同一时间区间内公开发布/出版的相关行业报告和专著进行查证收集，实现不同来源资料的全面整合。

（2）在因素提取与预处理环节，采用电子化资料字段自动提取和纸质资料人工提取的方式，从已整合的资料中提取出与国别视角下特征驱动的关键基础设施建设风险评估相关的风险因素，并进行相似/相同风险因素的合并和难以量化风险因素的删除，形成风险因素初始清单。

（3）在因素修正与特征分析环节，邀请关键基础设施建设行业代表性企业相关业务部门经理、总经济师、高级工程师以及该行业代表性研究机构相关领域科研骨干、知名学者成立专家组，通过面对面访谈与在线调查相结合的方式征求组内专家的意见，对风险因素初始清单进行多轮修正与完善，形成关键基础设施建设风险因素集合，并通过专家集体会商明确各个风险因素的属性和数据来源。

三、国别视角下特征驱动的关键基础设施建设风险评估流程绘制

结合国别视角下特征驱动的关键基础设施建设风险评估问题的典型特征，设计了由随机信息生成与处理、风险因素关联分析、风险指数构造与测算三个阶段构成的关键基础设施建设风险评估流程。各阶段所开展的主要研究工作描述如下。

（1）阶段一：随机信息生成与处理。该阶段涉及两类随机信息，一类是多重风险因素的随机关联信息，主要利用专家判断信息来生成，并对其进行均值化处理；另一类是多重风险因素的随机评估信息，以国际权威数据库或权威机构评估报告为数据基础来生成，并将其表达为二元组形式。

（2）阶段二：风险因素关联分析。该阶段将经典 DEMATEL 法（Fontela and Gabus，1976；Gabus and Fontela，1972，1973）扩展至随机环境来分析关键基础设施建设风险因素之间的关联性，结合关联分析结果计算各个风险因素的随机中心度和随机关系度，从而确定各风险因素的排序和归类。

（3）阶段三：风险指数构造与测算。该阶段将经典 VIKOR 法（Opricovic，1998）扩展到随机环境，将关联分析确定的风险因素随机中心度与多重风险因素的随机评估信息有效集成，在实现信息集成的同时也消除了国别差异的影响，进而构造关键基础设施建设风险指数，并根据决策机制系数确定各样本国家关键基础设施建设风险指数的折中排序。

基于上述描述，绘制出国别视角下特征驱动的关键基础设施建设风险评估流程图，如图 5-1 所示。

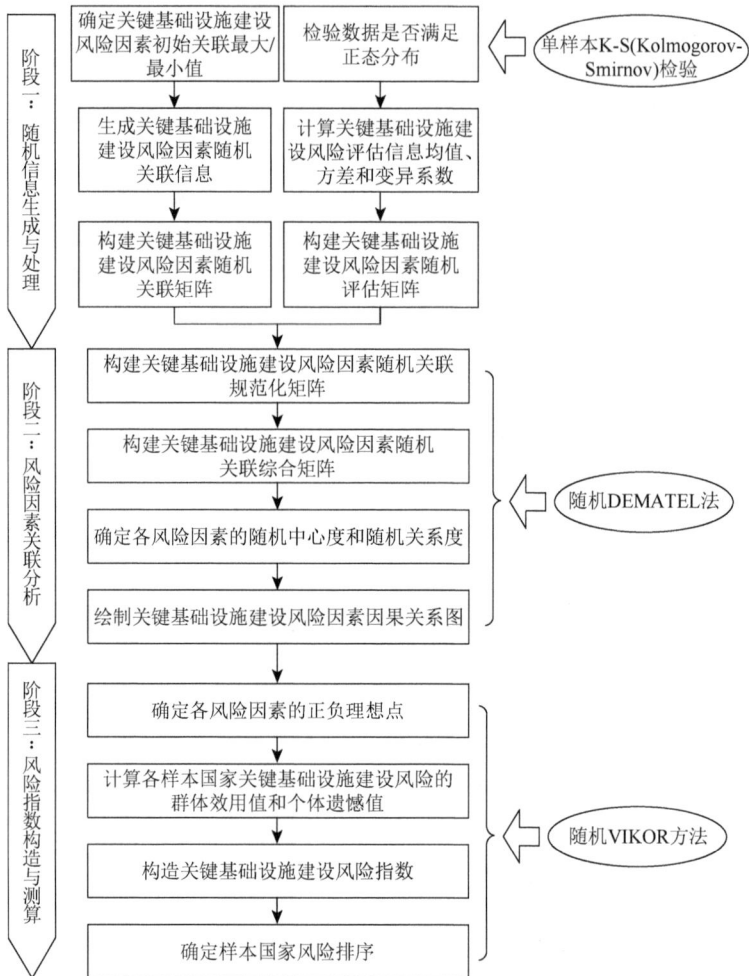

图 5-1 国别视角下特征驱动的关键基础设施建设风险评估流程图

第三节 国别视角下特征驱动的关键基础设施建设风险评估方法提出

首先，将 VIKOR 方法作为预备知识进行简单说明；其次，给出国别视角下特征驱动的关键基础设施建设风险评估问题的相关符号定义与描述；最后，给出国别视角下特征驱动的关键基础设施建设风险评估方法的原理与步骤。

一、关于 VIKOR 方法的预备知识

关于 VIKOR 方法的说明将从提出及其基本原理、扩展研究、风险管理领域典型应用三个方面阐述。

（一）VIKOR 方法的提出及其基本原理

VIKOR 方法是南斯拉夫贝尔格莱德大学 Opricovic 教授于 1998 年在其博士学位论文中给出的一种折中排序方法（Opricovic，1998）。随后，Opricovic 教授和台湾交通大学 Tzeng 教授于 2004 年和 2007 年在期刊 *European Journal of Operational Research* 上发表了两篇论文，从集结函数、规范化效应、方法要点等方面分别将 VIKOR 方法与 TOPSIS 方法、偏好顺序结构评估方法以及消去与选择转换（elimination et choice translating reality，ELECTRE）方法进行了细致的比较，并指出 TOPSIS 方法无法反映出各方案与正负理想解的接近程度，偏好顺序结构评估方法仅考虑了群效用的最大化，ELECTRE 方法则追求个体遗憾最小化，而 VIKOR 方法在克服 TOPSIS 方法不足的同时，还兼顾了群效用的最大化与个体遗憾的最小化，且能够充分考虑决策者的主观偏好，从而确保决策结果更具合理性（Opricovic and Tzeng，2004，2007）。

根据文献（Opricovic，1998；Opricovic and Tzeng，2004，2007）可知，VIKOR 方法的基本原理是基于如下的 L_p-metric 集结函数（索玮岚和樊治平，2010）：

$$L_{p,i} = \left\{ \sum_{j=1}^{q} \left[\frac{w_j(a_j^+ - a_{ij})}{a_j^+ - a_j^-} \right]^p \right\}^{1/p}, \quad 1 \leqslant p \leqslant \infty, i \in M \qquad (5\text{-}1)$$

其中，a_{ij} 为决策方案 X_i 在属性 C_j 的属性值；w_j 为属性 C_j 的权重；a_j^+ 和 a_j^- 分别为属性 C_j 的正理想点和负理想点，$j = 1, 2, \cdots, q$。采用 $L_{1,i}$ 和 $L_{\infty,i}$ 来进行有限决策方案 X_i（$i \in M$）的折中排序，通过最小化 $L_{1,i}$ 和 $L_{\infty,i}$ 确定的折中方案同时具有最大的群效应和最小的个体遗憾。

（二）VIKOR 方法的扩展研究

关于 VIKOR 方法的扩展研究主要聚焦在以下两个方面。

一是 VIKOR 自身的方法创新，主要侧重通过对信息表现形式的多样化来扩展其应用环境。代表性的研究成果有：Chen 和 Wang（2009）、Sanayei 等（2010）

将 VIKOR 方法扩展至模糊数环境；Sayadi 等（2009）、苏志欣等（2010）将 VIKOR 方法扩展至区间数环境；索玮岚和樊治平（2010）将 VIKOR 方法扩展至数值、区间数和模糊数同时存在的混合型环境；Liu 和 Wang（2011）将 VIKOR 方法扩展至广义区间梯形模糊数环境；Park 等（2011）将 VIKOR 方法扩展至区间直觉模糊数环境；张震和郭崇慧（2011）将 VIKOR 方法扩展至二元语义环境；索玮岚（2013）将 VIKOR 方法扩展至不确定语言环境；You 等（2015）将 VIKOR 方法扩展至区间二元语义环境；孙红霞和李煜（2015）将 VIKOR 方法扩展至三角直觉模糊数环境；赵树平等（2016）将 VIKOR 方法扩展至直觉梯形模糊数环境；刘政敏等（2017）将 VIKOR 方法扩展至 Pythagorean 不确定语言变量环境；Tavana 等（2018）将 VIKOR 方法扩展至随机环境；张妮等（2018）将 VIKOR 方法扩展至中智犹豫模糊数环境；范建平等（2019）将 VIKOR 方法扩展至单值中智集环境；汪汝根等（2019）将 VIKOR 方法扩展至直觉模糊数环境；Gou 等（2020）等将 VIKOR 方法扩展至双层次犹豫模糊语言环境；Joshi（2020）将 VIKOR 方法扩展至图像模糊集环境；林文豪等（2021）将 VIKOR 方法扩展至区间 Pythagorean 模糊数环境。

二是 VIKOR 与其他方法的融合创新。目前已有国内外学者将 VIKOR 方法与 DEMATEL 方法、ANP 方法、DEA 方法、情感分析、前景理论、TOPSIS 方法、灰色关联分析方法等方法进行融合创新来解决不同领域的具体问题。代表性的研究成果主要有：Wang 和 Tzeng（2012）将 VIKOR 方法与 DEMATEL 方法、ANP 方法进行融合创新来解决品牌营销的品牌价值创造问题；Lee 和 Pai（2015）将 VIKOR 方法与 DEA 方法进行融合创新来解决全球主要薄膜晶体管-液晶显示器制造商的运营绩效评价问题；由丽萍和王嘉敏（2015）将 VIKOR 方法与情感分析进行融合创新来解决电子商务顾客满意度测试问题；袁峰等（2018）将 VIKOR 方法与前景理论进行融合创新来解决互联网保险消费决策问题；Kececi 等（2019）将 VIKOR 方法与 TOPSIS 方法、灰色关联分析方法进行融合创新来解决多响应田口参数优化问题；Liu 等（2019）将 VIKOR 方法与一致模糊偏好关系进行融合创新来解决国内连锁酒店集团能力提升问题；Malekpoor 等（2019）将 VIKOR 方法与双目标整数线性规划模型进行融合创新来解决救灾营电气化规划问题；李民等（2019）将 VIKOR 方法与信息熵法进行融合创新来解决第四方物流供应商优选问题；尤筱玥等（2019）将 VIKOR 方法与区间二元语义变量处理模型、AHP 方法进行融合创新来解决供应商企业社会责任评价问题；李西良等（2020）将 VIKOR 方法与 DEMATEL 方法进行融合创新来解决高新技术企业知识产权能力测度问题；林萍萍等（2021）将 VIKOR 方法与前景理论、Two-Additive Choquet 积分算子进行融合创新来解决属性关联的多属性决策问题。

（三）VIKOR 方法的风险管理领域典型应用

VIKOR 方法已经得到一些风险管理领域学者的关注，在风险型决策、安全风险、运营风险、项目风险等典型领域进行了应用。

在风险型决策领域，Mokhtarian 等（2014）提出基于决策过程不确定风险降低的区间模糊 VIKOR 方法，并应用于城市湿垃圾填埋场挖坑位置确定决策；江文奇（2014）将 VIKOR 方法与前景理论相结合，并应用于风险型模糊多准则决策；谭春桥和张晓丹（2019）将 VIKOR 方法与后悔理论相结合，并应用于不确定风险型多属性决策。

在安全风险管理领域，Ouyang 等（2009）提出了基于 VIKOR 方法的多属性决策模型，并应用于信息安全风险评估；Ouyang 等（2013）将 VIKOR 方法与 DEMATEL 方法、ANP 方法相结合，并应用于信息安全风险控制评估；Gul 等（2019）提出了 Pythagorean 模糊 VIKOR 方法，并应用于煤炭行业安全风险评估；Khorrama（2020）提出了模糊 AHP-熵测度的 VIKOR 模型，并应用于港口集装箱码头的形式化安全评估。

在运营风险管理领域，Liu 等（2012）提出了模糊 VIKOR 方法，并应用于失效模式与后果分析的风险评价；Mandal 等（2015）将模糊 VIKOR 方法与层级任务分析法、系统性人为错误减少和预测方法相结合，并应用于桥式起重机操作中人为错误识别和风险排序；Safari 等（2016）将模糊 VIKOR、失效模式与后果分析相结合，并应用于企业架构风险的识别与评价；Mohsen 和 Fereshteh（2017）提出了基于熵测度的扩展 VIKOR 方法，应用于失效模式风险评价，并开展了地热发电厂的案例研究；la Fata 等（2021）构建了 AHP 方法、人为错误评估和减少技术、标准化工厂风险分析技术和 VIKOR 方法相结合的多属性决策模型，并应用于职业健康与安全风险排序。

在项目风险管理领域，Wang 等（2018b）提出了基于图像模糊规范化映射的 VIKOR 方法，并应用于施工项目风险评价；Wu 等（2019）提出了区间直觉模糊 VIKOR 方法，并应用于乡村旅游项目融资风险评估；乌云娜等（2019）构建了基于区间二型模糊 AHP-VIKOR 的风险决策模型，并应用于风电建设项目的投资风险决策；Li 等（2021）提出了改进的概率语言短语 VIKOR 模型，并应用于技术创新项目风险评价。

此外，在投资风险管理领域，Hacioglu 和 Dincer（2015）将 VIKOR 方法与模糊 AHP-TOPSIS 相结合，并应用于新兴资本市场两极风险绩效比较评估；在灾害与环境风险管理领域，Malekian 和 Azarnivand（2016）将 VIKOR 与香农熵相结合，并应用于伊朗 Shemshak（谢姆沙克）流域洪水风险排序；Darvishi

等（2020）将 VIKOR 方法、失效模式与后果分析相结合，并应用于大坝施工阶段的环境风险评估。

二、国别视角下特征驱动的关键基础设施建设风险评估问题的相关符号定义与描述

为便于分析，采用下列符号描述国别视角下特征驱动的关键基础设施建设风险评估问题所涉及的集合和变量。

$F = \{F_1, F_2, \cdots, F_n\}$：关键基础设施建设风险因素集合，其中，$F_i$ 为第 i 个风险因素，$i = 1, 2, \cdots, n$。

$C = \{C_1, C_2, \cdots, C_m\}$：关键基础设施建设样本国家集合，其中，$C_k$ 为第 k 个样本国家，$k = 1, 2, \cdots, m$。

$E = \{E_1, E_2, \cdots, E_d\}$：关键基础设施建设风险评估专家集合，其中，$E_b$ 为第 b 个专家，$b = 1, 2, \cdots, d$。

$Z_b = [z_{bij}]_{n \times n}$：关键基础设施建设风险因素关联初始判断矩阵，其中，z_{bij} 为专家 E_b 针对风险因素 F_i 对 F_j（$i \neq j$）的直接影响程度给出的判断信息，$b = 1, 2, \cdots, d$，$i, j = 1, 2, \cdots, n$。这里采用 1～10 分来刻画影响程度强弱，1 分表示极其弱，10 分表示极其强。而风险因素对自身的直接影响不予考虑，即 $z_{bii} = 0$，$b = 1, 2, \cdots, d$，$i = 1, 2, \cdots, n$。

$Y_t = [y_{tki}]_{m \times n}$：关键基础设施建设风险因素随机评估矩阵，其中，$y_{tki}$ 为第 t 年样本国家 C_k 在风险因素 F_i 下表现的评估信息，$t = 1, 2, \cdots, a$，$k = 1, 2, \cdots, m$，$i = 1, 2, \cdots, n$。

基于上面的符号说明，本章要解决的问题是根据已知的关键基础设施建设风险因素关联初始判断矩阵 Z_b 和关键基础设施建设风险因素初始评估矩阵 Y_t，如何将风险多源性、风险关联性、风险随机性以及国别风险差异显著性等典型特征进行量化处理并融入国别视角下的关键基础设施建设风险评估过程，进而确定各国关键基础设施建设风险指数值及国别视角下的风险排序，研判风险根源，诊断风险可控性。

三、基于随机 DEMATEL-VIKOR 的风险评估方法的原理与步骤

为解决上述问题，基于图 5-1 所示的国别视角下特征驱动的关键基础设施建设风险评估流程图，提出一种基于随机 DEMATEL-VIKOR 的关键基础设施建设风险评估方法。该方法将复杂系统要素关联分析工具——经典 DEMATEL 法（Fontela and Gabus，1976；Gabus and Fontela，1972，1973）扩展到随机环境来量化处理多重

风险因素的复杂关联性和高度随机性，并将经典 VIKOR 法（Opricovic，1998）扩展到随机环境来融合量化后的多重风险因素复杂关联性和高度随机性，进而设计消除显著国别差异的风险指数，从而合理有效地解决国别视角下特征驱动的关键基础设施建设风险评估问题四个典型特征所带来的理论突破难点。

按照图 5-1 所示的风险评估阶段划分，给出所提方法计算步骤的详细描述。

（一）随机信息生成与处理

确定关键基础设施建设风险因素关联初始判断矩阵 Z_b 中风险因素 F_i 与 F_j 之间初始关联信息的最大值 z_{ij}^+ 和最小值 z_{ij}^-（$i \neq j$），其计算公式分别为

$$z_{ij}^+ = \max_{1 \leq b \leq d} \{z_{bij}\} \tag{5-2}$$

$$z_{ij}^- = \min_{1 \leq b \leq d} \{z_{bij}\} \tag{5-3}$$

其中，$i, j = 1, 2, \cdots, n$。

设定 $[z_{ij}^-, z_{ij}^+]$（$i, j = 1, 2, \cdots, n$，$i \neq j$）为随机关联信息的取值范围，利用 Matlab 软件生成该范围内服从均匀分布的 $(n-1) \times (n-1)$ 个随机整数矩阵，其中任意矩阵 $U_{ij}^* = [u_g(z_{ij}^-, z_{ij}^+)]_{l \times 1}$ 中的元素由 l 个随机整数构成，$g = 1, 2, \cdots, l$，$i, j = 1, 2, \cdots, n$，$i \neq j$。

然后，构建关键基础设施建设风险因素随机关联矩阵 $Z^* = [z_{ij}^*]_{n \times n}$，其中，$z_{ij}^*$ 的计算公式为

$$z_{ij}^* = \begin{cases} u_g(z_{ij}^-, z_{ij}^+), & i \neq j \\ 0, & i = j \end{cases} \tag{5-4}$$

其中，$g = 1, 2, \cdots, l$；$i, j = 1, 2, \cdots, n$。

利用 SPSS 软件对第 t 年关键基础设施建设样本国家 C_k 在风险因素 F_i 下表现的初始评估信息 y_{tki}（$t = 1, 2, \cdots, a$，$k = 1, 2, \cdots, m$，$i = 1, 2, \cdots, n$）进行单样本 K-S 检验，以判断其是否满足正态分布。

然后，分别计算关键基础设施建设样本国家 C_k 在风险因素 F_i 下初始评估信息的均值 $\bar{y}_{ki}$ 和方差 σ_{ki}，其计算公式为

$$\bar{y}_{ki} = \frac{1}{a} \sum_{t=1}^{a} y_{tki} \tag{5-5}$$

$$\sigma_{ki} = \sqrt{\frac{1}{a} \sum_{t=1}^{a} (y_{tki} - \bar{y}_{ki})^2} \tag{5-6}$$

其中，$k = 1, 2, \cdots, m$；$i = 1, 2, \cdots, n$。

进一步地,计算关键基础设施建设样本国家 C_k 在风险因素 F_i 下初始评估信息的变异系数 cv_{ki} ,其计算公式为

$$\mathrm{cv}_{ki} = \frac{\overline{y}_{ki}}{\sigma_{ki}} \tag{5-7}$$

其中, $k=1,2,\cdots,m$; $i=1,2,\cdots,n$ 。

在此基础上,将关键基础设施建设样本国家 C_k 在风险因素 F_i 下的随机评估信息表达为均值 $\overline{y}_{ki}$ 和变异系数 cv_{ki} 构成的二元组形式,即 $(\overline{y}_{ki}, \mathrm{cv}_{ki})$, $k=1,2,\cdots,m$, $i=1,2,\cdots,n$,进而构建关键基础设施建设风险因素随机评估矩阵 $Y^* = [(\overline{y}_{ki}, \mathrm{cv}_{ki})]_{m \times n}$ 。

(二)风险因素关联分析

构建关键基础设施建设风险因素随机关联规范化矩阵 $X^* = [x_{ij}^*]_{n \times n}$,其中, $0 \leqslant x_{ij}^* < 1$,其计算公式为

$$x_{ij}^* = \begin{cases} \dfrac{\sum\limits_{g=1}^{l} u_g(z_{ij}^-, z_{ij}^+)}{\max\limits_{1 \leqslant i \leqslant n} \left\{ \sum\limits_{j=1}^{n} \sum\limits_{g=1}^{l} u_g(z_{ij}^-, z_{ij}^+) \right\}}, & i \neq j \\ 0, & i = j \end{cases} \tag{5-8}$$

这里, $i,j=1,2,\cdots,n$ 。由马尔可夫矩阵吸收性(Papoulis and Pillai,2002)可知,矩阵 X^* 满足:① $\lim_{\tau \to \infty}(X^*)^{\tau} = O$;② $\lim_{\tau \to \infty}(I + (X^*) + (X^*)^2 + \cdots + (X^*)^{\tau}) = (I - (X^*))^{-1}$,其中, O 为零矩阵, I 为恒等矩阵。

然后,结合上述性质构建关键基础设施建设风险因素随机关联综合矩阵 $L^* = [l_{ij}^*]_{n \times n}$,其计算公式为

$$L^* = \lim_{\tau \to \infty}((X^*) + \cdots + (X^*)^{\tau}) = (X^*)(I - (X^*))^{-1} \tag{5-9}$$

进一步地,确定各个关键基础设施建设风险因素的随机中心度 p_i^* 和随机关系度 q_i^* ,其计算公式分别为

$$p_i^* = \sum_{j=1}^{n} l_{ij}^* + \sum_{j=1}^{n} l_{ji}^* \tag{5-10}$$

$$q_i^* = \sum_{j=1}^{n} l_{ij}^* - \sum_{j=1}^{n} l_{ji}^* \tag{5-11}$$

其中, $i=1,2,\cdots,n$ 。这里,随机中心度 p_i^* 能够反映风险因素 F_i 在整个关键基础设施建设风险因素集合中的重要性排序,随机关系度 q_i^* 能够反映风险因素 F_i 的归类, $i=1,2,\cdots,n$ 。若 $q_i^* > 0$,则表明该风险因素通过关联作用影响其他风险因素,

为原因型风险因素；若 $q_i^* < 0$，则表明该风险因素受其他风险因素的影响，为结果型风险因素，$i = 1, 2, \cdots, n$。

在此基础上，以随机中心度 p^* 为横轴、随机关系度 q^* 为纵轴构建关键基础设施建设风险因素的因果关系图，作为相关基建企业决策者直观研判风险根源、诊断风险可控性、制定针对性风险应对策略的主要依据。具体地，高随机中心度的风险因素为关键基础设施建设风险根源所在，需要对其实时状态给予高度关注；原因型风险因素较为活跃、可控性弱，仅能借助针对性的防范措施来尽量减少风险损失；结果型风险因素较为敏感、可控性强，可通过制定针对性的管控措施来化解风险。

（三）风险指数构造与测算

结合各个关键基础设施建设风险因素的正向性和负向性属性，根据文献（Tavana et al.，2018）确定各个风险因素的正理想点 y_i^{*+} 和负理想点 y_i^{*-}，其计算公式分别为

$$y_i^{*+} = \begin{cases} \max_{1 \leq k \leq m} \{y_{ki} \times (1 + \max_{1 \leq k \leq m} \{cv_{ki}\})\}, & i \in \Omega_1 \\ \min_{1 \leq k \leq m} \{y_{ki} \times (1 - \max_{1 \leq k \leq m} \{cv_{ki}\})\}, & i \in \Omega_2 \end{cases} \tag{5-12}$$

$$y_i^{*-} = \begin{cases} \min_{1 \leq k \leq m} \{y_{ki} \times (1 - \max_{1 \leq k \leq m} \{cv_{ki}\})\}, & i \in \Omega_1 \\ \max_{1 \leq k \leq m} \{y_{ki} \times (1 + \max_{1 \leq k \leq m} \{cv_{ki}\})\}, & i \in \Omega_2 \end{cases} \tag{5-13}$$

其中，$i = 1, 2, \cdots, n$。这里，Ω_1 和 Ω_2 分别表示属性为正向性和负向性的风险因素的下标集合，有 $\Omega_1 \cap \Omega_2 = \varnothing$，$\Omega_1 \cup \Omega_2 = \{1, 2, \cdots, n\}$。需要说明的是，正向性风险因素的评估值越大风险越小，越有利于关键基础设施建设；而负向性属性风险因素的评估值越大风险越大，越不利于关键基础设施建设。

然后，引入关联分析得到的风险因素随机中心度来计算各样本国家关键基础设施建设风险的群体效用值 s_k^* 和个体遗憾值 h_k^*，其计算公式分别为

$$s_k^* = \begin{cases} \sum_{i=1}^{n} \left(\dfrac{p_i^* \times (y_i^{*+} - y_{ki})}{\left(\sum_{i=1}^{n} p_i^*\right) \times (y_i^{*+} - y_i^{*-})} \right), & i \in \Omega_1 \\ \sum_{i=1}^{n} \left(\dfrac{p_i^* \times (y_i^{*-} - y_{ki})}{\left(\sum_{i=1}^{n} p_i^*\right) \times (y_i^{*-} - y_i^{*+})} \right), & i \in \Omega_2 \end{cases} \tag{5-14}$$

$$
h_k^* = \begin{cases} \max\limits_{1 \leqslant i \leqslant n} \left\{ \dfrac{p_i^* \times (y_i^{*+} - y_{ki})}{\left(\sum\limits_{i=1}^n p_i^*\right) \times (y_i^{*+} - y_i^{*-})} \right\}, & i \in \Omega_1 \\[4ex] \max\limits_{1 \leqslant i \leqslant n} \left\{ \dfrac{p_i^* \times (y_i^{*-} - y_{ki})}{\left(\sum\limits_{i=1}^n p_i^*\right) \times (y_i^{*-} - y_i^{*+})} \right\}, & i \in \Omega_2 \end{cases} \tag{5-15}
$$

其中，$k = 1, 2, \cdots, m$。

进一步地，构造关键基础设施建设风险指数 r_k^*，其计算公式为

$$
r_k^* = \frac{\varepsilon \times (s_k^* - \min\limits_{1 \leqslant k \leqslant m} s_k^*)}{\max\limits_{1 \leqslant k \leqslant m} s_k^* - \min\limits_{1 \leqslant k \leqslant m} s_k^*} + \frac{(1-\varepsilon) \times (h_k^* - \min\limits_{1 \leqslant k \leqslant m} h_k^*)}{\max\limits_{1 \leqslant k \leqslant m} h_k^* - \min\limits_{1 \leqslant k \leqslant m} h_k^*} \tag{5-16}
$$

其中，ε 为决策机制系数（$0 \leqslant \varepsilon \leqslant 1$），$k = 1, 2, \cdots, m$。当 $\varepsilon \in [0, 0.5)$ 时，表示根据最大化群体效用决策机制进行风险排序；当 $\varepsilon \in (0.5, 1]$ 时，表示根据最小化个体遗憾决策机制进行风险排序；当 $\varepsilon = 0.5$ 时，表示根据共识决策机制进行风险排序。这里假设 $\max\limits_{1 \leqslant k \leqslant m} s_k^* - \min\limits_{1 \leqslant k \leqslant m} s_k^*$ 和 $\max\limits_{1 \leqslant k \leqslant m} h_k^* - \min\limits_{1 \leqslant k \leqslant m} h_k^*$ 均不为 0。

在此基础上，按照关键基础设施建设风险指数 r_k^* 从小到大的顺序对样本国家进行风险排序，排序越靠前表明风险越小。相关基建企业决策者可据此明晰"走出去"风险的综合态势，结合自身战略定位和决策机制偏好进行关键基础设施建设海外市场的选择，并根据风险因素的排序和归类进行风险根源研判和风险可控性诊断，并结合所选定国家在各个关键基础设施建设风险因素的表现来制定针对性的风险应对策略。

第四节　典型应用研究：以"一带一路"沿线国家交通基础设施建设为例

为验证所提方法的有效性和先进性，本节以"一带一路"沿线国家交通基础设施建设的相关数据为基础开展典型应用研究。先给出数据来源说明，然后详细描述"一带一路"沿线国家交通基础设施建设风险评估过程与主要结果，在此基础上，开展方法比对分析来说明所提方法的先进性，并讨论典型应用研究得到的相关启示与建议。

一、典型应用研究数据来源说明

"设施联通"是"一带一路"倡议的优先建设领域，而"一带一路"倡议为中国基建企业"走出去"参与海外市场交通基础设施建设带来了前所未有的机遇。与此同时，由于"一带一路"沿线国家大多为新兴经济体和发展中国家，政治、经济金融局势易于波动，关键基础设施发展相对滞后，施工条件保障尚待强化，相关基建企业参与交通基础设施建设所面临的风险也随之加大。

按照本章第二节给出的国别视角下特征驱动的关键基础设施建设风险因素选取流程，确定了如表 5-1 所示的"一带一路"沿线国家交通基础设施建设风险因素集合，并进一步明确了各个风险因素的属性及其数据来源。考虑到数据的可获取性和随机性检验以及敏感性话题的过滤性处理，以 30 个"一带一路"沿线国家为样本国家，以其 2013～2017 年的相关数据为基础开展典型应用研究来验证方法有效性。

表 5-1　"一带一路"沿线国家交通基础设施建设风险因素集合

风险因素及编号	属性	数据来源	风险因素及编号	属性	数据来源
人均 GDP（F_1）	正向性	A	班轮运输相关指数（F_7）	正向性	D
经济结构风险（F_2）	负向性		交通服务（占国际收支统计口径的服务出口比例）（F_8）	正向性	
货币风险（F_3）	负向性		施工许可便利性（F_9）	正向性	
银行部门风险（F_4）	负向性		劳动力市场效率（F_{10}）	正向性	C
外债占 GDP 比重（F_5）	正向性	B	电力供应质量（F_{11}）	正向性	
交通基础设施质量（F_6）	正向性	C			

注：A 表示数据来源为经济学人智库数据库；B 表示"国际国别风险评级指南机构数据库"；C 表示数据来源为世界经济论坛《全球竞争力报告》；D 表示数据来源为世界银行数据库；GDP（gross domestic product，国内生产总值）

二、"一带一路"沿线国家交通基础设施建设风险评估过程与主要结果

按照本章给出的方法分三个阶段开展"一带一路"沿线国家交通基础设施建设风险评估的典型应用研究。

（一）阶段一：随机信息生成与处理

首先，邀请专家组内各个专家对表 5-1 中所列风险因素之间的关联进行初始判断，并依据式（5-2）和式（5-3）计算各专家所给各个风险因素关联初始

判断信息的最大值和最小值，进而确定风险因素随机关联信息的取值范围，见表 5-2。

表 5-2　交通基础设施建设风险因素随机关联信息的取值范围$[z_{ij}^- , z_{ij}^+]$

风险因素	F_1	F_2	F_3	F_4	F_5	F_6
F_1	0	[4, 6]	[4, 8]	[2, 4]	[3, 5]	[1, 3]
F_2	[7, 9]	0	[8, 10]	[5, 7]	[4, 6]	[2, 5]
F_3	[6, 8]	[4, 6]	0	[9, 10]	[7, 9]	[5, 7]
F_4	[6, 8]	[8, 10]	[8, 10]	0	[9, 10]	[2, 4]
F_5	[2, 4]	[7, 9]	[8, 10]	[8, 10]	0	[1, 3]
F_6	[2, 4]	[1, 3]	[2, 4]	[1, 2]	[2, 3]	0
F_7	[3, 5]	[2, 4]	[3, 4]	[1, 3]	[1, 2]	[4, 6]
F_8	[2, 4]	[1, 2]	[2, 5]	[1, 2]	[3, 5]	[3, 6]
F_9	[1, 3]	[1, 2]	[1, 2]	[2, 4]	[2, 4]	[9, 10]
F_{10}	[2, 4]	[1, 2]	[4, 6]	[1, 3]	[1, 2]	[4, 5]
F_{11}	[4, 6]	[1, 2]	[2, 4]	[1, 2]	[1, 2]	[5, 7]

风险因素	F_7	F_8	F_9	F_{10}	F_{11}	
F_1	[3, 6]	[2, 5]	[5, 8]	[6, 9]	[2, 4]	
F_2	[5, 7]	[4, 6]	[5, 7]	[7, 9]	[5, 8]	
F_3	[6, 8]	[7, 9]	[4, 7]	[8, 10]	[4, 6]	
F_4	[3, 4]	[5, 7]	[4, 6]	[8, 10]	[4, 6]	
F_5	[3, 5]	[5, 7]	[6, 8]	[5, 7]	[3, 5]	
F_6	[6, 9]	[8, 10]	[7, 9]	[2, 4]	[2, 3]	
F_7	0	[6, 9]	[5, 9]	[4, 6]	[1, 3]	
F_8	[2, 5]	0	[3, 5]	[4, 5]	[2, 4]	
F_9	[8, 10]	[6, 9]	0	[5, 8]	[4, 6]	
F_{10}	[3, 4]	[5, 7]	[2, 5]	0	[3, 5]	
F_{11}	[4, 7]	[2, 4]	[5, 8]	[4, 6]	0	

其次，利用 Matlab 软件生成所设定区间范围内服从均匀分布的 11×11 个随机整数矩阵，其中任意矩阵 U_{ij}^*（$i \neq j$）中的元素 $u_g(z_{ij}^-, z_{ij}^+)$ 由 $l = 50$ 个随机整数构成，$g = 1, 2, \cdots, 50$，$i, j = 1, 2, \cdots, 11$，进而依据式（5-4）构建风险因素随机关联矩阵 Z^*。进一步地，利用 SPSS 软件对第 t 年样本国家 C_k 在风险因素 F_i 下表现的初始评估信息 y_{tki}（$t = 1, 2, \cdots, 5$，$k = 1, 2, \cdots, 30$，$i, j = 1, 2, \cdots, 11$）进行单样本 K-S 检验，结果如表 5-3 所示。可以看出，不同年度下各风险因素初始评估信息的渐进显著性（双侧）检测值均大于 0.05，表明 30 个样本国家的风险因素初始评估信息均符合正态分布。

表 5-3 风险因素初始评估信息单样本 K-S 检验的渐进显著性（双侧）检测结果

风险因素	$t = 1$	$t = 2$	$t = 3$	$t = 4$	$t = 5$
F_1	0.481	0.475	0.462	0.647	0.597
F_2	0.990	0.879	0.366	0.494	0.775
F_3	0.833	0.586	0.599	0.535	0.545
F_4	0.783	0.997	0.805	0.754	0.814
F_5	0.178	0.679	0.752	0.882	0.793
F_6	0.491	0.646	0.708	0.962	0.567
F_7	0.585	0.500	0.607	0.578	0.787
F_8	0.670	0.524	0.485	0.582	0.512
F_9	0.278	0.718	0.966	0.772	0.753
F_{10}	0.974	0.398	0.773	0.824	0.874
F_{11}	0.776	0.837	0.504	0.727	0.679

最后，依据式（5-5）～式（5-7）分别计算交通基础设施建设样本国家 C_k 在风险因素 F_i 下初始评估信息的均值 $\bar{y}_{ki}$、方差 σ_{ki} 和变异系数 cv_{ki}，进而构造交通基础设施建设风险因素随机评估矩阵 Y^*。

（二）阶段二：风险因素关联分析

依据式（5-8）和式（5-9）分别构建交通基础设施建设风险因素随机关联规范化矩阵 X^* 和交通基础设施建设风险因素随机关联综合矩阵 L^*，并根据式（5-10）和式（5-11），分别计算各风险因素的随机中心度和随机关系度，结果如表 5-4 所示，得出各风险因素的随机中心度排序为：$F_3 \succ F_2 \succ F_4 \succ F_5 \succ F_1 \succ F_9 \succ F_8 \succ F_{10} \succ F_7 \succ F_6 \succ F_{11}$，其中，$F_1$、$F_2$ 为原因型风险因素，F_3、F_4、F_5、F_6、F_7、F_8、F_9、F_{10}、F_{11} 为结果型风险因素。

表 5-4 交通基础设施建设风险因素随机中心度和随机关系度的计算结果

风险因素	随机中心度	随机关系度
F_1	4.12	0.58
F_2	4.37	1.48
F_3	4.44	−2.12
F_4	4.34	−1.63
F_5	4.14	−1.74
F_6	3.55	−0.38
F_7	3.74	−0.65
F_8	3.88	−1.23

风险因素	随机中心度	随机关系度
F_9	4.01	−0.40
F_{10}	3.80	−1.10
F_{11}	3.16	−0.22

进一步地，结合表 5-4 构建"一带一路"沿线国家交通基础设施建设风险因素的因果关系图（图 5-2），可据此直观地研判风险根源并诊断风险可控性，其中，F_3 为风险根源且为可控性最强的风险因素，F_2 为可控性最弱的风险因素。

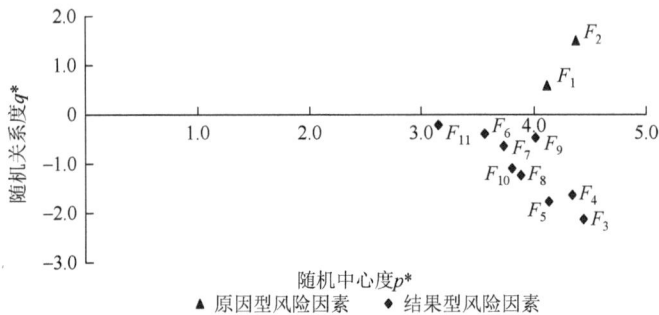

图 5-2　"一带一路"沿线国家交通基础设施建设风险因素的因果关系图

（三）阶段三：风险指数构造与测算

首先，根据式（5-12）和式（5-13）确定各个风险因素的正理想点 y_i^{*+} 和负理想点 y_i^{*-}，$i, j = 1, 2, \cdots, 11$；其次，根据式（5-14）和式（5-15）分别计算各样本国家交通基础设施建设风险的群体效用值 s_k^* 和个体遗憾值 h_k^*，$k = 1, 2, \cdots, 30$；最后，依据式（5-16）对不同决策机制下各样本国家的交通基础设施建设风险指数 r_k^* 进行测算，$k = 1, 2, \cdots, 30$，进而确定各样本国家的交通基础设施建设风险排序，结果如表 5-5 所示。

表 5-5　不同决策机制下各样本国家的交通基础设施建设风险指数测算结果

样本国家	国家代码	群体效用值	个体遗憾值	最大化群体效用决策机制 $\varepsilon = 0$		共识决策机制 $\varepsilon = 0.5$		最小化个体遗憾决策机制 $\varepsilon = 1$	
				风险指数值	排序	风险指数值	排序	风险指数值	排序
C_1	ALB	0.678	0.084	0.513	14	0.631	21	0.748	21
C_2	BHR	0.609	0.086	0.570	19	0.508	10	0.446	4

续表

样本国家	国家代码	群体效用值	个体遗憾值	最大化群体效用决策机制 $\varepsilon=0$		共识决策机制 $\varepsilon=0.5$		最小化个体遗憾决策机制 $\varepsilon=1$	
				风险指数值	排序	风险指数值	排序	风险指数值	排序
C_3	BGD	0.735	0.095	1.000	28	0.999	30	1.000	30
C_4	BGR	0.702	0.084	0.486	11	0.671	22	0.856	27
C_5	HRV	0.678	0.083	0.471	10	0.609	17	0.747	20
C_6	EGY	0.617	0.085	0.550	17	0.516	11	0.481	6
C_7	EST	0.663	0.086	0.576	20	0.629	20	0.682	17
C_8	IND	0.717	0.089	0.727	22	0.825	28	0.923	28
C_9	IDN	0.686	0.081	0.384	5	0.584	15	0.784	24
C_{10}	ISR	0.658	0.092	0.876	26	0.769	24	0.661	15
C_{11}	JOR	0.641	0.079	0.261	4	0.423	3	0.585	12
C_{12}	KWT	0.651	0.085	0.567	18	0.599	16	0.631	14
C_{13}	LVA	0.660	0.090	0.792	25	0.731	23	0.671	16
C_{14}	LBN	0.682	0.083	0.462	9	0.615	19	0.768	23
C_{15}	LTU	0.620	0.082	0.402	6	0.448	5	0.495	8
C_{16}	MYS	0.617	0.084	0.507	12	0.494	9	0.481	7
C_{17}	MMR	0.679	0.095	1.000	28	0.876	29	0.751	22
C_{18}	OMN	0.585	0.085	0.545	16	0.442	4	0.339	2
C_{19}	PHL	0.730	0.086	0.583	21	0.780	27	0.977	29
C_{20}	POL	0.669	0.082	0.402	7	0.557	13	0.711	18
C_{21}	ROU	0.690	0.076	0.114	3	0.458	6	0.802	25
C_{22}	RUS	0.624	0.073	0.003	2	0.254	1	0.510	9
C_{23}	SAU	0.610	0.090	0.772	24	0.610	18	0.448	5
C_{24}	SGP	0.508	0.094	0.956	27	0.477	8	0.000	1
C_{25}	SVN	0.691	0.089	0.743	23	0.774	26	0.805	26
C_{26}	LKA	0.641	0.084	0.508	13	0.546	12	0.585	13
C_{27}	THA	0.676	0.082	0.409	8	0.574	14	0.738	19
C_{28}	TUR	0.635	0.073	0.000	1	0.278	2	0.561	11
C_{29}	UKR	0.597	0.085	0.529	15	0.460	7	0.390	3
C_{30}	YEM	0.631	0.095	1.000	28	0.770	25	0.540	10

注：最大化群体效用决策机制下，BGD、MMR、YEM三个国家风险指数值相同，排序均为28

三、方法比对分析

为了进一步验证本章所给方法的先进性，利用经典算术平均法对典型应用研究的数据进行再计算，主要过程描述如下。

利用式（5-5）对各个交通基础设施建设风险因素的年度值 y_{tki} 进行算数平均处理，将得到的均值 $\bar{y}_{ki}$ 作为相应风险因素的指标值，$t=1,2,\cdots,a$ ，$k=1,2,\cdots,m$ ，$i=1,2,\cdots,n$ 。

然后，考虑到各风险因素指标值的量纲差异，结合各风险因素的正负向性属性进行数据规范化处理，得到各个风险因素的规范化指标值 y'_{ki} ，计算公式为

$$y'_{ki}=\begin{cases}\dfrac{\bar{y}_{ki}-\min\limits_{1\leqslant k\leqslant m}\{\bar{y}_{ki}\}}{\max\limits_{1\leqslant k\leqslant m}\{\bar{y}_{ki}\}-\min\limits_{1\leqslant k\leqslant m}\{\bar{y}_{ki}\}}, & i\in\Omega_1\\[4mm]\dfrac{\max\limits_{1\leqslant k\leqslant m}\{\bar{y}_{ki}\}-\bar{y}_{ki}}{\max\limits_{1\leqslant k\leqslant m}\{\bar{y}_{ki}\}-\min\limits_{1\leqslant k\leqslant m}\{\bar{y}_{ki}\}}, & i\in\Omega_2\end{cases}\tag{5-17}$$

Ω_1 和 Ω_2 的定义见式（5-12）和式（5-13），$k=1,2,\cdots,m$ ，$i=1,2,\cdots,n$ 。进一步地，假设指标权重等权来进行风险因素规范化指标值的综合集成，得到交通基础设施建设风险值 y'_k ，计算公式为

$$y'_k=\frac{1}{n}\sum_{i=1}^{n}\bar{y}'_{ki},\quad k=1,2,\cdots,m\tag{5-18}$$

在此基础上，按照风险值由大到小的顺序进行各样本国家的风险排序，排序越靠前表明关键基础设施建设风险越小。利用经典算术平均法得到的计算结果如表 5-6 所示。通过比较可以看出，表 5-5 与表 5-6 得到的样本国家交通基础设施建设风险排序结果存在明显差异。

表 5-6　经典算术平均法得到的样本国家交通基础设施建设风险值测算结果

样本国家	国家代码	风险值	排序	样本国家	国家代码	风险值	排序	样本国家	国家代码	风险值	排序
C_1	ALB	0.338	26	C_{11}	JOR	0.437	22	C_{21}	ROU	0.466	18
C_2	BHR	0.556	12	C_{12}	KWT	0.583	9	C_{22}	RUS	0.527	14
C_3	BGD	0.362	25	C_{13}	LVA	0.560	11	C_{23}	SAU	0.706	4
C_4	BGR	0.469	17	C_{14}	LBN	0.286	29	C_{24}	SGP	0.946	1
C_5	HRV	0.406	24	C_{15}	LTU	0.642	6	C_{25}	SVN	0.562	10
C_6	EGY	0.460	19	C_{16}	MYS	0.707	3	C_{26}	LKA	0.485	16
C_7	EST	0.637	7	C_{17}	MMR	0.317	27	C_{27}	THA	0.555	13
C_8	IND	0.433	23	C_{18}	OMN	0.736	2	C_{28}	TUR	0.525	15
C_9	IDN	0.457	20	C_{19}	PHL	0.438	21	C_{29}	UKR	0.309	28
C_{10}	ISR	0.672	5	C_{20}	POL	0.595	8	C_{30}	YEM	0.191	30

下面从问题刻画、国别排序、结果展示、应用价值等方面将本章所给方法

与经典算术平均法进行比对分析，进而明确本章所给方法在以下四个方面的先进性。

（1）问题刻画更全面。本章所给方法充分考虑了关键基础设施建设的风险多源性、风险关联性、风险随机性以及国别风险差异显著性等典型特征，将其量化处理并融入国别视角下"一带一路"沿线国家交通基础设施建设风险评估过程，有利于对所研究问题更全面地刻画，进而挖掘出更深层次的有价值信息来深度剖析风险，而经典算术平均法则无法刻画关键基础设施建设风险评估的上述典型特征。

（2）国别排序更灵活。本章所给方法灵活引入了决策偏好机制，可得出不同决策偏好机制下存在明显差异的样本国家交通基础设施建设风险排序结果（表5-5），有利于相关基建企业决策者结合自身战略定位确定决策偏好机制，进而得出与自身发展更契合、更具指导意义的样本国家交通基础设施建设风险排序，而经典算术平均法无法体现决策偏好，仅能得到唯一排序（表5-6）。

（3）结果展示更直观。本章所给方法利用因果关系图将"一带一路"沿线国家交通基础设施建设风险因素的排序与归类进行可视化图形展示，有利于相关基建企业决策者更直观地研判风险根源、诊断风险可控性；而经典算术平均法则无法进行风险根源与风险可控性的直观展示。

（4）应用价值更突出。本章所给方法不仅能够为相关基建企业决策者提供不同决策偏好机制下的差异化样本国家关键基础设施建设风险排序，还能够为其研判风险根源及诊断风险可控性提供有效支撑，从而为其关键基础设施建设海外市场的选择及针对性风险应对策略的制定提供更多的有益指导，而经典算术平均法仅能为关键基础设施建设海外市场选择提供有限的决策参考。

四、典型应用研究相关启示与建议

本章所给方法得到的"一带一路"沿线国家交通基础设施建设风险评估结果具有较高的应用价值，能够给相关基建企业"走出去"参与"一带一路"沿线国家关键基础设施建设带来一些重要启示。

一是需要密切对接国家战略导向，科学选择"一带一路"沿线国家关键基础设施建设的潜在市场。2019年9月19日，中共中央、国务院印发《交通强国建设纲要》，明确提出"鼓励国内交通企业积极参与'一带一路'沿线交通基础设施建设"。为此，相关基建企业需要立足于国家战略导向和自身发展定位，进行关键基础设施建设"一带一路"沿线国家市场的深度调研和多角度比对，进而优选出若干倾向开拓的目标国家。

二是需要切实强化风险根源研判，准确排查"一带一路"沿线国家关键基础设施建设风险防范重点。2018年8月27日，在推进"一带一路"建设工作5周年座谈会上，习近平强调"要高度重视境外风险防范，完善安全风险防范体系，全面提高境外安全保障和应对风险能力"[①]。为此，相关基建企业需要立足于所选择"一带一路"沿线目标国家的风险表征，进行关键基础设施建设风险根源的科学研判，进而明确风险防范重点。

三是需要着力推动风险可控性诊断，有效制定"一带一路"沿线国家关键基础设施建设风险应对策略。为全面提高开展"一带一路"沿线国家关键基础设施建设的风险应对能力，相关基建企业需要立足于所选择"一带一路"沿线目标国家的风险表征，进行关键基础设施建设风险可控性的综合诊断，进而制定针对性应对策略。

结合上述启示和本章所给方法得到的"一带一路"沿线国家交通基础设施建设风险评估结果，举例给出相应的建议供相关基建企业决策者参考。

在目标国家选择方面，建议将自身发展定位和决策机制偏好相结合，以不同决策机制下"一带一路"沿线国家交通基础设施建设风险指数的国别排序为依据进行目标市场的优选。例如，基建企业甲未来发展重心为"一带一路"沿线西亚北非区域，在最大化群体效用决策机制和共识决策机制下，样本国家 C_{28} 的交通基础设施建设风险指数明显低于其他国家，建议将其作为开拓"一带一路"沿线市场的优选国家；基建企业乙倾向于"一带一路"沿线的东南亚区域，在最小化个体遗憾决策机制下，样本国家 C_{24} 的交通基础设施建设风险指数明显低于相应区域内的其他国家，建议将其作为开拓"一带一路"沿线市场的优选国家。

在风险防范重点研判方面，建议结合"一带一路"沿线国家交通基础设施建设风险因素的随机中心度排序及所选定目标国家的风险表征来研判风险根源、排查风险防范重点。例如，立足于整体视角，货币风险（F_3）是随机中心度值最大的风险因素，为风险根源所在，建议加强对所选定目标国家外汇市场的实时监测、量化分析与趋势研判；立足于国别视角，样本国家 C_{24} 的风险根源为经济结构风险（F_2），建议加强对该国经济发展稳健性的实时监测、量化分析与趋势研判。

在风险应对策略制定方面，建议结合"一带一路"沿线国家交通基础设施建设风险因素的随机关系度归类及所选定目标国家的风险表征来制定针对性的风险应对策略。例如，立足于整体视角，针对最为活跃、可控性最弱的原因型风险因素——经济结构风险（F_2），建议通过加强对所选定目标国家经济发展稳健性的实时监测、量化分析与趋势研判等预防措施尽量减少由于该国经济结构失衡引发的风险损失；针对最为敏感、可控性最强的结果型风险因素——货币风险（F_3），建议通过灵活选择和使用结算货币、将货币保值条款纳入合同设计、制定动态结汇

方案等管控措施来规避汇率反向变化导致蒙受损失的风险。立足于国别视角，建议追溯所选定目标国家的风险表征明确其短板所在，进而结合短板风险因素的随机关系度归类进行有效应对。例如，样本国家 C_{28} 的短板为施工许可便利性（F_9），其是较为可控的结果型风险因素，建议通过与目标国家具有施工资质的企业开展战略合作、关注目标国家施工许可资质的最新政策规定等预防措施来尽量规避其带来的风险损失。

　　综上，考虑到国别视角下关键基础设施建设风险评估问题具有风险多源性、风险关联性、风险随机性以及国别风险差异显著性的典型特征，本章提出了一种基于随机 DEMATEL-VIKOR 的风险评估方法，并以 30 个"一带一路"沿线国家交通基础设施建设的相关数据为基础开展了典型应用研究，验证了所提方法的有效性和先进性，得到的研究结论有助于保障国别视角下特征驱动的关键基础设建设风险评估的准确性，能够为相关基建企业明晰"走出去"风险态势，有效应对风险提供有价值的决策参考。

　　本章所开展研究工作的主要贡献表现在以下三个方面：第一，典型应用研究得到的不同决策机制下"一带一路"沿线国家交通基础设施建设风险指数的国别排序，能够为相关基建企业决策者积极响应国家战略导向、科学选择"一带一路"沿线目标国家提供可靠依据；第二，典型应用研究得到的"一带一路"沿线国家交通基础设施建设风险根源研判结果，能够为相关基建企业决策者准确排查目标国家交通基础设施建设风险防范重点提供决策支持；第三，典型应用研究得到的"一带一路"沿线国家交通基础设施建设风险可控性诊断结果，能够为相关基建企业决策者有效制定"一带一路"沿线目标国家的交通基础设施建设风险应对策略提供方向性指导。

　　本章所给方法的创新性主要表现在如下两个方面：在理论创新方面，将经典DEMATEL 法和经典 VIKOR 法分别扩展至随机环境，并进行有机整合，拓宽了两种经典方法的应用环境，也丰富了方法的组合应用价值；在应用创新方面，对国别视角下关键基础设施建设的风险多源性、风险关联性、风险随机性以及国别风险差异显著性进行了量化处理，还融入了相关基建企业决策者的决策机制偏好，所得到的风险评估结果具有更强的科学性和可解释性，可以帮助相关基建企业决策者准确研判"走出去"风险的综合态势，并结合自身战略定位和决策机制偏好进行关键基础设施建海外市场的科学选择，而可视化的结果更便于决策者对风险根源及风险可控性进行直观的研判与诊断，以此为依据制定的针对性风险应对策略也将为有效化解风险提供必要的支撑和保障。

第六章　项目视角下特征驱动的关键基础设施建设风险评估研究

第五章侧重从国别视角这一宏观层面开展特征驱动的关键基础设施建设风险评估研究，本章则侧重从项目视角这一微观层面开展特征驱动的关键基础设施建设风险评估研究。首先，以问题研究背景为切入点，阐述研究必要性；其次，构建项目视角下特征驱动的关键基础设施建设风险评估框架，明确关键基础设施建设项目风险评估的阶段划分，并描述各个阶段的主要工作；再次，提出考虑双重关联效应的关键基础设施建设风险评估方法，给出预备知识和符号定义，并描述方法的原理与步骤；最后，以 YY 单干线隧道建设项目为案例开展潜在应用研究，来验证所提出方法的可行性与有效性。

第一节　项目视角下特征驱动的关键基础设施建设风险评估问题研究背景阐述

如前所述，随着"一带一路"倡议的持续推进，加快基础设施互联互通已成为共建"一带一路"的关键领域和核心内容。近年来，交通、能源、通信网络等关键基础设施建设在"一带一路"沿线国家得到快速发展，涌现出一批代表性项目，如中老铁路项目、中吉乌国际道路项目、中马友谊大桥项目、斯里兰卡汉班托塔港项目、中俄原油管道项目、中缅跨境光缆信息通道建设项目等。在第四章和第五章的问题研究背景部分，已经详细阐述了关键基础设施建设风险的客观存在性（Tixier et al., 2017；赵泽斌和满庆鹏，2018）及其在多源性（Guo and Haimes，2016；汪涛等，2019）、关联性（Ahmadabadi and Heravi，2019；Morteza and Jolanta，2019）、模糊性（Aladağ and Işik，2020；蔡晓琰和周国光，2016）等方面表现出的典型特征，由此也进一步明确了开展项目视角下特征驱动的关键基础设施建设风险评估的必要性和重要性。本章将通过明确项目风险等级来实现对项目视角下特征驱动的关键基础设施建设风险态势的科学研判。

与一般工程项目不同的是，关键基础设施建设项目所涉及的工程量比较大，通常以若干分项和分段工程项目组成的项目集群形式出现且层级结构复杂，各个分项或分段工程项目可能由不同国家或同一国家的不同主体承担，并采用不同的模式推动项目实施（Li et al.，2019；Martinsuo and Hoverfält，2018；高武等，2016；郭宁等，2019）。在关键基础设施建设项目实施过程中，风险因素关联诱发的级联传播影响（Boateng et al.，2015；Diab et al.，2017；Love et al.，2016；Taroun，2014；Xia et al.，2018；刘畅旸等，2019；汪涛等，2019）和项目关联诱发的交互作用影响（Huang and Kuo，2013；Iniestra and Gutiérrez，2009；Verweij，2015）叠加所产生的双重关联效应，更是加大了风险评估研究的难度。

　　鉴于此，本章首先描述风险评估准备工作，并结合项目视角下特征驱动的关键基础设施建设风险的风险多源性、风险关联性、风险模糊性以及关键基础设施建设项目的项目交互关联等典型特征设计出一个涉及信息处理、关联效应分析、风险集成和风险评级等四个求解阶段的风险评估综合框架，然后提出一种考虑双重关联效应的关键基础设施建设风险评估方法，将 DEMATEL 方法（Fontela and Gabus，1976；Gabus and Fontela，1972，1973）与 Two-Additive Choquet 积分算子（Grabisch，1997）的扩展及模糊推理方法（An et al.，2011）的综合集成有效融入风险评估过程，并以 YY 单干线隧道建设项目为案例开展潜在应用研究来验证所给方法的有效性，为实现项目视角下特征驱动的关键基础设施建设风险态势的科学研判提供必要的框架指导和方法支撑。

第二节　项目视角下特征驱动的关键基础设施建设风险评估准备工作及框架设计

一、特征驱动的风险评估准备工作

　　在开展项目视角下特征驱动的关键基础设施建设风险评估工作前，首先需要综合考虑关键基础设施建设风险的风险多源性、风险关联性、风险模糊性以及关键基础设施建设项目的项目交互关联等典型特征来完成以下主要准备工作。

　　（1）成立风险评估专业委员会。由该专业委员会来负责关键基础设施建设项目的风险评估工作。通常情况下，该专业委员会可以由一名项目集群经理、若干名项目经理、专业风险分析师和现场施工工程师等组成。

　　（2）分析关键基础设施建设项目实施方案。通过系统全面地分析关键基础设施建设项目实施方案，来明晰项目集群的构成及其具体实施模式。目前，项目集群的主要实施模式可以分为并行模式、有序模式和选择性模式三种类型（Martinsuo and Hoverfält，2018；Midler，2013），其示意图如图 6-1 所示。具体来说，在并行模式下，项目集群中的任意两个项目将同步实施；在有序模式下，项目集群中的所有项目均依照既定次序、独自实施，即某个项目实施完毕才会开始下一个项目的实施；在选择性模式下，项目集群中被选择实施的两个项目之间并不存在明显的逻辑关系。已有研究表明，不同的实施模式会产生不同的项目交互影响（Huang and Kuo，2013）。

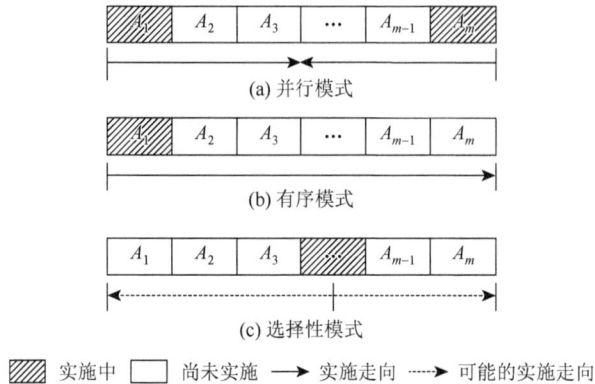

图 6-1 项目集群主要实施模式示意图

（3）识别关键基础设施建设风险因素。基于本书第四章构建的特征驱动的关键基础设施建设风险识别框架来选取项目视角下特征驱动的关键基础设施建设风险因素，进而设计相应的风险因素集合，结果如表 6-1 所示。

表 6-1 项目视角下特征驱动的关键基础设施建设风险因素集合

风险因素	描述
成本超支（F_1）	由未预期或低估的成本诱发，会严重影响正常进度，甚至导致项目中断
工期延迟（F_2）	由效率低下、不合理或不可抗力事件诱发，会对目标的实现产生不利影响
质量低劣（F_3）	可能会导致关键基础设施建设项目的绩效下降或是诱发造成人员伤亡和经济损失的安全事故
设计变更（F_4）	由项目实施方案可行性论证不足或是国家宏观政策调整等原因诱发，会直接影响项目的正常进度
通货膨胀（F_5）	会导致项目材料和人力资源使用成本等上升，从而增加项目实施成本
突发公共事件（F_6）	罢工和暴力事件等突发公共事件，将直接影响项目实施
组织协调不畅（F_7）	将难以保障项目实施必备的人员和物质资源，从而影响项目进度，甚至导致项目中断
合同不完备（F_8）	由不熟悉其他国家的法律法规诱发，会导致相关利益主体的利润减少，甚至导致项目中断或失败
环境不友好（F_9）	复杂地形、不利气候或难以适应的宗教习俗会增加项目实施的不确定性
利率波动（F_{10}）	可能会增加项目实施成本

　　（4）明确关键基础设施建设风险因素关联类型。如前所述，这些关键基础设施建设风险因素并非完全独立，而是相互关联的。例如，由于可使用的资源有限，一旦出现成本超支势必会增加工期延迟的可能性；反之，如果出现工期延迟，也将在很大程度上增加成本超支的可能性。图 6-2 给出了项目视角下特征驱动的关键基础设施建设风险因素关联的示意图。这里，将项目视角下

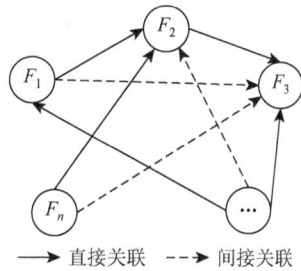

图 6-2　项目视角下特征驱动的关键基础设施建设风险因素关联的示意图

特征驱动的关键基础设施建设风险因素关联划分为直接关联和间接关联两种类型，其中，间接关联由直接关联的级联传播效应而诱发。例如，由于风险因素 F_1 直接影响 F_2，而 F_2 又直接影响 F_3，则会诱发 F_1 间接影响 F_3。基于第四章所提出特征驱动的关键基础设施建设风险识别方法，可以实现对风险因素关联效应所产生级联传播影响的量化分析，所得到风险因素识别结果也将为后续的风险集成工作提供重要的支撑。

　　（5）设计风险评级方案和风险评估调查问卷。根据惯例规则和现实需求来设计风险评级方案和风险评估调查问卷。在调查问卷中，主要从风险发生可能性和风险后果严重性两个维度对项目视角下特征驱动的关键基础设施建设风险进行量化，并采用两种不同的语言短语集合来刻画项目关联效应和项目风险表现。

　　（6）发放调查问卷给受邀专家并回收问卷。邀请多位政府管理人员、行业技术专家、领域知名学者等参与到项目视角下特征驱动的关键基础设施建设风险评估工作，将调查问卷分发给受邀专家并收集其意见，以协助完成项目视角下特征驱动的关键基础设施建设风险评估的决策分析。

　　（7）收集有效调查问卷的信息。信息有效性是确保项目视角下特征驱动的关键基础设施建设风险评估准确性的重要前提。因此，若收集到的问卷存在信息不完整（即某些选项为空白）或无效信息（即某些选项超出预先设定的语言短语集合范围）等问题，则将其删除不予以处理。收集的有效信息涉及项目关联效应评估信息、项目风险发生可能性评估信息和项目风险后果严重性评估信息。

二、项目视角下特征驱动的关键基础设施风险评估框架设计

　　在完成上述准备工作之后，即可开展项目视角下特征驱动的关键基础设施建设风险评估工作。本节设计了一个由信息处理、关联效应分析、风险集成、风险评级等四个求解阶段构成的特征驱动的风险评估综合框架，如图 6-3 所示。下面将对各个阶段的主要工作给出详细描述。

| 阶段一
信息处理 | 将收集到的信息转换为三角模糊数形式 | ⇐ 模糊数转换函数 |
| 将转换后的个体模糊信息整合为群体模糊评估信息 | ⇐ 模糊数乘法运算 |

| 阶段二
关联效应分析 | 量化风险因素的级联传播影响 | ⇐ 扩展DEMATEL法 |
| 量化项目交互影响 | ⇐ Two-Additive Choquet积分算子中的交互系数 |

| 阶段三
风险集成 | 集成特定项目的风险发生可能性评估信息和风险后果严重性的综合值 | |
| 集成每个项目的风险发生可能性评估信息和风险后果严重性的综合值 | ⇐ 扩展Two-Additive Choquet积分算子 |

阶段四 风险评级	定义风险发生可能性和风险后果严重性的模糊推理输入	
获取模糊推理的输出	⇐ 模糊推理方法
确定关键基础设施建设项目的风险评级	

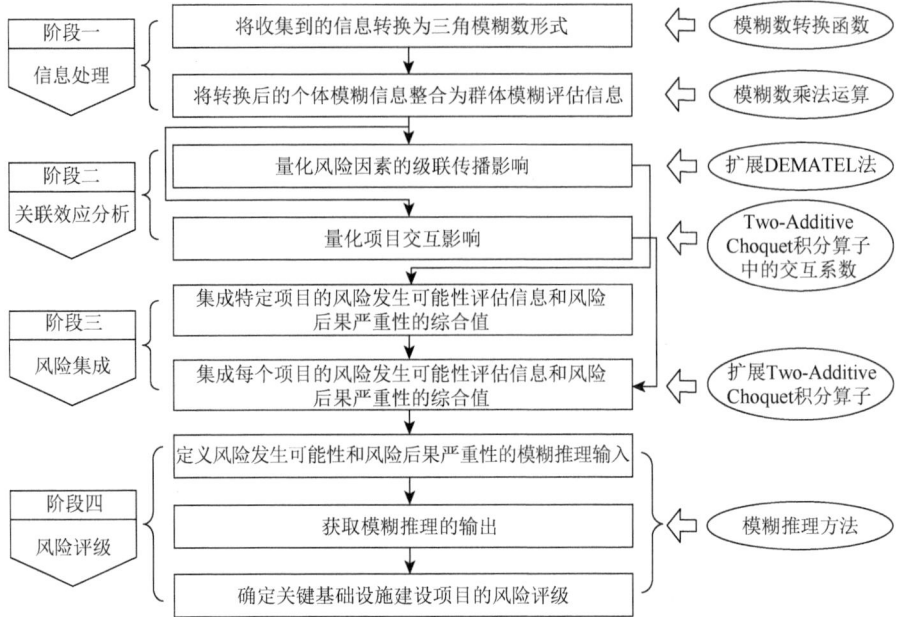

图 6-3 项目视角下特征驱动的关键基础设施建设风险评估综合框架

（一）阶段一：信息处理

利用收集到的项目关联效应评估信息、项目风险发生可能性评估信息和项目风险后果严重性评估信息等有效信息，构建相应的语言短语形式评估矩阵。为便于进行矩阵运算，需要进一步处理语言短语形式的矩阵信息，而常用的方法大多基于经典的模糊集理论（Zadeh，1965）。在这些方法中，由于具有算术运算性和直观解释性，三角模糊数已成为使用最为广泛的模糊数形式（Bao et al.，2019；Kuo and Lu，2013；曾雪琴等，2015）。由此，通过使用转换函数，将矩阵中的语言短语形式评估信息转换为三角模糊数形式。随后，为了获得所有专家的综合意见，通过使用模糊数乘法运算将转换后的个体模糊评估信息整合为群体模糊评估信息。

（二）阶段二：关联效应分析

对于项目视角下特征驱动的关键基础设施建设风险评估，双重关联效应涉及风险因素关联效应和项目关联效应。前者由一个风险因素到另一风险因素的级联传播而诱发，利用非对称信息来刻画（Li et al.，2019；Wu et al.，2018），而后者则由任意两个项目之间的交互作用而诱发，利用对称信息来刻画，其中，非对称信息和对称信息分别描述任意两个风险因素之间及任意两个项目之间关联效应强度的对等关系。由于诱发机理和信息表现形式存在差异，对两类关联效应的研究重点也各有不同。

（1）风险因素关联效应的研究重点是量化风险因素级联传播的影响，它可能导致直接风险和间接风险的叠加。该研究对于风险因素层面的风险集成有一定影响，在识别风险根源和进一步诊断风险可控性方面也起着重要作用。DEMATEL方法是一种重要的系统分析工具，已广泛用于量化复杂系统中的因素关联性（Fontela and Gabus，1976；Gabus and Fontela，1972，1973；Suo et al.，2012）。此外，该方法还用于信息技术外包风险因素识别（Fan et al.，2012）和信息安全风险控制评估（Ouyang et al.，2013）等若干现实问题。本章将经典的DEMATEL法（Fontela and Gabus，1976；Gabus and Fontela，1972，1973）扩展到模糊语言环境，以量化项目视角下特征驱动的关键基础设施建设风险因素级联传播的影响。

（2）项目关联效应的研究重点是量化项目交互作用的影响。如前所述，关键基础设施建设项目涉及三种实施模式，即并行模式、有序模式和选择性模式，其会产生不同类型的项目交互。具体而言，并行模式促进了两个已实施项目之间的资源共享，即产生"1＋1＞2"的正向交互；有序模式导致形成两个已实施项目之间的排他性，即产生"1＋1＜2"的负向交互；对于选择性模式，任意两个项目的实施不会互相干扰，从而产生"1＋1＝2"的中性交互。上述项目交互将影响项目层面的风险集成，导致项目风险增加或降低，也可能对项目风险集成不产生影响。由Grabisch（1997）所提出Two-Additive Choquet积分算子中的交互系数，已用于定义工程项目投标风险交互（张朝勇等，2007）、软件开发项目风险交互（Büyüközakn and Ruan，2009）等问题。为了量化本章中关键基础设施建设项目交互的影响，还需要将Two-Additive Choquet积分算子扩展到模糊语言环境。

（三）阶段三：风险集成

项目视角下特征驱动的关键基础设施建设风险集成阶段的难点是如何在双重关联效应下处理非可加性的评估信息。在本章中，主要涉及非可加的风险因素和非可加的项目风险表现。前者来自风险因素关联效应，而后者则来自项目关联效应。

从单个项目的角度为切入点，首先引入量化后的风险因素关联效应，来集成特定项目的风险发生可能性评估信息和风险后果严重性评估信息；其次引入量化后的项目关联效应，来集成每个项目的风险发生可能性评估信息和风险后果严重性评估信息，以便获得关键基础设施建设项目的风险综合表现。

（四）阶段四：风险评级

已有研究大多利用风险发生可能性和风险后果严重性的乘积来进行风险的量化（EI-Sayegh and Mansour，2015；Mousavi et al.，2011）。但是，采用这种衡量方式会有一些局限性。一是可能导致风险评估结果的失真。例如，对于风险发生可能性较高而风险后果严重性较低、风险发生可能性较低而风险后果严重性较高以及风险发生可能性和风险后果严重性均为中等这三种完全不同的情境，若采用风险发生可能性和风险后果严重性乘积的衡量方式，得到的风险评估结果可能完全相同。显然，这样的风险评估结果并不能反映风险发生可能性和风险后果严重性的真实风险情况，从而可能导致错误的风险应对决策。二是可能得出可解释性较差的风险评估结果。实际上，风险发生可能性和风险后果严重性的内涵显然各不相同，尽管可以将两者的乘积用于风险排序，但其对于每种风险的现实意义不具有可解释性。

为了克服上述局限性，本章利用 An 等（2011）提出的模糊推理方法来确定关键基础设施建设项目的风险等级。在这一阶段，首先定义风险发生可能性和风险后果严重性的模糊推理输入；其次通过一系列预先定义的模糊规则来获得模糊推理的输出；最后使用面积重心法来确定关键基础设施建设项目的风险等级。

第三节　考虑双重关联效应的关键基础设施建设风险评估方法提出

基于图 6-3 所示的项目视角下特征驱动的关键基础设施建设风险评估综合框架，提出考虑双重关联效应的风险评估方法。首先，将 Two-Additive Choquet 积分算子作为预备知识进行简单说明；其次，给出项目视角下特征驱动的关键基础设施建设风险评估问题的相关符号定义与描述；最后，给出考虑双重关联效应的风险评估方法的原理与步骤。

一、Two-Additive Choquet 积分算子的预备知识

关于 Two-Additive Choquet 积分算子的说明将从 Two-Additive Choquet 积分算子的提出及其定义、应用研究与扩展研究三个方面阐述。

（一）Two-Additive Choquet 积分算子的提出及其定义

Choquet 积分算子是法国数学家 Choquet 于 1954 年提出的一种非可加性测度

（Choquet，1954）。随后，法国巴黎第一大学格拉比施（Grabisch）教授、法国鲁汶大学马里沙尔（Marichal）教授等学者将其引入多指标决策领域（Grabisch，1995，1996；Marichal，2000）。而 Two-Additive Choquet 积分算子则是 Grabisch 教授于1997 年提出的一种特殊的 Choquet 积分算子（Grabisch，1997）。索玮岚和冯博（2016）归纳了 Choquet 积分算子与 Two-Additive Choquet 积分算子的主要区别，前者关注整个指标集内部的关联，而后者则主要侧重指标之间的两两关联。还有一些学者对 Two-Additive Choquet 积分算子进行了更为深入的理论研究。例如，武建章和张强（2010）从决策方案的等价值曲线角度分析了决策准则间交互性的直观表述和决策意义，提出了一种基于菱形成对比较法确定 2-可加模糊测度的新方法；Mayag 和 Bouyssou（2020）针对备选方案为离散型的特定情境，对经典 Two-Additive Choquet 积分算子的稳健性进行了改进。

假设 X 是一个非空经典集合，$X=(x_1, x_2, \cdots, x_n)$，$\mu$ 是 X 上的一个模糊测度，X 关于 μ 的 Two-Additive Choquet 积分算子定义为

$$CI_\mu(x) = \sum_{i=1}^n \left(v_i - \frac{1}{2} \sum_{j \neq i} |I_{ij}| \right) x_i + \sum_{I_{ij}>0} I_{ij} \min\{x_i, x_j\} + \sum_{I_{ij}<0} |I_{ij}| \max\{x_i, x_j\} \qquad (6\text{-}1)$$

其中，v_i 为第 i 个指标的权重，满足 $\sum_{i=1}^n v_i = 1$；I_{ij} 为指标 C_i 与 C_j 之间的关联系数，$I_{ij} \in [-1, 1]$，$i, j = 1, 2, \cdots, n$。当 $I_{ij} \in (0, 1]$ 时，表明指标 C_i 与 C_j 之间的关联呈现互补效应，且互补效应越强关联系数越趋近于 1；当 $I_{ij} \in [-1, 0)$ 时，表明指标 C_i 与 C_j 之间的关联呈现冗余效应，且冗余效应越强关联系数越趋近于 -1；当 $I_{ij} = 0$ 时，表明指标 C_i 与 C_j 之间的关联呈现零效应，$i, j = 1, 2, \cdots, n$。需要指出的是，上式成立的前提条件是 $v_i - \frac{1}{2} \sum_{j \neq i} |I_{ij}| \geq 0$，$i, j = 1, 2, \cdots, n$。

（二）Two-Additive Choquet 积分算子的应用研究

目前，Two-Additive Choquet 积分算子已经在绩效测度、模式评估、方案选择等领域得到了应用。代表性成果有 Berrah 等（2008）将 Two-Additive Choquet 积分算子应用于行业绩效效能与效率测度；Büyüközkan 等（2008）将 Two-Additive Choquet 积分算子应用于第四方物流运营模式评估；Jullien 等（2008）将 Two-Additive Choquet 积分算子应用于复合材料零件质量评价；Büyüközkan 和 Ruan（2009）将 Two-Additive Choquet 积分算子应用于软件研发风险评估；石福丽等（2013）将 Two-Additive Choquet 积分算子应用于考虑专家偏好关联的群决策；张

延禄和杨乃定（2013）将 Two-Additive Choquet 积分算子应用于新产品研发项目复杂性评价；张忠等（2013）将 Two-Additive Choquet 积分算子应用于仿真可信度评估；索玮岚等（2015）将 Two-Additive Choquet 积分算子应用于科研机构科技资源使用效益评估；Büyüközkan 等（2018）将 Two-Additive Choquet 积分算子应用于可持续城市交通方案选择；Kadaifci 等（2020）将 Two-Additive Choquet 积分算子应用于交叉影响分析；Pelegrina 等（2020）将 Two-Additive Choquet 积分算子应用于多指标决策中多线性模型的参数识别。

（三）Two-Additive Choquet 积分算子的扩展研究

关于 Two-Additive Choquet 积分算子的扩展研究主要聚焦在以下两个方面。

一是 Two-Additive Choquet 积分算子的方法创新，主要侧重通过对信息表现形式的多样化来扩展其应用环境。代表性的研究成果有 Mayag 等（2010）将 Two-Additive Choquet 积分算子扩展到序偏好信息环境；Meng 和 Chen（2015）将 Two-Additive Choquet 积分算子扩展至犹豫模糊多粒度语言环境；Meng 等（2015）将 Two-Additive Choquet 积分算子扩展至区间值直觉模糊数环境；索玮岚（2016）将 Two-Additive Choquet 积分算子扩展到二元语义环境。

二是 Two-Additive Choquet 积分算子与其他方法的融合创新。目前已有国内外学者将 Two-Additive Choquet 积分算子与 DEMATEL 方法、二元语义模糊表示模型等方法进行融合创新来解决不同领域的具体问题。代表性的研究成果主要有冯博等（2012）将 Two-Additive Choquet 积分算子与二元语义模糊表示模型进行融合创新来解决服务制造网络协同绩效评价问题；索玮岚和陈锐（2014）将 Two-Additive Choquet 积分算子与 DEMATEL 方法、二元语义模糊表示模型进行融合创新来解决城市典型生命线运行风险因素识别问题；高喆和苗瑞（2015）将 Two-Additive Choquet 积分算子与基于分类评估技术的吸引力衡量方法进行融合创新来解决企业综合绩效评估决策问题；秦娟等（2015）将 Two-Additive Choquet 积分算子与极大熵配置模型进行融合创新来解决物流供应商选择问题；Wen 等（2016）将 Two-Additive Choquet 积分算子与二元语义模糊表示模型、Marichal 熵进行融合创新来解决供应链管理中的供应商选择问题；常志鹏等（2016）将 Two-Additive Choquet 积分算子与基于马田系统的属性集重要程度测度方法进行融合创新来解决多属性决策问题；Suo 等（2019）将 Two-Additive Choquet 积分算子与 DEMATEL 方法、二元语义模糊表示模型、风险矩阵进行融合创新来解决关键基础设施运行风险评估问题；Zhang 等（2019a）将 Two-Additive Choquet 积分算子与交互式多准则决策方法进行融合创新来解决直觉模糊环境下的多指标决策问题。

二、项目视角下特征驱动的关键基础设施建设风险评估问题相关符号定义与描述

为便于分析，采用下列符号描述项目视角下特征驱动的关键基础设施建设风险评估问题所涉及的集合和变量。

$A = \{A_1, A_2, \cdots, A_m\}$：关键基础设施建设项目集合，其中，$A_q$ 为第 q 个项目，$q = 1, 2, \cdots, m$。

$F = \{F_1, F_2, \cdots, F_n\}$：关键基础设施建设风险因素集合，其中，$F_i$ 为第 i 个风险因素，$i = 1, 2, \cdots, n$。

$E = \{E_1, E_2, \cdots, E_d\}$：关键基础设施建设风险评估专家集合，其中，$E_k$ 为第 k 个专家，$k = 1, 2, \cdots, d$。

$R = \{R_0, R_1, \cdots, R_b\}$：关键基础设施建设风险评级集合，其中，$R_a$ 为第 a 个风险等级，$a = 0, 1, \cdots, b$。

$V = \{V_0, V_1, \cdots V_g\}$：关键基础设施建设项目关联评估语言短语集合，用来刻画专家对项目关联效应类型和强度的评估，其中，V_h 为第 h 个语言短语，$h = 0, 1, \cdots, g$。

$U = \{U_0, U_1, \cdots, U_g\}$：关键基础设施建设风险评估语言短语集合，用来刻画专家对风险因素关联效应强度的评估及专家对每个项目在各个风险因素的发生可能性表现和后果严重性表现的评估，其中，U_h 为第 h 个语言短语，$h = 0, 1, \cdots, g$。

$X_k = [x_{kij}]_{n \times n}$：关键基础设施建设风险因素关联效应个体评估矩阵，其中，x_{kij} 为专家 E_k 提供的关于风险因素 F_i 对 F_j 关联效应强度的评估信息，$x_{kij} \in U$，$k = 1, 2, \cdots, d$，$i, j = 1, 2, \cdots, n$。特别地，$x_{kii} =$ "—" 表示本章暂不考虑风险因素 F_i 与自身的关联效应，$k = 1, 2, \cdots, d$，$i, = 1, 2, \cdots, n$。

$C_k = [c_{kqt}]_{m \times m}$：关键基础设施建设项目关联效应个体评估矩阵，其中，c_{kqt} 为专家 E_k 提供的关于项目 A_q 与 A_t 之间关联效应类型和强度的评估信息，$c_{kqt} \in V$，$k = 1, 2, \cdots, d$，$q, t = 1, 2, \cdots, m$。特别地，$c_{kqq} =$ "／" 表示本章暂不考虑项目 A_q 与自身的关联效应，$k = 1, 2, \cdots, d$，$q = 1, 2, \cdots, m$。

$L_k = [l_{kiq}]_{n \times m}$：关键基础设施建设项目风险发生可能性个体评估矩阵，其中，l_{kiq} 为专家 E_k 提供的关于项目 A_q 在风险因素 F_i 下发生可能性表现的评估信息，$l_{kiq} \in U$，$k = 1, 2, \cdots, d$，$i = 1, 2, \cdots, n$，$q = 1, 2, \cdots, m$。

$S_k = [s_{kiq}]_{n \times m}$：关键基础设施建设项目风险后果严重性个体评估矩阵，其中，

s_{kiq} 为专家 E_k 提供的关于项目 A_q 在风险因素 F_i 下后果严重性表现的评估信息，$s_{kiq} \in U$，$k = 1, 2, \cdots, d$，$i = 1, 2, \cdots, n$，$q = 1, 2, \cdots, m$。

基于上面的符号说明，本章需要解决的问题是根据已知的关键基础设施建设风险因素关联效应个体评估信息 x_{kij}、关键基础设施建设项目关联效应个体评估信息 c_{kqt}、关键基础设施建设项目风险发生可能性个体评估信息 l_{kiq} 和关键基础设施建设项目风险后果严重性个体评估信息 s_{kiq}，如何通过开展项目视角下特征驱动的关键基础设施建设风险评估来确定项目的风险等级并明晰风险态势，为风险应对提供有价值的信息。

三、考虑双重关联效应的风险评估方法的原理与步骤

基于图 6-3 所示的项目视角下特征驱动的关键基础设施建设风险评估综合框架和上述符号定义，将所提出考虑双重关联效应的风险评估方法的计算过程分解为以下九个步骤来详细阐述。

（一）将收集到的信息转换为三角模糊数形式

基于 Jiang 等（2008）提出的转换函数，将关键基础设施建设风险因素关联效应个体评估信息 x_{kij}、关键基础设施建设项目关联效应个体评估信息 c_{kqt}、关键基础设施建设项目风险发生可能性个体评估信息 l_{kiq} 以及关键基础设施建设项目风险后果严重性个体评估信息 s_{kiq} 转换成对应的三角模糊数形式，分别为 $\tilde{x}_{kij}$、$\tilde{c}_{kqt}$、$\tilde{l}_{kiq}$ 和 $\tilde{s}_{kiq}$，具体转换公式为

$$\tilde{x}_{kij} = (x_{kij}^1, x_{kij}^2, x_{kij}^3) = \left(\max\left\{ \frac{\text{index}(x_{kij}) - 1}{g}, 0 \right\}, \frac{\text{index}(x_{kij})}{g}, \min\left\{ \frac{\text{index}(x_{kij}) + 1}{g}, 1 \right\} \right)$$

$$（6\text{-}2）$$

$$\tilde{c}_{kqt} = (c_{kqt}^1, c_{kqt}^2, c_{kqt}^3) = \left(\max\left\{ \frac{\text{index}(c_{kqt}) - 1}{g}, 0 \right\}, \frac{\text{index}(c_{kqt})}{g}, \min\left\{ \frac{\text{index}(c_{kqt}) + 1}{g}, 1 \right\} \right)$$

$$（6\text{-}3）$$

$$\tilde{l}_{kiq} = (l_{kiq}^1, l_{kiq}^2, l_{kiq}^3) = \left(\max\left\{ \frac{\text{index}(l_{kiq}) - 1}{g}, 0 \right\}, \frac{\text{index}(l_{kiq})}{g}, \min\left\{ \frac{\text{index}(l_{kiq}) + 1}{g}, 1 \right\} \right)$$

$$（6\text{-}4）$$

$$\tilde{s}_{kiq} = (s_{kiq}^1, s_{kiq}^2, s_{kiq}^3) = \left(\max\left\{ \frac{\text{index}(s_{kiq}) - 1}{g}, 0 \right\}, \frac{\text{index}(s_{kiq})}{g}, \min\left\{ \frac{\text{index}(s_{kiq}) + 1}{g}, 1 \right\} \right)$$

(6-5)

其中，$\text{index}(\cdot)$ 为语言短语下标提取函数，$k = 1, 2, \cdots, d$，$q, t = 1, 2, \cdots, m$，$i = 1, 2, \cdots, n$。特别地，将 $x_{kii} = $ "—" 和 $c_{kqq} = $ "/" 分别转换为 $\tilde{x}_{kii} = (0, 0, 0)$ 和 $\tilde{c}_{kqq} = (0, 0, 0)$，$k = 1, 2, \cdots, d$，$i = 1, 2, \cdots, n$，$q = 1, 2, \cdots, m$。

（二）将转换后的个体模糊信息整合为群体模糊信息

为了获得综合意见，将上述转换后的个体模糊评估矩阵 $\tilde{X}_k = [\tilde{x}_{kij}]_{n \times n}$、$\tilde{C}_k = [\tilde{c}_{kqt}]_{m \times m}$、$\tilde{L}_k = [\tilde{l}_{kiq}]_{n \times m}$ 和 $\tilde{S}_k = [\tilde{s}_{kiq}]_{n \times m}$ 整合为相应的群体模糊评估矩阵 $\tilde{X} = [\tilde{x}_{ij}]_{n \times n}$、$\tilde{C} = [\tilde{c}_{qt}]_{m \times m}$、$\tilde{L} = [\tilde{l}_{iq}]_{n \times m}$ 和 $\tilde{S} = [\tilde{s}_{iq}]_{n \times m}$，具体公式为

$$\tilde{x}_{ij} = (x_{ij}^1, x_{ij}^2, x_{ij}^3) = \left(\frac{\sum_{k=1}^d x_{kij}^1}{d}, \frac{\sum_{k=1}^d x_{kij}^2}{d}, \frac{\sum_{k=1}^d x_{kij}^3}{d} \right)$$

(6-6)

$$\tilde{c}_{qt} = (c_{qt}^1, c_{qt}^2, c_{qt}^3) = \left(\frac{\sum_{k=1}^d c_{kqt}^1}{d}, \frac{\sum_{k=1}^d c_{kqt}^2}{d}, \frac{\sum_{k=1}^d c_{kqt}^3}{d} \right)$$

(6-7)

$$\tilde{l}_{iq} = (l_{iq}^1, l_{iq}^2, l_{iq}^3) = \left(\frac{\sum_{k=1}^d l_{kiq}^1}{d}, \frac{\sum_{k=1}^d l_{kiq}^2}{d}, \frac{\sum_{k=1}^d l_{kiq}^3}{d} \right)$$

(6-8)

$$\tilde{s}_{iq} = (s_{iq}^1, s_{iq}^2, s_{iq}^3) = \left(\frac{\sum_{k=1}^d s_{kiq}^1}{d}, \frac{\sum_{k=1}^d s_{kiq}^2}{d}, \frac{\sum_{k=1}^d s_{kiq}^3}{d} \right)$$

(6-9)

其中，$q, t = 1, 2, \cdots, m$；$i = 1, 2, \cdots, n$。

（三）量化风险因素的级联传播影响

对于关键基础设施建设风险因素关联效应，相应的研究重点是对从一个风险因素到另一个风险因素的级联传播影响进行量化分析。

先将关键基础设施建设风险因素关联效应群体模糊评估矩阵 $\tilde{X} = [\tilde{x}_{ij}]_{n \times n}$ 规范化为矩阵 $\tilde{Y} = [\tilde{y}_{ij}]_{n \times n}$，其中，$\tilde{y}_{ij}$ 通过如下计算公式获取。

$$\tilde{y}_{ij} = (y_{ij}^1, y_{ij}^2, y_{ij}^3) = \left(\frac{x_{ij}^1}{\max\limits_{1 \le i \le n}\left\{\sum\limits_{j=1}^{n} x_{ij}^3\right\}}, \frac{x_{ij}^2}{\max\limits_{1 \le i \le n}\left\{\sum\limits_{j=1}^{n} x_{ij}^3\right\}}, \frac{x_{ij}^3}{\max\limits_{1 \le i \le n}\left\{\sum\limits_{j=1}^{n} x_{ij}^3\right\}} \right) \tag{6-10}$$

其中，$\max\limits_{1 \le i \le n}\left\{\sum\limits_{j=1}^{n} x_{ij}^3\right\} \ne 0$；$0 \le y_{ij}^1 \le y_{ij}^2 \le y_{ij}^3 \le 1$；$i, j = 1, 2, \cdots, n$。

然后，基于风险因素之间关联效应的传递性，获取关键基础设施建设风险因素关联效应综合模糊评估矩阵 $\tilde{Z} = [\tilde{z}_{ij}]_{n \times n}$。

$$\tilde{Z} = \lim_{\lambda \to \infty}(\tilde{Y}^1 + \tilde{Y}^2 + \cdots + \tilde{Y}^\lambda) \tag{6-11}$$

基于 Suo 等（2012）提出的扩展 DEMATEL 方法，$\tilde{z}_{ij} = (z_{ij}^1, z_{ij}^2, z_{ij}^3)$ 可通过如下公式获取：

$$[z_{ij}^1]_{n \times n} = [y_{ij}^1]_{n \times n} \times (I - [y_{ij}^1]_{n \times n})^{-1} \tag{6-12}$$

$$[z_{ij}^2]_{n \times n} = [y_{ij}^2]_{n \times n} \times (I - [y_{ij}^2]_{n \times n})^{-1} \tag{6-13}$$

$$[z_{ij}^3]_{n \times n} = [y_{ij}^3]_{n \times n} \times (I - [y_{ij}^3]_{n \times n})^{-1} \tag{6-14}$$

其中，I 为恒等矩阵；$[y_{ij}^1]_{n \times n}$、$[y_{ij}^2]_{n \times n}$ 和 $[y_{ij}^3]_{n \times n}$ 为通过分解模糊评估矩阵 $\tilde{Y}$ 得到的三个清晰数矩阵，$i, j = 1, 2, \cdots, n$。

记 $\tilde{p}_i$ 为关键基础设施建设风险因素 F_i 的模糊中心度，其通过将风险因素 F_i 对其他风险因素产生的综合关联效应以及其他风险因素对 F_i 产生的综合关联效应进行求和处理来获取，具体计算公式如下：

$$\tilde{p}_i = (p_i^1, p_i^2, p_i^3) = \left(\sum_{j=1}^{n} z_{ij}^1 + \sum_{j=1}^{n} z_{ji}^1, \sum_{i=1}^{n} z_{ij}^2 + \sum_{j=1}^{n} z_{ji}^2, \sum_{j=1}^{n} z_{ij}^3 + \sum_{j=1}^{n} z_{ji}^3 \right)$$

$$\tag{6-15}$$

其中，$i = 1, 2, \cdots, n$。

记 $\tilde{\gamma}_i$ 为关键基础设施建设风险因素 F_i 的模糊关系度，其通过将风险因素 F_i 对其他风险因素产生的综合关联效应以及其他风险因素对 F_i 产生的综合关联效应进行求差处理来获取，具体计算公式如下：

$$\tilde{\gamma}_i = (\gamma_i^1, \gamma_i^2, \gamma_i^3) = \left(\sum_{j=1}^{n} z_{ij}^1 - \sum_{j=1}^{n} z_{ji}^3, \sum_{j=1}^{n} z_{ij}^2 - \sum_{j=1}^{n} z_{ji}^2, \sum_{j=1}^{n} z_{ij}^3 - \sum_{j=1}^{n} z_{ji}^1 \right)$$

$$\tag{6-16}$$

其中，$i = 1, 2, \cdots, n$。

随后，为了直观地诊断关键基础设施建设风险根源和风险可控性，将关键基础设施建设风险因素的模糊中心度和模糊关系度转换为清晰值，分别记为 p_i 和 γ_i，并通过逆模糊函数 def($\cdot$) 得到，具体计算公式如下：

$$p_i = \text{def}(\tilde{p}_i) = \frac{p_i^1 + p_i^2 + p_i^3}{3} \tag{6-17}$$

$$\gamma_i = \text{def}(\tilde{\gamma}_i) = \frac{\gamma_i^1 + \gamma_i^2 + \gamma_i^3}{3} \tag{6-18}$$

其中，$i = 1, 2, \cdots, n$。这里，p_i 反映了关键基础设施建设风险因素 F_i 在风险因素级联传播中所起的作用，p_i 值越高，表明相应风险因素所发挥的作用越大，则该风险因素往往是风险根源所在，$i = 1, 2, \cdots, n$。γ_i 反映了风险因素 F_i 的可控性归类，如果 $\gamma_i > 0$，则表明风险因素 F_i 通过级联传播影响其他风险因素，为原因型风险因素，难以控制；如果 $\gamma_i < 0$，则表明风险因素 F_i 由于级联传播受到其他风险因素的影响，为结果型风险因素，可以通过一些有针对性的措施，相对容易地进行控制，$i = 1, 2, \cdots, n$。

进一步地，以中心度为横轴、关系度为纵轴构建项目视角下特征驱动的关键基础设施建设风险因素的因果关系图，作为相关基建企业决策者直观研判风险根源、诊断风险可控性、制定针对性风险应对策略的主要依据。

（四）量化项目交互影响

对于关键基础设施建设项目关联效应，相应的研究重点是对项目交互的影响进行量化分析。

基于 Two-Additive Choquet 积分算子（Grabisch，1997）中交互系数的概念，定义三个指示变量 c_{qt}^+、c_{qt}^- 和 c_{qt}^0 来分别表示项目 A_q 与 A_t（$q \neq t$）之间关联效应对项目视角下特征驱动的关键基础设施建设风险集成所产生的正向、负向和中性影响，$q, t = 1, 2, \cdots, m$。

若 $\text{def}(\tilde{c}_{qt}) > \text{def}(\tilde{V}_{g/2})$，则有

$$c_{qt}^+ = \frac{\text{def}(\tilde{c}_{qt}) - \text{def}(\tilde{V}_{g/2})}{\text{def}(\tilde{V}_{g/2})} \tag{6-19}$$

其中，$q, t = 1, 2, \cdots, m$。显然有 $c_{qt}^+ \in (0, 1]$，这表明项目 A_q 与 A_t（$q \neq t$）之间的关联效应会增加关键基础设施建设风险发生可能性和风险后果严重性，从而导致项目处于更高的风险状态，$q, t = 1, 2, \cdots, m$。

若 $\operatorname{def}(\tilde{c}_{qt}) < \operatorname{def}(\tilde{V}_{g/2})$，则有

$$c_{qt}^- = \frac{\operatorname{def}(\tilde{c}_{qt}) - \operatorname{def}(\tilde{V}_{g/2})}{\operatorname{def}(\tilde{V}_{g/2})} \qquad (6\text{-}20)$$

其中，$q,t = 1,2,\cdots,m$。显然有 $c_{qt}^- \in [-1,0)$，这表明项目 A_q 与 A_t（$q \neq t$）之间的关联效应会降低关键基础设施建设风险发生可能性和风险后果严重性，从而导致项目处于更低的风险状态，$q,t = 1,2,\cdots,m$。

若 $\operatorname{def}(\tilde{c}_{qt}) = \operatorname{def}(\tilde{V}_{g/2})$ 或 $\tilde{c}_{qt} = $ "/"，则有

$$c_{qt}^0 = 0 \qquad (6\text{-}21)$$

其中，$q,t = 1,2,\cdots,m$。这表明项目 A_q 与 A_t（$q \neq t$）之间的关联效应对关键基础设施建设风险发生可能性和风险后果严重性没有显著影响。

（五）集成各项目的风险发生可能性和风险后果严重性

引入量化后的关键基础设施建设风险因素关联效应，以实现单一项目风险因素层面的风险集成。如前所述，中心度 p_i 是反映关键基础设施建设风险因素 F_i 在级联传播中所发挥作用的变量，$i = 1,2,\cdots n$。由此，项目 A_q 的风险发生可能性 $\tilde{l}_q$ 和风险后果严重性 $\tilde{s}_q$ 可以通过如下公式计算。

$$\tilde{l}_q = (l_q^1, l_q^2, l_q^3) = \left(\frac{\sum\limits_{i=1}^{n}(p_i \times l_{iq}^1)}{\sum\limits_{i=1}^{n} p_i}, \frac{\sum\limits_{i=1}^{n}(p_i \times l_{iq}^2)}{\sum\limits_{i=1}^{n} p_i}, \frac{\sum\limits_{i=1}^{n}(p_i \times l_{iq}^3)}{\sum\limits_{i=1}^{n} p_i} \right) \qquad (6\text{-}22)$$

$$\tilde{s}_q = (s_q^1, s_q^2, s_q^3) = \left(\frac{\sum\limits_{i=1}^{n}(p_i \times s_{iq}^1)}{\sum\limits_{i=1}^{n} p_i}, \frac{\sum\limits_{i=1}^{n}(p_i \times s_{iq}^2)}{\sum\limits_{i=1}^{n} p_i}, \frac{\sum\limits_{i=1}^{n}(p_i \times s_{iq}^3)}{\sum\limits_{i=1}^{n} p_i} \right) \qquad (6\text{-}23)$$

其中，$q = 1,2,\cdots,m$。

（六）集成风险发生可能性和风险后果严重性的综合值

通过将 Two-Additive Choquet 积分算子（Grabisch，1997）扩展到模糊语言环

境，来引入量化后的项目关联效应，以实现项目层面的风险集成。由此，可以通过以下公式计算风险发生可能性综合值 $\tilde{l}$ 和风险后果严重性综合值 $\tilde{s}$ 。

$$\tilde{l} = (l^1, l^2, l^3) = \sum_{q=1}^{m}\left[\frac{1}{m} - \frac{1}{2}\sum_{t=1}^{m}(c_{qt}^+ + |c_{qt}^-|)\right] \otimes \tilde{l}_q + \sum_{q=1}^{m}\sum_{t=q+1}^{m}(c_{qt}^+ \otimes \min\{\tilde{l}_q, \tilde{l}_t\})$$
$$+ \sum_{q=1}^{m}\sum_{t=1}^{q-1}(|c_{qt}^-| \otimes \max\{\tilde{l}_q, \tilde{l}_t\})$$

$$（6\text{-}24）$$

$$\tilde{s} = (s^1, s^2, s^3) = \sum_{q=1}^{m}\left[\frac{1}{m} - \frac{1}{2}\sum_{t=1}^{m}(c_{qt}^+ + |c_{qt}^-|)\right] \otimes \tilde{s}_q + \sum_{q=1}^{m}\sum_{t=q+1}^{m}(c_{qt}^+ \otimes \min(\tilde{s}_q, \tilde{s}_t))$$
$$+ \sum_{q=1}^{m}\sum_{t=1}^{q-1}(|c_{qt}^-| \otimes \max\{\tilde{s}_q, \tilde{s}_t\})$$

$$（6\text{-}25）$$

式（6-24）和式（6-25）成立的前提是 $\frac{1}{m} - \frac{1}{2}\sum_{t=1}^{m}(c_{qt}^+ + |c_{qt}^-|) \geqslant 0$ ，$q = 1, 2, \cdots, m$ ，其中，$\otimes$ 为模糊数乘法运算。上述公式满足以下性质：①若 $\operatorname{def}(\tilde{l}_q) \geqslant \operatorname{def}(\tilde{l}_t)$ ，则有 $\min\{\tilde{l}_q, \tilde{l}_t\} = \tilde{l}_t$ 和 $\max\{\tilde{l}_q, \tilde{l}_t\} = \tilde{l}_q$ ，$q, t = 1, 2, \cdots, m$ ；反之亦然。②若 $\operatorname{def}(\tilde{l}_q) \geqslant \operatorname{def}(\tilde{l}_t)$ ，则有 $\min\{\tilde{s}_q, \tilde{s}_t\} = \tilde{s}_t$ 和 $\max\{\tilde{s}_q, \tilde{s}_t\} = \tilde{s}_q$ ，$q, t = 1, 2, \cdots, m$ ；反之亦然。

特别地，如果所有项目的实施都不存在相互干扰，即 c_{qt}^+ 和 c_{qt}^- 无限接近于 0 ，$q, t = 1, 2, \cdots, m$ ，则式（6-24）和式（6-25）等价于模糊数算术平均运算，即特定情况下，扩展 Two-Additive Choquet 积分算子等价于文献（Zadeh，1965）中提出的模糊数算术平均算子。

（七）定义风险发生可能性和风险后果严重性的模糊推理输入

根据 An 等（2011）提出的模糊推理方法来确定关键基础设施建设项目的风险等级。记 l^* 为风险发生可能性的模糊推理输入，并将其定义为多个二元组 $(U_h, \mu_{\tilde{l}}(U_h))$ 的并集，其中，U_h 为集合 U 中的语言短语，而 $\mu_{\tilde{l}}(U_h)$ 为 U_h 在 $\tilde{l}$ 中的相应隶属度，则有

$$l^* = \{(U_h, \mu_{\tilde{l}}(U_h)) \mid U_h \in U, \mu_{\tilde{l}}(U_h) \neq 0, h = 0, 1, \cdots, g\} \qquad （6\text{-}26）$$

记 ϕ 为 l^* 中二元组的个数，l_α^* 为 l^* 中的第 α 个二元组相对应的语言短语，$l_\alpha^* \in U$ ，$\alpha = 1, 2, \cdots, \phi$ 。

类似地，记 s^* 为风险后果严重性的模糊推理输入，并将其定义为多个二元组

$(U_h, \mu_{\tilde{s}}(U_h))$ 的并集，其中，U_h 为集合 U 中的语言短语，而 $\mu_{\tilde{s}}(U_h)$ 为 U_h 在 $\tilde{s}$ 中的相应隶属度，则有

$$s^* = \{(U_h, \mu_{\tilde{s}}(U_h)) \mid U_h \in U, \mu_{\tilde{s}}(U_h) \neq 0, h = 0,1,\cdots,g\} \quad (6\text{-}27)$$

记 ψ 为 s^* 中二元组的个数，s_β^* 为 s^* 中的第 β 个二元组相对应的语言短语，$s_\beta^* \in U$，$\beta = 1,2,\cdots,\psi$。特别地，如果在 $\tilde{l}$ 或 $\tilde{s}$ 中 U_h 存在多个不同的隶属度，则选择较大的隶属度，$h = 0,1,\cdots,g$。

（八）获取模糊推理输出

记 r^* 为模糊推理的输出，其基于模糊规则获得。根据模糊推理的已有研究（Chen and Adam，2018；Zou et al.，2016），给出如下的模糊规则定义。

规则 $\mathbb{R}_1$：	若有 $\mathrm{index}(l_\alpha^*) \times \mathrm{index}(s_\beta^*) \in [0, \varepsilon_1)$，则 $\delta_{\alpha\beta}$ 为 R_0
规则 $\mathbb{R}_2$：	若有 $\mathrm{index}(l_\alpha^*) \times \mathrm{index}(s_\beta^*) \in [\varepsilon_1, \varepsilon_2)$，则 $\delta_{\alpha\beta}$ 为 R_1
$\vdots$	$\vdots$
规则 $\mathbb{R}_{b+1}$：	若有 $\mathrm{index}(l_\alpha^*) \times \mathrm{index}(s_\beta^*) \in [\varepsilon_b, g \times g]$，则 $\delta_{\alpha\beta}$ 为 R_b
已知：	$l_\alpha^*, s_\beta^* \in U$，$\alpha = 1,2,\cdots,\phi$，$\beta = 1,2,\cdots,\psi$，$0 \leq \mathrm{index}(l_1^*) \leq \mathrm{index}(l_2^*) \leq \cdots \leq \mathrm{index}(l_\phi^*) \leq g$，$0 \leq \mathrm{index}(s_1^*) \leq \mathrm{index}(s_2^*) \leq \cdots \leq \mathrm{index}(s_\psi^*) \leq g$，$0 < \varepsilon_1 < \varepsilon_2 < \cdots < \varepsilon_b < g \times g$
结论：	$\delta^* = \mathrm{sort\_asc}\{\delta_{\alpha\beta}\}$，$\alpha = 1,2,\cdots,\phi$，$\beta = 1,2,\cdots,\psi$

这里，$\varepsilon_1, \varepsilon_2, \cdots, \varepsilon_b$ 是由风险评估委员会确定的每个风险等级的相应阈值，$\mathrm{sort\_asc}\{\}$ 为语言短语升序排列集合的获取函数。记 ω 为 δ^* 中语言短语的个数，δ_θ^* 为 δ^* 中第 θ 个语言短语，$\delta_\theta^* \in R$，$\theta = 1,2,\cdots,\omega$。$\delta_\theta^*$ 在 r^* 中的隶属度记为 $\mu_{r^*}(\delta_\theta^*)$，其计算公式为

$$\mu_{r^*}(\delta_\theta^*) = \max\{\min\{\mu_{\tilde{l}}(l_\alpha^*), \mu_{\tilde{s}}(s_\beta^*)\}\} \quad (6\text{-}28)$$

其中，$\theta = 1,2,\cdots,\omega$；$\alpha = 1,2,\cdots,\phi$；$\beta = 1,2,\cdots,\psi$。

由此，r^* 可以通过下列公式得到

$$r^* = \{(\delta_\theta^*, \mu_{r^*}(\delta_\theta^*)) \mid \delta_\theta^* \in R, \mu_{r^*}(\delta_\theta^*) \in (0,1), \theta = 1,2,\cdots,\omega\} \quad (6\text{-}29)$$

（九）确定关键基础设施建设项目的风险评级

基于 An 等（2011）使用的面积重心法，确定风险重心 r 的计算公式为

$$r = \frac{\sum_{\theta=1}^{\omega} (\mu_r \cdot (\delta_\theta^*) \times \varphi_\theta)}{\sum_{\theta=1}^{\omega} \mu_r \cdot (\delta_\theta^*)} \tag{6-30}$$

其中，φ_θ 为风险评级 δ_θ^* 对应三角模糊数的重心，$\theta = 1, 2, \cdots, \omega$。由此，根据风险重心 r，可以确定关键基础设施建设项目风险等级的归属和相应的隶属度。

第四节　潜在应用研究：以 YY 单干线隧道建设项目为例

为验证所提方法的有效性和优越性，本节以 YY 单干线隧道建设项目为案例开展潜在应用研究。先给出计算实验设计说明，然后详细描述风险评估实验过程与主要结果，在此基础上，给出结合评估结果得到的风险应对启示，并对研究结果进行比较与讨论。

一、YY 单干线隧道建设项目的计算实验设计说明

YY 单干线隧道建设项目是连接中国和老挝铁路网的重要跨境工程。隧道总长度 9.68 千米，从 2015 年 12 月至 2020 年 7 月，建设工期为 56 个月。现场勘测结果表明，项目主要穿越地层是泥岩夹杂砂岩的混合物，因此，施工伴随着高风险。此外，现场勘测结果还表明隧道入口被局部压力埋在浅层，这增加了施工难度，并增加了坍塌发生的频率。为了阐明当前的风险态势并在 YY 单干线隧道建设项目的实施过程中有效地处理风险，项目成立了一个风险评估专业委员会，负责在几个重要的进度节点进行风险评估。

在潜在应用中，YY 单干线隧道建设项目分解为六个主要项目，即入口项目（A_1）、挖掘项目（A_2）、支持项目（A_3）、衬砌项目（A_4）、防水排水项目（A_5）和机电项目（A_6）。重点评估各个项目十个风险因素（表 6-1）的表现，即成本超支（F_1）、工期延迟（F_2）、质量低劣（F_3）、设计变更（F_4）、通货膨胀（F_5）、突发公共事件（F_6）、组织协调不畅（F_7）、合同不完备（F_8）、环境不友好（F_9）和利率波动（F_{10}）。

随后，基于惯例规则和现实需求，设计了风险评级集合和两个语言短语集合用于调查问卷，$R = \{R_0 = $Ⅰ: 常规状态, $R_1 = $Ⅱ: 警备状态, $R_2 = $Ⅲ: 威胁状态, $R_3 = $Ⅳ: 危急状态, $R_4 = $Ⅴ: 极端状态\}，$U = \{U_0 = $AL: 极低, $U_1 = $VL: 非常低, $U_2 = $L: 低, $U_3 = $M: 中等, $U_4 = $H: 高, $U_5 = $VH: 非常高, $U_6 = $AH: 极高\}，$V = \{V_0 = $SN: 强负

向, $V_1 =$ MN: 中等负向, $V_2 =$ WN: 弱负向, $V_3 =$ N: 中性, $V_4 =$ WP: 弱正向, $V_5 =$ MP: 中等正向, $V_6 =$ SP: 强正向}。邀请了政府管理人员、行业技术专家、领域知名学者等 15 名专家参与 YY 单干线隧道建设项目风险评估的计算实验,将已设计好的调查问卷发放给各位专家,获取其对风险因素关联效应、项目关联效应、项目风险发生可能性和项目风险后果严重性的判断信息,并利用收集到的信息来模拟四种不同实验情境的风险评估结果,其中,情境 A 涉及双重关联效应,情境 B 不涉及任何关联效应,情境 C 仅涉及风险因素关联效应,情境 D 仅涉及项目关联效应。

由于项目风险的动态变化性,在项目实施的重要进度节点上进行了五轮计算实验。在五轮实验中,假设关键基础设施建设风险因素的关联效应和关键基础设施建设项目的关联效应是不变的。接下来,考虑到篇幅有限,仅详细说明情境 A 下的第一轮实验以展示整个过程和详细结果,而其他各轮实验仅展示最终结果。

二、YY 单干线隧道建设风险评估实验过程与主要结果

(一)情境 A 的实验过程与主要结果

下面,利用所提出的方法逐步阐述情境 A 下第一轮风险评估实验的详细过程和主要结果。

第一步:将收集到的信息转换为三角模糊数形式。将所有专家提供的语言短语形式信息转换为三角模糊数形式,并利用式(6-2)~式(6-5)构造相应的个体模糊评估矩阵。限于篇幅,不单独展示转换后的模糊矩阵。

第二步:将转换后的个体模糊信息整合为群体模糊信息。利用式(6-6)~式(6-9)整合转换后的个体模糊评估矩阵,分别构建关键基础设施建设风险因素关联效应群体模糊评估矩阵 $\tilde{X} = [\tilde{x}_{ij}]_{n \times n}$、关键基础设施建设项目关联效应群体模糊评估矩阵 $\tilde{C} = [\tilde{c}_{qt}]_{m \times m}$、关键基础设施建设项目风险发生可能性群体模糊评估矩阵 $\tilde{L} = [\tilde{l}_{iq}]_{n \times m}$ 和关键基础设施建设项目风险后果严重性群体模糊评估矩阵 $\tilde{S} = [\tilde{s}_{iq}]_{n \times m}$,具体如下。

第三步:量化风险因素的级联传播影响。利用式(6-10)~式(6-14)分别构建关键基础设施建设风险因素关联效应规范化群体模糊评估矩阵 $\tilde{Y} = [\tilde{y}_{ij}]_{n \times n}$ 和关键基础设施建设风险因素关联效应综合模糊评估矩阵 $\tilde{Z} = [\tilde{z}_{ij}]_{n \times n}$,具体如下。

$$\bar{X}=\begin{bmatrix}
— & (0.750,0.917,1.000) & (0.501,0.667,0.834) & (0.584,0.750,0.917) & (0.000,0.084,0.251) & (0.334,0.500,0.667) & (0.117,0.234,0.400) & (0.000,0.050,0.217) & (0.000,0.134,0.301) \\
(0.700,0.866,1.000) & — & (0.501,0.667,0.834) & (0.584,0.750,0.917) & (0.000,0.084,0.251) & (0.334,0.500,0.667) & (0.200,0.367,0.533) & (0.033,0.117,0.284) & (0.033,0.117,0.284) \\
(0.650,0.817,0.950) & (0.783,0.950,1.000) & — & (0.367,0.534,0.700) & (0.000,0.084,0.251) & (0.367,0.534,0.700) & (0.301,0.467,0.634) & (0.000,0.084,0.251) & (0.000,0.084,0.251) \\
(0.251,0.417,0.584) & (0.833,1.000,1.000) & (0.367,0.534,0.700) & — & (0.000,0.167,0.334) & (0.534,0.700,0.867) & (0.251,0.417,0.584) & (0.000,0.167,0.334) & (0.000,0.167,0.334) \\
(0.700,0.867,0.950) & (0.700,0.867,0.950) & (0.284,0.450,0.617) & (0.251,0.417,0.584) & — & (0.617,0.783,0.950) & (0.501,0.667,0.834) & (0.000,0.050,0.217) & (0.000,0.050,0.217) \\
(0.750,0.917,1.000) & (0.800,0.967,1.000) & (0.200,0.367,0.533) & (0.283,0.450,0.617) & (0.000,0.167,0.334) & — & (0.400,0.567,0.733) & (0.000,0.367,0.534) & (0.000,0.084,0.251) \\
(0.634,0.800,0.967) & (0.634,0.800,0.967) & (0.350,0.517,0.683) & (0.134,0.301,0.467) & (0.000,0.033,0.200) & (0.334,0.501,0.667) & — & (0.200,0.367,0.534) & (0.050,0.100,0.267) \\
(0.550,0.717,0.883) & (0.584,0.750,0.917) & (0.633,0.800,0.883) & (0.584,0.750,0.917) & (0.050,0.217,0.384) & (0.500,0.667,0.833) & (0.634,0.800,0.967) & — & (0.100,0.150,0.317) \\
(0.717,0.883,1.000) & (0.750,0.917,1.000) & (0.717,0.883,1.000) & (0.167,0.334,0.501) & (0.150,0.317,0.484) & (0.167,0.334,0.501) & (0.750,0.917,1.000) & (0.000,0.134,0.301) & — \\
(0.800,0.967,1.000) & (0.417,0.584,0.750) & (0.251,0.417,0.584) & (0.033,0.967,1.000) & (0.000,0.084,0.251) & (0.117,0.284,0.450) & (0.417,0.584,0.750) & (0.550,0.917,1.000) & (0.766,0.933,0.967)
\end{bmatrix}$$

$$\bar{C}=\begin{bmatrix}
— & (0.242,0.572,0.653) & (0.256,0.523,0.611) & (0.228,0.525,0.621) & (0.232,0.516,0.598) \\
(0.242,0.572,0.653) & — & (0.339,0.561,0.724) & (0.304,0.558,0.718) & (0.305,0.523,0.636) \\
(0.306,0.543,0.602) & (0.359,0.598,0.732) & — & (0.354,0.535,0.772) & (0.284,0.509,0.654) \\
(0.256,0.523,0.611) & (0.339,0.561,0.724) & (0.315,0.519,0.694) & — & (0.321,0.544,0.676) \\
(0.228,0.525,0.621) & (0.304,0.558,0.718) & (0.354,0.535,0.772) & (0.321,0.544,0.676) & — \\
(0.232,0.516,0.598) & (0.305,0.523,0.636) & (0.284,0.509,0.654) & (0.316,0.534,0.692) & (0.316,0.534,0.692)
\end{bmatrix}$$

$$\bar{L}=\begin{bmatrix}
(0.167,0.334,0.500) & (0.033,0.200,0.367) & (0.167,0.334,0.500) & (0.084,0.251,0.417) & (0.134,0.301,0.467) & (0.167,0.334,0.500) & (0.134,0.301,0.467) & (0.167,0.334,0.500) \\
(0.417,0.584,0.750) & (0.833,1.000,1.000) & (0.284,0.450,0.617) & (0.467,0.634,0.800) & (0.467,0.634,0.800) & (0.050,0.217,0.384) & (0.334,0.501,0.667) & (0.050,0.217,0.384) \\
(0.417,0.584,0.750) & (0.800,0.967,1.000) & (0.334,0.500,0.667) & (0.300,0.467,0.633) & (0.783,0.950,1.000) & (0.467,0.634,0.800) & (0.334,0.500,0.667) & (0.084,0.251,0.417) \\
(0.417,0.584,0.750) & (0.633,0.800,0.917) & (0.334,0.500,0.667) & (0.300,0.467,0.633) & (0.833,1.000,1.000) & (0.334,0.500,0.667) & (0.334,0.500,0.667) & (0.084,0.251,0.417) \\
(0.251,0.417,0.584) & (0.450,0.617,0.783) & (0.251,0.417,0.584) & (0.167,0.334,0.500) & (0.833,1.000,1.000) & (0.417,0.584,0.750) & (0.251,0.417,0.584) & (0.084,0.251,0.417) \\
(0.251,0.417,0.584) & (0.167,0.334,0.501) & (0.417,0.584,0.750) & (0.284,0.450,0.617) & (0.550,0.717,0.883) & (0.367,0.534,0.700) & (0.251,0.417,0.584) & (0.084,0.251,0.417) \\
(0.401,0.567,0.783) & (0.450,0.617,0.783) & (0.417,0.584,0.750) & (0.367,0.534,0.700) & (0.217,0.384,0.550) & (0.384,0.550,0.717) & (0.384,0.550,0.717) & (0.084,0.251,0.417) \\
(0.450,0.617,0.783) & (0.500,0.667,0.833) & (0.467,0.634,0.833) & (0.467,0.634,0.800) & (0.417,0.584,0.750) & (0.284,0.450,0.617) & (0.284,0.450,0.617) & (0.167,0.334,0.500) \\
(0.533,0.700,0.866) & (0.367,0.533,0.700) & (0.550,0.717,0.883) & (0.467,0.634,0.800) & (0.467,0.634,0.800) & (0.301,0.467,0.634) & (0.301,0.467,0.634) & (0.167,0.334,0.500) \\
(0.450,0.617,0.783) & (0.417,0.584,0.750) & (0.550,0.717,0.883) & (0.550,0.717,0.883) & (0.550,0.717,0.883) & (0.251,0.417,0.584) & (0.251,0.417,0.584) & (0.167,0.334,0.500) \\
(0.450,0.617,0.783) & (0.417,0.584,0.750) & (0.550,0.717,0.883) & (0.550,0.717,0.883) & (0.550,0.717,0.883) & (0.167,0.334,0.501) & (0.134,0.300,0.467) & (0.084,0.251,0.417) \\
(0.284,0.450,0.617) & (0.367,0.534,0.700) & (0.384,0.550,0.717) & (0.467,0.634,0.800) & (0.467,0.634,0.800) & (0.633,0.800,0.850) & (0.683,0.850,0.900) & (0.683,0.850,0.900) \\
(0.167,0.334,0.500) & (0.251,0.417,0.584) & (0.317,0.484,0.650) & (0.334,0.500,0.667) & (0.334,0.500,0.667) & (0.301,0.467,0.634) & (0.084,0.251,0.417) & (0.167,0.334,0.500)
\end{bmatrix}$$

$$\bar{S}=\begin{bmatrix}
(0.400,0.567,0.733) \\
(0.467,0.633,0.800) \\
(0.417,0.584,0.750) \\
(0.417,0.584,0.750) \\
(0.251,0.417,0.584) \\
(0.251,0.417,0.584) \\
(0.367,0.534,0.700) \\
(0.533,0.700,0.866) \\
(0.450,0.617,0.783) \\
(0.450,0.617,0.783) \\
(0.284,0.450,0.617) \\
(0.167,0.334,0.500)
\end{bmatrix}$$

$$\tilde{Y} = \begin{bmatrix}
(0,0,0) & (0.105,0.129,0.140) & (0.070,0.094,0.117) & (0.016,0.033,0.056) & (0.000,0.012,0.035) & (0.047,0.070,0.094) & (0.082,0.105,0.129) & (0.000,0.007,0.031) & (0.000,0.019,0.042) \\
(0.098,0.122,0.140) & (0,0,0) & (0.070,0.094,0.117) & (0.028,0.052,0.075) & (0.005,0.028,0.052) & (0.047,0.070,0.094) & (0.094,0.117,0.129) & (0.005,0.016,0.040) & (0.005,0.016,0.040) \\
(0.091,0.115,0.133) & (0.110,0.133,0.140) & (0,0,0) & (0.042,0.066,0.089) & (0.000,0.012,0.035) & (0.052,0.075,0.098) & (0.068,0.091,0.115) & (0.000,0.012,0.035) & (0.000,0.012,0.035) \\
(0.035,0.059,0.082) & (0.117,0.140,0.140) & (0.052,0.075,0.098) & (0,0,0) & (0.000,0.023,0.047) & (0.075,0.098,0.122) & (0.087,0.110,0.133) & (0.000,0.023,0.047) & (0.000,0.023,0.047) \\
(0.098,0.122,0.133) & (0.098,0.122,0.133) & (0.035,0.059,0.082) & (0.040,0.063,0.087) & (0,0,0) & (0.061,0.084,0.108) & (0.070,0.094,0.117) & (0.000,0.007,0.031) & (0.000,0.007,0.031) \\
(0.105,0.129,0.140) & (0.112,0.136,0.140) & (0.098,0.122,0.133) & (0.028,0.052,0.075) & (0.000,0.023,0.047) & (0,0,0) & (0.056,0.080,0.103) & (0.028,0.052,0.075) & (0.000,0.012,0.035) \\
(0.089,0.112,0.136) & (0.089,0.112,0.136) & (0.075,0.098,0.122) & (0.049,0.073,0.096) & (0.000,0.005,0.028) & (0.047,0.070,0.094) & (0,0,0) & (0.007,0.014,0.037) & (0.007,0.014,0.037) \\
(0.077,0.101,0.124) & (0.082,0.105,0.129) & (0.108,0.131,0.136) & (0.089,0.112,0.124) & (0.007,0.031,0.054) & (0.089,0.112,0.136) & (0.007,0.014,0.037) & (0,0,0) & (0.014,0.021,0.045) \\
(0.101,0.124,0.140) & (0.047,0.070,0.094) & (0.047,0.070,0.094) & (0.082,0.105,0.129) & (0.021,0.045,0.068) & (0.023,0.047,0.070) & (0.000,0.019,0.042) & (0.108,0.131,0.136) & (0,0,0) \\
(0.112,0.136,0.140) & (0.035,0.059,0.082) & (0.035,0.059,0.082) & (0.112,0.136,0.140) & (0.005,0.028,0.052) & (0.016,0.040,0.063) & (0.059,0.082,0.105) & (0.077,0.101,0.124) & (0,0,0)
\end{bmatrix}$$

$$\tilde{Z} = \begin{bmatrix}
(0.052,0.146,0.491) & (0.159,0.280,0.641) & (0.111,0.213,0.543) & (0.043,0.117,0.380) & (0.002,0.042,0.217) & (0.083,0.176,0.481) & (0.129,0.239,0.597) & (0.002,0.035,0.215) & (0.003,0.047,0.227) \\
(0.147,0.269,0.646) & (0.070,0.182,0.551) & (0.125,0.234,0.579) & (0.056,0.141,0.416) & (0.006,0.059,0.242) & (0.087,0.187,0.506) & (0.144,0.262,0.627) & (0.006,0.046,0.235) & (0.008,0.049,0.237) \\
(0.140,0.256,0.619) & (0.166,0.291,0.651) & (0.050,0.138,0.458) & (0.066,0.148,0.412) & (0.002,0.043,0.220) & (0.088,0.184,0.492) & (0.120,0.234,0.595) & (0.002,0.039,0.222) & (0.003,0.042,0.224) \\
(0.094,0.226,0.614) & (0.176,0.314,0.688) & (0.136,0.253,0.610) & (0.049,0.146,0.478) & (0.002,0.057,0.244) & (0.112,0.216,0.540) & (0.139,0.264,0.645) & (0.002,0.054,0.247) & (0.004,0.057,0.248) \\
(0.150,0.268,0.632) & (0.160,0.288,0.659) & (0.119,0.229,0.575) & (0.087,0.195,0.536) & (0.002,0.054,0.235) & (0.099,0.197,0.510) & (0.124,0.241,0.609) & (0.002,0.035,0.222) & (0.003,0.038,0.224) \\
(0.166,0.298,0.685) & (0.182,0.324,0.713) & (0.129,0.250,0.619) & (0.083,0.204,0.567) & (0.002,0.037,0.208) & (0.089,0.198,0.533) & (0.119,0.249,0.641) & (0.030,0.082,0.280) & (0.006,0.051,0.248) \\
(0.144,0.260,0.637) & (0.155,0.280,0.664) & (0.153,0.260,0.593) & (0.099,0.205,0.549) & (0.000,0.037,0.220) & (0.043,0.119,0.415) & (0.143,0.257,0.628) & (0.009,0.042,0.230) & (0.011,0.045,0.232) \\
(0.134,0.261,0.658) & (0.151,0.287,0.690) & (0.102,0.220,0.587) & (0.134,0.247,0.596) & (0.008,0.063,0.253) & (0.110,0.214,0.545) & (0.063,0.166,0.537) & (0.003,0.050,0.246) & (0.017,0.054,0.250) \\
(0.180,0.334,0.764) & (0.196,0.361,0.796) & (0.116,0.258,0.667) & (0.172,0.310,0.698) & (0.024,0.088,0.302) & (0.080,0.206,0.577) & (0.182,0.330,0.751) & (0.011,0.051,0.248) & (0.113,0.172,0.370) \\
(0.167,0.300,0.767) & (0.133,0.278,0.676) & (0.090,0.213,0.578) & (0.164,0.283,0.621) & (0.003,0.050,0.241) & (0.060,0.170,0.501) & (0.122,0.252,0.638) & (0.079,0.132,0.324) & (0.011,0.046,0.217)
\end{bmatrix}$$

随后，利用式（6-15）～式（6-18）分别计算关键基础设施建设风险因素的模糊中心度和模糊关系度及其清晰值，结果如表 6-2 所示，所构建的项目视角下特征驱动的关键基础设施建设风险因素因果关系图如图 6-4 所示。

表 6-2　模糊中心度 $\tilde{p}_i$、模糊关系度 $\tilde{\gamma}_i$ 及其清晰值 p_i 和 γ_i 的计算结果

风险因素	模糊中心度 $\tilde{p}_i$	模糊关系度 $\tilde{\gamma}_i$	中心度 p_i	关系度 γ_i
F_1	$(2.071, 4.129, 10.766)$	$(-5.725, -1.104, 2.970)$	5.655	−1.286
F_2	$(2.315, 4.545, 11.352)$	$(-5.963, -1.224, 3.075)$	6.071	−1.370
F_3	$(1.859, 3.846, 10.254)$	$(-5.092, -0.693, 3.303)$	5.320	−0.827
F_4	$(1.897, 3.977, 10.448)$	$(-4.926, -0.500, 3.624)$	5.441	−0.601
F_5	$(1.343, 3.063, 8.747)$	$(-3.434, 0.207, 3.970)$	4.385	0.248
F_6	$(0.927, 2.385, 7.322)$	$(-1.505, 1.322, 4.889)$	3.545	1.569
F_7	$(1.658, 3.506, 9.670)$	$(-4.292, -0.229, 3.721)$	4.945	−0.267
F_8	$(2.113, 4.251, 11.106)$	$(-5.441, -0.740, 3.552)$	5.823	−0.876
F_9	$(1.280, 2.845, 8.129)$	$(-1.334, 1.711, 5.515)$	4.085	1.964
F_{10}	$(1.045, 2.451, 7.362)$	$(-1.612, 1.250, 4.704)$	3.620	1.447

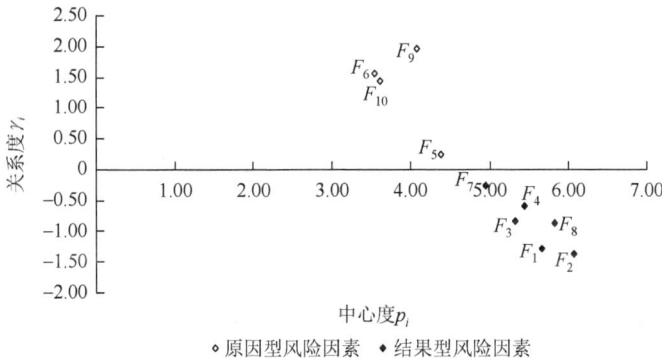

图 6-4　项目视角下特征驱动的关键基础设施建设风险因素因果关系图

第四步：量化项目交互影响。利用式（6-19）～式（6-21）来计算关键基础设施建设项目关联效应的指示变量，即 $c_{12}^- = c_{21}^- = -0.022$，$c_{13}^- = c_{31}^- = -0.032$，$c_{14}^- = c_{41}^- = -0.074$，$c_{15}^- = c_{51}^- = -0.084$，$c_{16}^- = c_{61}^- = -0.102$，$c_{23}^+ = c_{32}^+ = 0.126$，$c_{24}^+ = c_{42}^+ = 0.082$，$c_{25}^+ = c_{52}^+ = 0.054$，$c_{26}^- = c_{62}^- = -0.024$，$c_{34}^+ = c_{43}^+ = 0.018$，$c_{35}^+ = c_{53}^+ = 0.108$，$c_{36}^- = c_{63}^- = -0.036$，$c_{45}^+ = c_{54}^+ = 0.028$，$c_{46}^+ = c_{64}^+ = 0.092$，$c_{56}^+ = c_{65}^+ = 0.028$，$c_{11}^0 = c_{22}^0 = c_{33}^0 = c_{44}^0 = c_{55}^0 = c_{66}^0 = 0.000$。

第五步：集成各项目的风险发生可能性和风险后果严重性。利用式（6-22）和式（6-23），分别计算每个项目的风险发生可能性和风险后果严重性结果，如表 6-3 所示。

表 6-3 各项目的风险发生可能性和风险后果严重性计算结果

实验	风险发生可能性 $\tilde{l}_q$	风险后果严重性 $\tilde{s}_q$
A_1	(0.189, 0.356, 0.522)	(0.331, 0.498, 0.664)
A_2	(0.424, 0.590, 0.731)	(0.470, 0.637, 0.795)
A_3	(0.461, 0.627, 0.747)	(0.412, 0.578, 0.741)
A_4	(0.435, 0.602, 0.732)	(0.399, 0.566, 0.729)
A_5	(0.282, 0.448, 0.615)	(0.420, 0.586, 0.729)
A_6	(0.216, 0.383, 0.550)	(0.372, 0.539, 0.682)

第六步：集成风险发生可能性和风险后果严重性的综合值。利用式（6-24）和式（6-25），分别计算关键基础设施建设项目的风险发生可能性综合值和风险后果严重性综合值，得到：$\tilde{l} = (0.334, 0.501, 0.653)$，$\tilde{s} = (0.404, 0.571, 0.726)$。

第七步：定义风险发生可能性和风险后果严重性的模糊推理输入。利用式（6-26）和式（6-27），分别确定风险发生可能性的模糊推理输入 l^* 和风险后果严重性的模糊推理输入 s^*，即 $l^* = \{(U_2, 0.497), (U_3, 0.997), (U_4, 0.480)\}$，$s^* = \{(U_2, 0.287), (U_3, 0.787), (U_4, 0.702), (U_5, 0.184)\}$。基于语言短语集合 U 及风险评级集合 R 和预设等级阈值（即 $\varepsilon_1 = 8$，$\varepsilon_2 = 15$，$\varepsilon_3 = 20$，$\varepsilon_4 = 25$），定义了五个模糊规则。

第八步：获取模糊推理输出。基于这些模糊规则，利用式（6-28）和式（6-29）获得模糊推理输出 r^*，即 $r^* = \{(R_0, 0.497), (R_1, 0.787), (R_2, 0.480), (R_3, 0.184)\}$。

第九步：确定关键基础设施建设项目的风险评级。利用式（6-30）计算出风险重心 r，即 $r = 0.295$，这表明计算实验得出该项目的风险等级介于 R_1 "Ⅱ：警备状态"（82.0%隶属度）和 R_2 "Ⅲ：威胁状态"（18.0%隶属度）之间。

情境 A 下五轮实验中风险重心的计算结果分别为 $r_A^1 = 0.295$、$r_A^2 = 0.394$、$r_A^3 = 0.275$、$r_A^4 = 0.272$、$r_A^5 = 0.227$。

（二）其他情境的实验过程与主要结果

关于风险因素层面和项目层面的风险集成，情境 A 与其他情境下的风险评估实验过程相比存在明显的差异。基于式（6-8）和式（6-9），分别获得关键基础设施建设项目风险发生可能性群体模糊评估矩阵 $\tilde{L}=[\tilde{l}_{iq}]_{n\times m}$ 和关键基础设施建设项目风险后果严重性群体模糊评估矩阵 $\tilde{S}=[\tilde{s}_{iq}]_{n\times m}$。

在不涉及关键基础设施建设风险因素的关联效应时，可以利用模糊算术平均法（Zadeh，1965）来计算项目 A_q 的风险发生可能性 $\tilde{l}_q$ 和风险后果严重性 $\tilde{s}_q$，具体公式为

$$\tilde{l}_q=(l_q^1,l_q^2,l_q^3)=\left(\sum_{i=1}^n l_{iq}^1 \Big/ n,\sum_{i=1}^n l_{iq}^2 \Big/ n,\sum_{i=1}^n l_{iq}^3 \Big/ n\right) \tag{6-31}$$

$$\tilde{s}_q=(s_q^1,s_q^2,s_q^3)=\left(\sum_{i=1}^n s_{iq}^1 \Big/ n,\sum_{i=1}^n s_{iq}^2 \Big/ n,\sum_{i=1}^n s_{iq}^3 \Big/ n\right) \tag{6-32}$$

其中，$q=1,2,\cdots,m$。

在不涉及关键基础设施建设项目关联效应时，可以使用扩展 Two-Additive Choquet 积分算子的特定情况来计算风险发生可能性综合值 $\tilde{l}$ 和风险后果严重性综合值 $\tilde{s}$，此时，式（6-24）和式（6-25）等价于模糊算术平均运算算子。

在情境 B 的第一轮实验中，利用式（6-2）和式（6-9）进行信息的转换和整合，利用式（6-31）和式（6-32）计算每个项目的风险发生可能性和风险后果严重性，再利用式（6-24）和式（6-25）（均等价于模糊算术平均运算算子）计算风险发生可能性综合值和风险后果严重性综合值。随后，利用式（6-30）计算风险重心，得到 $r_B^1=0.283$，这表示情境 B 下的风险评级介于 R_1"Ⅱ：警备状态"（86.8%隶属度）和 R_2"Ⅲ：威胁状态"（13.2%隶属度）。

在情境 C 的第一轮实验中，每个项目风险发生可能性和风险后果严重性的计算与情境 A 相似（即在此计算过程中使用了扩展 DEMATEL 方法），并且风险发生可能性综合值和风险后果严重性综合值的计算与情境 B 相似（即在此计算过程中使用了等效的模糊算术平均运算）。计算结果 $r_C^1=0.292$ 表示情境 C 下的风险评级介于 R_1"Ⅱ：警备状态"（83.2%隶属度）和 R_2"Ⅲ：威胁状态"（16.8%隶属度）。

在情境 D 的第一轮实验中，每个项目风险发生可能性和风险后果严重性的计算与情境 B 相似（即在此计算过程中使用了模糊算术平均法），并且风险发生可能性综合值和风险后果严重性综合值与情境 A 相似（即在此计算过程中使用了研究中介绍的扩展 Two-Additive Choquet 积分算子）。计算结果 $r_D^1=0.286$ 表示情境 D 下的风险等级介于 R_1"Ⅱ：警备状态"（85.6%隶属度）和 R_2"Ⅲ：威胁状态"（14.4%隶属度）。

根据设计说明，在情境 B、情境 C 和情境 D 下进行了其余四轮实验。表 6-4 展示了五轮实验的风险重心计算结果及其在每种情景下的五轮排序。

表6-4 五轮实验的风险重心计算结果及其在每种情景下的五轮排序

项目	情境A：EDEMATEL + ETAC + FRM	情境B：FAMM + FRM	情境C：EDEMATEL + FAMM + FRM	情境D：FAMM + ETAC + FRM
第一轮	$r_A^1 = 0.295$	$r_B^1 = 0.283$	$r_C^1 = 0.292$	$r_D^1 = 0.286$
第二轮	$r_A^2 = 0.394$	$r_B^2 = 0.384$	$r_C^2 = 0.399$	$r_D^2 = 0.387$
第三轮	$r_A^3 = 0.275$	$r_B^3 = 0.282$	$r_C^3 = 0.274$	$r_D^3 = 0.282$
第四轮	$r_A^4 = 0.272$	$r_B^4 = 0.275$	$r_C^4 = 0.286$	$r_D^4 = 0.275$
第五轮	$r_A^5 = 0.227$	$r_B^5 = 0.235$	$r_C^5 = 0.240$	$r_D^5 = 0.234$
排序	$r_A^2 > r_A^1 > r_A^3 > r_A^4 > r_A^5$	$r_B^2 > r_B^1 > r_B^3 > r_B^4 > r_B^5$	$r_C^2 > r_C^1 > r_C^4 > r_C^3 > r_C^5$	$r_D^2 > r_D^1 > r_D^3 > r_D^4 > r_D^5$

注：FAMM（fuzzy arithmetic mean method）代表文献（Zadeh, 1965）中提出的模糊算数平均方法；FRM（fuzzy reasoning method）代表文献（An et al., 2011）中提出的模糊推理方法；EDEMATEL（extended decision making and trial evaluation laboratory）代表基于文献（Suo et al., 2012）的扩展DEMATEL方法；ETAC（extended Two-Additive Choquet）代表本章中提出的扩展Two-Additive Choquet积分算子

三、YY单干线隧道建设项目风险应对启示

为防止风险态势进一步恶化，有必要根据风险根源和风险可控性的诊断采取若干针对性措施进行风险应对。

图6-4所示的项目视角下特征驱动的关键基础设施建设风险因素因果关系图表明，相应的风险因素的中心度排序为$F_2 \succ F_8 \succ F_1 \succ F_4 \succ F_3 \succ F_7 \succ F_5 \succ F_9 \succ F_{10} \succ F_6$，其中，风险因素$F_5$、$F_6$、$F_9$、$F_{10}$为原因型风险因素，而$F_1$、$F_2$、$F_3$、$F_4$、$F_7$、$F_8$为结果型风险因素。中心度值最高的风险因素，即工期延迟（F_2），为最为主要的风险根源，是风险应对关注的焦点。

对于原因型风险因素，可以采取一些应对措施以便最大限度地减少风险发生的可能性和损失。例如，环境不友好（F_9）是具有最高关系度值的原因型风险因素。为了管理这一最不可控的风险因素，在实施YY单干线隧道建设项目之前，有必要进行先进的地质勘测，并围绕当地气候、特有习俗和宗教习惯等开展多样化的现场调查。

对于结果型风险因素，可以采取一些预防措施来避免风险的发生和损失。例如，工期延迟（F_2）是具有最低关系度值的影响风险因素。为了避免最可控的风险因素，采取了一系列安全预防和响应策略，其中包括因果分析、责任确认、计划优化和索赔赔偿。

四、方法比较与讨论

为了验证本章所提出考虑双重关联效应的关键基础设施建设风险评估方法的有效性，对实验方法和实验结果进行了对比分析。进一步地，通过与现有项目风险评估方法的定性比较，讨论本章所给方法的优越性。

（一）与其他方法的对比分析

Spearman 秩相关系数（Spearman's rank correlation coefficient，SRCC）是一种广泛使用的指标，用于检测不同方法所得出排序的统计显著性，并且检测结果可用于验证所提出方法的有效性（Jia and Liu，2019；Wan et al.，2018）。根据表 6-4 所示的风险评级结果，计算出 SRCC 的值，以检测在不同情境下五轮实验中所使用方法的差异，检测结果如表 6-5 所示，表 6-5 中比较方法同表 6-4。

表 6-5　不同情境下五轮实验中所使用不同方法的 SRCC 检测结果

比较方法	情境 A：EDEMATEL + ETAC + FRM	情境 B：FAMM + FRM	情境 C：EDEMATEL + FAMM + FRM	情境 D：FAMM + ETAC + FRM
EDEMATEL + ETAC + FRM	1.000	1.000	0.900	1.000
FAMM + FRM	—	1.000	0.900	1.000
EDEMATEL + FAMM + FRM	—	—	1.000	0.900
FAMM + ETAC + FRM	—	—	—	1.000

SRCC 的值大于 0.8 表示变量之间存在很强的关系（Jia and Liu，2019），从表 6-5 可以发现，情境 A 中使用的方法与情境 B、情境 C 和情境 D 中使用的其他混合方法之间所有 SRCC 值均显著大于 0.900。因此，可以判定本章所给方法得出的风险评估结果是有效和可信的。此外，情境 A 下的排序与情境 B 和情境 D 下的排序完全相同。这也证明了本章所提出的方法与其他情境中使用的综合方法一样有效，如将传统 FAMM 与 FRM 相结合的综合方法。

（二）不同情境下实验结果的对比分析

表 6-4 所示的计算结果表明，在不同情境下的同一轮实验中，风险重心值各不相同。在第一轮的实验中，情境 A 下的风险重心值大于其他情境下的风险重心

值。也就是说，在不考虑双重关联效应的情况下，此时情境 B、情境 C 和情境 D 的风险等级会被低估。而与之相反的是，在第四轮和第五轮的实验中，情境 A 下的风险重心值小于其他情境下的风险重心值。这就表明，在不考虑双重关联效应的情况下，情境 B、情境 C 和情境 D 高估了风险等级。显然，双重关联效应可能会显著影响风险等级。如果忽略双重关联效应，将无法避免风险评估结果的不准确性。这也证明了在所提出方法中考虑双重关联效应的必要性。

同时，根据情境 A 下五轮实验的风险重心值变化（即 $0.295 \rightarrow 0.394 \rightarrow 0.275 \rightarrow 0.272 \rightarrow 0.227$），可以看出风险等级发生了显著的上升然后逐渐下降的趋势。具体来说，在第一轮的实验中，风险等级介于 R_1 "Ⅱ：警备状态"（82.0% 隶属度）和 R_2 "Ⅲ：威胁状态"（18.0% 隶属度）之间。在第二轮的实验中，风险等级介于 R_1 "Ⅱ：警备状态"（42.4% 隶属度）和 R_2 "Ⅲ：威胁状态"（57.6% 隶属度）之间。在第三轮的实验中，风险等级介于 R_1 "Ⅱ：警备状态"（90.0% 隶属度）和 R_2 "Ⅲ：威胁状态"（10.0% 隶属度）之间。在第四轮的实验中，风险等级介于 R_1 "Ⅱ：警备状态"（91.2% 隶属度）和 R_2 "Ⅲ：威胁状态"（8.8% 隶属度）之间。在第五轮的实验中，风险等级介于 R_0 "Ⅰ：常规状态"（90.8% 隶属度）和 R_1 "Ⅱ：警备状态"（9.2% 隶属度）之间。这证明了本章所提出的方法在理清风险态势动向方面的有效性。

（三）方法优越性的讨论

与已有文献使用的非参数 Bootstrap 技术（Mousavi et al.，2011）、模糊多准则决策方法（Kuo and Lu，2013）、ANP 方法（Boateng et al.，2015）和风险指数法（EI-Sayegh and Mansour，2015）等风险评估方法相比，本章所给方法具有以下三个方面的显著优势。

一是更全面的问题刻画。对于当前的项目风险评估问题，大多数已有的风险评估方法（EI-Sayegh and Mansour，2015；Kuo and Lu，2013；Mousavi et al.，2011）仅聚焦于单个项目视角下的风险因素表现。与上述方法不同，ANP 方法（Boateng et al，2015）也同样涉及风险因素的级联传播。在本章所提出的方法中，除了关注关键基础设施建设风险因素在多个项目的表现之外，还涉及这些风险因素的级联传播和关键基础设施建设项目交互，有助于全面地刻画项目视角下特征驱动的关键基础设施建设风险评估问题。

二是更有价值的评估结果。利用已有风险评估方法得出的主要结果包括风险因素的排序及综合风险评分或风险值。但是，获得的综合风险评分或风险值通常无法与风险评级集合的任意初始语言短语完全匹配。这将导致项目经理很难明晰当前项目的风险等级。本章所给出的方法不仅可以用于确定关键基础设施建设项目的风险等级，还有利于项目经理诊断风险根源和风险可控性，有助于进一步支撑风险应对。

三是更直观的结果展示。已有项目风险评估方法得出的结果通常使用表格展示。本章所提出的方法除了表格展示之外，还可以通过绘制的项目视角下特征驱动的关键基础设施建设风险因果关系图展示风险因素在级联传播中表现出的影响力强度和可控性分类，有助于风险根源和风险可控性的直观可视化诊断。

综上，针对项目视角下特征驱动的关键基础设施建设风险评估问题，本章提出了一种考虑双重关联效应的风险评估方法，并通过 YY 单干线隧道建设项目的计算实验，验证了所提出方法的有效性和优越性。所得到的研究结果不仅能够明确风险等级来明晰整个项目的风险态势，还能够进一步诊断风险根源以及各个风险的可控性，从而为风险应对提供有价值的信息。

本章所提出方法的贡献主要表现在三个方面：第一，准确量化了对于项目视角下特征驱动的关键基础设施建设风险评估具有显著影响的双重关联效应，其涵盖了风险评估过程中的风险因素级联传播和项目交互，既确保了与现实情况的一致，又有益于关键基础设施建设相关从业人员真正弄清风险态势并有效诊断风险根源和风险可控性。第二，构建了涉及四个求解阶段的风险评估综合框架，包括信息处理、关联效应分析、风险集成和风险评级，其为关键基础设施建设相关从业人员开展风险评估工作提供了清晰的框架指导。第三，实现了模糊语言环境下若干决策分析方法的扩展与集成，通过扩展 DEMATEL 法来量化风险因素的关联效应并实现风险因素层面的风险集成，通过扩展 Two-Additive Choquet 积分算子来量化项目的关联效应并实现项目层面的风险集成，进而利用模糊推理方法来确定风险等级，并直观地展示了风险根源和各个风险的可控性，为关键基础设施建设相关从业人员开展风险评估工作提供了更多的选择，也为风险应对提供了有价值的补充。

需要强调的是，本章所提出的方法对考虑双重关联效应的决策分析具有一定的理论贡献，也对项目视角下特征驱动的关键基础设施建设风险评估具有良好的实践参考价值。随着关键基础设施建设项目的阶段性工程启动实施，风险因素关联效应的强度及项目关联效应的类型和强度很可能会呈现动态变化。因此，未来的研究将考虑引入时间序列信息来表征双重关联效应的可变性，以便处理项目视角下特征驱动的关键基础设施建设风险的动态评估。

第七章 特征驱动的关键基础设施建设风险分担研究

有效的风险分担是确保关键基础设施建设项目成功的关键所在（Chapman and Ward，1994；Chou et al.，2012；杜亚灵等，2014；王中和，2015）。但现实中，受到建设周期长（Canca et al.，2021；Chrimes，2020；谢海林等，2017；张尚武和潘鑫，2021）、资金需求大（Gonzalez-Ruiz et al.，2019；欧阳静和张宏海，2017；沈梦溪，2016b）、建设环境复杂性高（Pryke et al.，2018；Rasoulkhani et al.，2020；程书萍，2017）等因素的影响，关键基础设施建设过程中往往伴随着高风险的隐患（Ajayi et al.，2020；Li et al.，2019；张劲和索玮岚，2020；赵泽斌和满庆鹏，2018）。与之相应的，关键基础设施建设风险分担也面临着风险多源性（Jin，2010；Roumboutsos et al.，2020；汪涛等，2019）、多主体性（Aladağ and Işik，2020；Li et al.，2016；Vuorinen and Martinsuo，2019；孙蕾和孙绍荣，2017）、多任务性（Wang et al.，2018c；Wibowo and Sundermeier，2020；刘畅旸等，2019）和动态性（Erkul et al.，2020；Nasirzadeh et al.，2014；鲍海君，2009）等特征叠加的挑战，增加了风险分担建模的难度。本章将开展特征驱动的关键基础设施风险分担研究，以问题研究背景为切入点，阐述研究必要性；描述与典型特征相匹配的风险分担方案设计思路，明确风险构成，给出研究假设、变量与函数说明以及风险分担方案设计框架；构建风险分担多阶段动态三方模型，并以 XX 高速公路 PPP 项目为案例开展典型应用研究来验证所构建模型的可行性与有效性。

第一节 特征驱动的关键基础设施建设风险分担问题研究背景阐述

随着"一带一路"倡议的持续推进，交通、能源、通信网络等关键基础设施建设迎来了加快实现互联互通目标的重大机遇，对沿线国家双边贸易产生了积极的推动作用（Lin et al.，2020；Wang et al.，2020；胡再勇等，2019；周家义和王哲，2019）。与此同时，"一带一路"沿线关键基础设施建设资金缺口大、融资难、风险高等问题也越发凸显（Duan et al.，2018；Yang et al.，2020；黄亮雄等，2018；赵蜀蓉等，2018）。作为拓宽融资渠道、化解融资困境的重要政策工具，PPP 模式已在全球范围内的关键基础设施建设领域广泛应用（Cui et al.，2018；Kwak et al.，2009；吴贞瑶等，2018）。多主体参与、互利共赢、风险共担是 PPP 模式最为显著的特征（Hodge and Greve，2007；Osei-Kyei and Chan，2015；常雅楠和王松江，2018），而合理有效的风险分担方案也成为 PPP 项目成败的关键所在（Chou and Pramudawardhani，2015；Zhang et al.，2021b；李妍和薛俭，2021）。需要指出的是，已识别出的关键基础设施建设风险来源不同、性质各异，如何通过科学界定各个风险的分担属性、有效判定分担主体、精准量化分担比例来优化设计风险分担方案已成为政府部门决策者、业界人士、领域学者共同关注的热点（Carpintero and Petersen，2015；Jin and Zhang，2011；Wang et al.，2018c；李林等，2013；刘畅旸等，2019）。因此，开展特征驱动的关键基础设施建设风险分担研究是一项兼具理论探索价值和实践指导意义的工作，将有助于相关利益主体明确风险分担责任，形成风险联防联控共同体来降低风险损失、保障项目顺利实施。

目前，特征驱动的关键基础设施建设风险分担研究已经引起一些学者的关注。一类研究以风险分担定性分析为主。例如，Ke 等（2010）采用比较分析方法，以中国、英国和希腊为典型国家，对其基础设施建设 PPP 项目各个风险的分担属性和分担主体进行了对比分析；Heravi 和 Hajihosseini（2012）以德黑兰—恰卢斯收费公路作为案例进行特征驱动的关键基础设施建设 PPP 项目的风险分担研究，采用了半结构化和深度访谈、文献分析相结合的方法，确定了各个风险的分担属性和分担主体；Carpintero 和 Petersen（2015）采用案例研究方法，比较了捆绑和不捆绑两种不同 PPP 组织模式下大型交通基础设施建设项目各个风险的分担属性及其分担主体差异；Ngugyen 等（2018）采用内容分析方法，确定了美国高速公路建设 PPP 项目各个风险的分担属性和分担主体。另一类研究以风险分担定量分析为主。例如，Jin 和 Zhang（2011）构建了人工神经网络模型，确定了澳大利亚大型基础设施建设 PPP 项目各个风险的分担属性、分担主体和分担比例；何涛和赵国杰（2011）基于随机合作博弈理论，构建了政府与私人集团的最优合作博弈模型，确定了考虑参与方风险偏好下的基础设施建设 PPP 项目风险分担比例；李林等（2013）构建了参与方地位非对称条件下的 PPP 项目风险分担讨价还价博弈模型，并以某综合枢纽工程为例确定了各个风险的分担属性、分担主体和分担比例；刘畅旸等（2019）提出了模糊 ANP 与灰色聚类评价相结合的方法，确定了基础设施建设 PPP 项目各个风险的分担属性、分担主体和分担比例；Wang 等（2018c）将互惠偏好理论引入委托代理模型，确定了政府最低收入保障下基础设施建设 PPP 项目风险的分担属性、分担主体和分担比例；Mazher 等（2019）采用模糊积分方法，确定了巴基斯坦能源和交通基础设施建设 PPP 项目各个风险的分担属性和分担主体；王军武和余旭鹏（2020）构建了考虑风险关联的轨道交通 PPP 项目风险分担演化博弈模型，确定了不同情形下的演化稳定分担策略。

上述研究为设计特征驱动的关键基础设施建设风险分担方案提供了重要的参

考和借鉴。但有必要强调的是，特征驱动的关键基础设施建设风险分担问题具有四个典型特征：①风险多源性。关键基础设施建设项目从设计、建设到运营的全生命周期中，会受到众多不同来源的风险的影响，风险分担需要考虑各个风险的具体表现（Jin，2010；Roumboutsos et al.，2020；汪涛等，2019）。②多主体性。为满足关键基础设施建设的巨大资金需求，通常需要政府方、项目承建方和以银行、证券公司、信托公司、基金公司等金融机构为代表的融资方等多方主体共同参与项目施工过程（Aladağ and Işik，2020；Li et al.，2016；Vuorinen and Martinsuo，2019；孙蕾和孙绍荣，2017）。③多任务性。关键基础设施建设项目涉及的诸多风险差异显著，各主体的风险承担能力也各不相同，需要完成风险分担属性界定、风险分担主体判定、风险分担比例测算等多个任务来实现风险分担方案的优化设计（Wang et al.，2018c；Wibowo and Sundermeier，2020；刘畅旸等，2019）。④动态性。关键基础设施建设项目与一般的项目相比工程量更大、工期更长，在项目全生命周期中风险的状态并非一成不变，其风险分担也是一个动态演化的过程（Erkul et al.，2020；Nasirzadeh et al.，2014；鲍海君，2009）。但是，已有研究有些并未对关键基础设施建设风险的构成进行细分（Wang et al.，2018c；何涛和赵国杰，2011），有些仅聚焦于政府部门和私人机构两方主体（Heravi and Hajihosseini，2012；Jin and Zhang，2011；Mazher et al.，2019；Nguyen et al.，2018；Wang et al.，2018c；何涛和赵国杰，2011；李林等，2013），有些仅聚焦于风险分担的某个任务（Carpintero and Petersen，2015；Heravi and Hajihosseini，2012；Mazher et al.，2019；Nguyen et al.，2018；何涛和赵国杰，2011；王军武和余旭鹏，2020），有些则侧重风险分担的静态研究（Heravi and Hajihosseini，2012；Mazher et al.，2019；Nguyen et al.，2018；Wang et al.，2018c；刘畅旸等，2019）或静态博弈（李林等，2013），缺少对上述四个典型特征的综合考虑，势必会影响风险分担方案的合理性和有效性。

鉴于此，本章重点开展特征驱动的关键基础设施建设风险分担研究，将风险多源性、多主体性、多任务性和动态性等典型特征融入关键基础设施建设风险分担过程，给出与典型特征相匹配的风险分担方案设计，并构建基于分担规则、分担算法、扩展 Shapely 法和风险分担矩阵的特征驱动的关键基础设施建设风险分担多阶段动态三方模型，进而结合 XX 高速公路 PPP 项目的典型应用研究来验证模型的可行性和有效性。

第二节 特征驱动的关键基础设施建设风险分担方案设计

明确风险构成是设计风险分担方案的重要基础（Bae and Lee，2012；Hanna et al.，2013）。借助风险识别工具确定关键基础设施建设风险的具体构成，然后给出特征驱动的关键基础设施建设风险分担问题的研究假设及相关变量与函数说明，在此基础上，给出特征驱动的关键基础设施建设风险分担方案设计的基本框架。

一、特征驱动的关键基础设施建设风险构成分析

综合风险多源性、多主体性、多任务性和动态性等典型特征，借助文献研究法、问卷调查法、专题小组讨论法等工具来确定关键基础设施建设风险构成，旨在实现两个目标：一是生成关键基础设施建设风险集合，为明确风险分担的客体对象提供依据；二是明晰各个风险的分担偏好信息，为界定其分担属性、判定其分担主体提供参考。具体确定过程描述如下。

（1）形成初始风险清单。对相关研究文献进行系统性梳理，从中提取出关键基础设施建设过程中各主体可能面对的潜在风险及其分担偏好信息，对提取出的风险进行相似性比对、交集去重、并集整合以及术语校对等处理，将处理后的风险集成后形成初始风险清单。

（2）修正初始风险清单。通过在线问卷调查，向相关行业政府主管部门的管理人员、关键基础设施建设相关企业的业务骨干、相关金融机构的融资顾问、行业领域相关科研机构和高等院校的专家学者征求意见，将不合适的风险从初始风险清单中剔除，也可以根据自身经验补充新的风险到初始风险清单。根据反馈意见，对风险清单进行修正。

（3）确定风险集合。结合修正后的风险清单生成关键基础设施建设风险集合，并采用专题小组讨论法对风险集合及已提取的风险分担偏好信息进行校验。利用多数原则实现对各个风险分担偏好信息的综合判定。例如，若"政府不稳定"的初始分担偏好是政府方，则政府应在关键基础设施建设初期承担该风险。

二、特征驱动的关键基础设施建设风险分担方案设计的研究假设

本章给出的特征驱动的关键基础设施建设风险分担方案，综合考虑了风险多源性、多主体性、多任务性和动态性等典型特征，是基于以下假设而设计的。

假设1：根据风险归责原则，将关键基础设施建设风险集合中所涉及风险的分担属性划分为单独承担型和共同承担型，每个风险在某个时刻仅存在唯一的分担属性。

假设2：风险分担主体由三方构成，包括负责项目部署的政府方、负责项

目施工与运营的承建方以及负责提供项目资金支持的融资方。按照既定的规则判定某一确定时刻每个分担主体对某个风险的分担责任，即单独承担某个风险或者与其他分担主体共同承担某个风险，不存在某个风险没有分担主体承担的情况。

假设 3：对于任意一个单独承担型风险，该风险造成的损失完全由所判定的分担主体来承担，将不涉及风险分担比例的测算；对于任意一个共同承担型风险，该风险造成的损失将按照测算出的分担比例分配给相应的分担主体来承担，分担比例的测算将综合考虑分担主体的可承担风险损失、风险控制成本、风险分担收益等因素，该比例赋值为（0, 1）且各分担主体的分担比例总和为 1。

假设 4：每个风险的分担属性、分担主体和分担比例都可能随着风险的时序演化而动态调整。对于某个时刻被界定为单独承担型的风险，若下一时刻的损失超过分担主体的可承担风险损失，则分担属性调整为共同承担型，且需要增加新的分担主体；对于某个时刻被界定为共同承担型的风险，若下一时刻的损失超过相应分担主体的可承担风险损失之和，则同样需要增加新的分担主体。对于新加入的分担主体，应给予其一定的补偿型收益，以便调动其分担意愿。

假设 5：在现实中，风险分担主体可能会由于各种原因放弃承担风险。鉴于分担主体的动态退出问题更为复杂，本章中暂未考虑风险分担属性从共同承担型调整为单独承担型及三个分担主体共同承担调整为两个分担主体共同承担时相对应的分担主体退出的情况。

三、特征驱动的关键基础设施建设风险分担问题相关变量与函数说明

基于上述假设，定义下列变量和函数来描述所研究的特征驱动的关键基础设施建设风险分担问题。

R_i：关键基础设施建设风险集合 R 中的第 i 个风险，其中，$i \in \{1, 2, \cdots, n\}$。根据分担属性归类，集合 R 中的风险在 t_k 时刻可以分为两类。一类由单独承担型风险构成，记为集合 $\Omega^1(t_k)$；另一类由共同承担型风险构成，记为集合 $\Omega^2(t_k)$。这里，有 $\Omega^1(t_k) \cap \Omega^2(t_k) = \varnothing$ 且 $\Omega^1(t_k) \cup \Omega^2(t_k) = R$，其中，$k \in \{1, 2, \cdots, m\}$。

E_j：风险分担主体集合 E 中的第 j 个主体，其中，$j \in \{1, 2, 3\}$。具体地，集合 E 由三个风险分担主体构成，其中，E_1 为政府方，E_2 为承建方，E_3 为融资方。

$l_i(t_k)$：t_k 时刻风险 R_i 造成的全部损失，其中，$i \in \{1, 2, \cdots, n\}$，$k \in \{1, 2, \cdots, m\}$。

$b_i^j(t_k)$：t_k 时刻分担主体 E_j 对风险 R_i 的可承担损失，其中，$i \in \{1, 2, \cdots, n\}$，$j \in \{1, 2, 3\}$，$k \in \{1, 2, \cdots, m\}$。

$c_i^j(t_k)$：t_k 时刻分担主体 E_j 对风险 R_i 的控制成本，其中，$i \in \{1, 2, \cdots, n\}$，$j \in \{1, 2, 3\}$，$k \in \{1, 2, \cdots, m\}$。

$p_i^j(t_k)$：t_k 时刻分担主体 E_j 因承担风险 R_i 而获得的补偿型收益（即风险分担收益），其中，$i \in \{1, 2, \cdots, n\}$，$j \in \{1, 2, 3\}$，$k \in \{1, 2, \cdots, m\}$。

$\varepsilon_i^j(t_k)$：t_k 时刻分担主体 E_j 对风险 R_i 的分担比例，其中，$i \in \{1, 2, \cdots, n\}$，$j \in \{1, 2, 3\}$，$k \in \{1, 2, \cdots, m\}$。

定义 1：$A_i(t_k)$ 为 t_k 时刻风险 R_i 的分担属性界定函数，函数赋值为 0 或 1，其中，$i \in \{1, 2, \cdots, n\}$，$k \in \{1, 2, \cdots, m\}$。

特别地，$A_i(t_k) = 0$ 表示 t_k 时刻风险 R_i 的分担属性为单独承担型，$A_i(t_k) = 1$ 表示 t_k 时刻风险 R_i 的分担属性为共同承担型，其中，$i \in \{1, 2, \cdots, n\}$，$k \in \{1, 2, \cdots, m\}$。

定义 2：$Z_{R_i \to E}(t_k)$ 为 t_k 时刻风险 R_i 的分担主体判定函数，函数赋值为集合形式，其中，$i \in \{1, 2, \cdots, n\}$，$k \in \{1, 2, \cdots, m\}$。

不失一般性，集合 E 中各分担主体有（$2^3 - 1$）种组合，即 $\{E_1\}$、$\{E_2\}$、$\{E_3\}$、$\{E_1, E_2\}$、$\{E_1, E_3\}$、$\{E_2, E_3\}$ 和 $\{E_1, E_2, E_3\}$，前三种组合是 $A_i(t_k) = 0$ 时可能出现的分担主体判定结果，而后四种组合是 $A_i(t_k) = 1$ 时可能出现的分担主体判定结果，其中，$i \in \{1, 2, \cdots, n\}$，$k \in \{1, 2, \cdots, m\}$。

需要说明的是，仅当风险 R_i 为共同承担型，即 $A_i(t_k) = 1$ 时，$\varepsilon_i^j(t_k)$ 才会在（0, 1）区间内赋值给相应分担主体，其中，$i \in \{1, 2, \cdots, n\}$，$j \in \{1, 2, 3\}$，$k \in \{1, 2, \cdots, m\}$。作为涉及的分担主体有责任承担风险造成的全部损失，故存在以下四种情况：①若 $Z_{R_i \to E}(t_k) = \{E_1, E_2\}$，则有 $\varepsilon_i^1(t_k), \varepsilon_i^2(t_k) \in (0,1)$ 且 $\varepsilon_i^1(t_k) + \varepsilon_i^2(t_k) = 1$；②若 $Z_{R_i \to E}(t_k) = \{E_1, E_3\}$，则有 $\varepsilon_i^1(t_k), \varepsilon_i^3(t_k) \in (0,1)$ 且 $\varepsilon_i^1(t_k) + \varepsilon_i^3(t_k) = 1$；③若 $Z_{R_i \to E}(t_k) = \{E_2, E_3\}$，则有 $\varepsilon_i^2(t_k), \varepsilon_i^3(t_k) \in (0,1)$ 且 $\varepsilon_i^2(t_k) + \varepsilon_i^3(t_k) = 1$；④若 $Z_{R_i \to E}(t_k) = \{E_1, E_2, E_3\}$，则有 $\varepsilon_i^1(t_k), \varepsilon_i^2(t_k), \varepsilon_i^3(t_k) \in (0,1)$ 且 $\varepsilon_i^1(t_k) + \varepsilon_i^2(t_k) + \varepsilon_i^3(t_k) = 1$。这里，$i \in \{1, 2, \cdots, n\}$，$k \in \{1, 2, \cdots, m\}$。

四、特征驱动的关键基础设施建设风险分担方案设计的基本框架

结合风险分担方案设计的任务导向，给出一个四阶段设计框架（图 7-1）来确定特征驱动的关键基础设施建设风险分担方案。该框架将风险多源性、多主体性、多任务性和动态性等典型特征融入了关键基础设施建设风险分担过程，涉及风险分担属性界定、风险分担主体判定、风险分担比例测算、风险分担结果可视化展示四个阶段，各个阶段的基本原理描述如下。

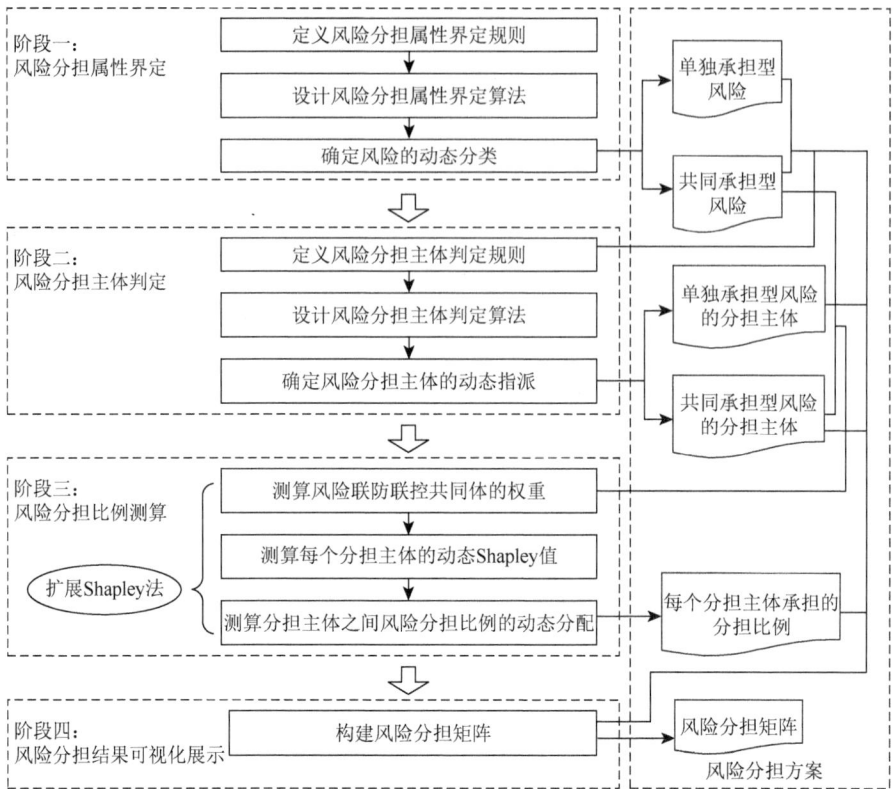

图 7-1　特征驱动的关键基础设施建设风险分担方案四阶段设计框架

（1）阶段一：风险分担属性界定。风险分担属性界定主要立足于两个要点：一是以已有研究提取的风险分担偏好信息为依据，进行定义 1 和定义 2 所示相关函数的初次赋值；二是以风险全部损失与所涉及分担主体可承担风险损失的量化比较为依据，进行风险分担属性的动态调整。基于上述要求，给出风险分担属性界定的规则和算法来实现风险的动态分类。

（2）阶段二：风险分担主体判定。风险分担主体判定立足于两个要点：一是以已有研究提取的风险分担偏好信息为依据，进行风险分担主体的初次判定；二是以风险全部损失与分担主体的可承担风险损失、风险控制成本、风险分担收益等因素的量化比较为依据，进行风险分担主体的动态调整。基于上述要求，给出风险分担主体判定的规则和算法来实现风险分担主体的动态指派。

（3）阶段三：风险分担比例测算。这一阶段将依据风险损失、分担主体的可承担风险损失、风险控制成本、风险分担收益等因素进行共同承担型风险的分担比例测算。在明确风险分担属性及分担主体的基础上，将借鉴文献（Hwang et al.，2005）对经典 Shapley 法（Shapley，1953）进行动态化扩展，以便开展分担比例测算，进而实现共同承担型风险在分担主体之间的分担比例动态分配。

（4）阶段四：风险分担结果可视化展示。这一阶段定义了风险分担矩阵的构建规则来进行风险分担结果的可视化展示。在风险分担矩阵中，直观展示了任意时刻每个风险的分担属性、分担主体和每个分担主体在每个风险下的分担比例以及它们的动态变化。

第三节　特征驱动的关键基础设施建设风险分担多阶段动态三方模型构建

依托图 7-1 所示的特征驱动的关键基础设施建设风险分担方案四阶段设计框架，围绕风险分担属性界定、风险分担主体判定、风险分担比例测算、风险分担结果可视化展示四个阶段，构建基于分担规则、分担算法、扩展 Shapley 法和风险分担矩阵的特征驱动的关键基础设施建设风险分担多阶段动态三方模型。下面按照阶段划分，对该模型的具体计算步骤进行详细描述。

一、阶段一：风险分担属性界定

该阶段主要涉及风险分担属性界定的规则定义、算法设计以及风险的动态分类，其主要计算步骤描述如下。

（一）定义风险分担属性界定规则

基于阶段一给定的两个要点，给出风险分担属性界定相关规则的如下定义。

规则 1：对于任意风险 R_i，其分担属性界定函数的初次赋值 $A_i(t_1)$ 及分担主体判定函数的初次赋值 $Z_{R_i \to E}(t_1)$，可以根据已有研究中提取的该风险的分担偏好信息来确定，$i \in \{1, 2, \cdots, n\}$。

规则 2：假定有 $A_i(t_k) = 0$ 和 $Z_{R_i \to E}(t_k) = \{E_j\}$，在 t_{k+1} 时刻，若存在 $l_i(t_{k+1}) > b_i^j(t_{k+1})$，则有 $A_i(t_{k+1}) = 1$，即在 t_{k+1} 时刻风险 R_i 的分担属性将发生变化，从单独承担型调整为共同承担型；否则，若存在 $l_i(t_{k+1}) \leqslant b_i^j(t_{k+1})$，则有 $A_i(t_{k+1}) = 0$，即在 t_{k+1} 时刻风险 R_i 的分担属性保持不变，仍为单独承担型，其中，$i \in \{1, 2, \cdots, n\}$，$j \in \{1, 2, 3\}$，$k, k+1 \in \{1, 2, \cdots, m\}$。

规则 3：若存在 $A_i(t_k) = 1$，则始终有 $A_i(t_{k+1}) = 1$，即共同承担型风险的分担属性将不再发生变化，其中，$i \in \{1, 2, \cdots, n\}$，$k, k+1 \in \{1, 2, \cdots, m\}$。

（二）设计风险分担属性界定算法

基于规则 1 至规则 3 对任意时刻任意风险的分担属性给出的科学界定，设计了一个风险分担属性界定算法（算法 1）来为每个风险的分担属性界定函数进行赋值。

算法 1　风险分担属性界定函数 $A_i(t_k)$ 赋值

1: 给出初始化赋值，即 $A_i(t_1) \leftarrow \alpha$，$Z_{R_i \rightarrow E}(t_1) \leftarrow \Gamma$，其中，初始函数值 α 和初始主体集 Γ 基于已有研究来确定

2: for $i = 1 : n$

3: 　for $k = 1 : m$

4: 　　if $A_i(t_k) = 0$ then

5: 　　　if $l_i(t_{k+1}) > b_i^{\Gamma}(t_{k+1})$ then

6: 　　　　$A_i(t_{k+1}) \leftarrow A_i(t_k) + 1$；

7: 　　　else

8: 　　　　$A_i(t_{k+1}) \leftarrow A_i(t_k)$；

9: 　　　end if

10: 　　else

11: 　　　$A_i(t_{k+1}) \leftarrow A_i(t_k)$；

12: 　　end if

13: 　end for

（三）确定风险的动态分类

基于算法 1 得到的结果来实现风险的动态分类。若存在 $A_i(t_k) = 0$，则有 $R_i \in \Omega^1(t_k)$；否则，若存在 $A_i(t_k) = 1$，则有 $R_i \in \Omega^2(t_k)$，其中，$i \in \{1, 2, \cdots, n\}$，$k \in \{1, 2, \cdots, m\}$。

二、阶段二：风险分担主体判定

该阶段主要涉及风险分担主体判定的规则定义、算法设计以及风险分担主体的动态指派，其主要计算步骤描述如下。

（一）定义风险分担主体判定规则

基于阶段二给定的两个要点，给出风险分担主体判定相关规则的如下定义。

规则 4：假定 $Z_{R_i \to E}(t_k) = \{E_1\}$，若存在 $l_i(t_{k+1}) \leqslant b_i^1(t_{k+1})$，则当前的分担主体在 t_{k+1} 时刻保持不变；否则，若存在 $l_i(t_{k+1}) > b_i^1(t_{k+1})$，表明风险 R_i 的全部损失超过了分担主体 E_1 的可承担风险损失，则需要在 t_{k+1} 时刻增加新的分担主体，并考虑如下情况。

（1）若存在 $l_i(t_{k+1}) > b_i^1(t_{k+1}) + b_i^2(t_{k+1})$，表明此时分担主体 E_2 不具备与 E_1 共同承担风险 R_i 的能力，则结束该分担主体的判定转而判定分担主体 E_3，考虑如下两种情形：①若存在 $l_i(t_{k+1}) > b_i^1(t_{k+1}) + b_i^3(t_{k+1})$，即分担主体 E_3 也不具备与 E_1 共同承担风险 R_i 的能力，则判定 $Z_{R_i \to E}(t_{k+1}) = \{E_1, E_2, E_3\}$，这表示增加任何单一分担主体均无法承担该时刻风险 R_i 的全部损失时，三个分担主体将共同承担该风险；②若存在 $l_i(t_{k+1}) \leqslant b_i^1(t_{k+1}) + b_i^3(t_{k+1})$，即分担主体 E_3 具备与 E_1 共同承担风险 R_i 的能力，则判定 $Z_{R_i \to E}(t_{k+1}) = \{E_1, E_3\}$，这表示原分担主体无法独自承担风险全部损失而其他分担主体又不具备共同承担风险的能力时，具备风险承担能力的分担主体将与原分担主体共同承担风险。

（2）若存在 $l_i(t_{k+1}) \leqslant b_i^1(t_{k+1}) + b_i^2(t_{k+1})$，表明此时分担主体 E_2 具备与 E_1 共同承担风险 R_i 的能力，则需要考虑如下两种情形。①若存在 $l_i(t_{k+1}) > b_i^1(t_{k+1}) + b_i^3(t_{k+1})$，即分担主体 E_3 不具备与 E_1 共同承担风险 R_i 的能力，则判定 $Z_{R_i \to E}(t_{k+1}) = \{E_1, E_2\}$，即在 t_{k+1} 时刻新加入分担主体 E_2 与 E_1 共同承担风险 R_i；②若存在 $l_i(t_{k+1}) \leqslant b_i^1(t_{k+1}) + b_i^3(t_{k+1})$，即分担主体 E_3 也具备与 E_1 共同承担风险 R_i 的能力，则进一步分析分担主体 E_2 和 E_3 的分担意愿，这里假设不存在分担主体 E_2 和 E_3 同时不具备分担意愿的情况，主要考虑如下三种情形：①若存在 $c_i^2(t_{k+1}) < p_i^2(t_{k+1})$ 且有 $c_i^3(t_{k+1}) > p_i^3(t_{k+1})$，即分担主体 E_2 具有分担意愿而 E_3 没有分担意愿，则判定 $Z_{R_i \to E}(t_{k+1}) = \{E_1, E_2\}$，即在 t_{k+1} 时刻新加入分担主体 E_2 与 E_1 共同承担风险 R_i 的损失；②若存在 $c_i^2(t_{k+1}) > p_i^2(t_{k+1})$ 且有 $c_i^3(t_{k+1}) < p_i^3(t_{k+1})$，即分担主体 E_2 没有分担意愿而 E_3 具有分担意愿，则判定 $Z_{R_i \to E}(t_{k+1}) = \{E_1, E_3\}$，即在 t_{k+1} 时刻新加入分担主体 E_3 与 E_1 共同承担风险 R_i 的损失；③若存在 $c_i^2(t_{k+1}) < p_i^2(t_{k+1})$ 且有 $c_i^3(t_{k+1}) < p_i^3(t_{k+1})$，即分担主体 E_2 和 E_3 均具有分担意愿，则判定 $Z_{R_i \to E}(t_{k+1}) = \{E_1, E_2, E_3\}$。其中，$i \in \{1, 2, \cdots, n\}$，$k, k+1 \in \{1, 2, \cdots, m\}$。

需要说明的是，规则 4 是以 $Z_{R_i \to E}(t_k) = \{E_1\}$ 为例，说明风险 R_i 的分担属性从 t_k 时刻的单独承担型调整为 t_{k+1} 时刻的共同承担型时，对新加入分担主体的判定，

$Z_{R_i \to E}(t_k) = \{E_2\}$ 和 $Z_{R_i \to E}(t_k) = \{E_3\}$ 也可依照同样的原理进行判定，鉴于篇幅不再分别给出规则。

规则 5：假定 $Z_{R_i \to E}(t_k) = \{E_1, E_2\}$，在 t_{k+1} 时刻，若存在 $l_i(t_{k+1}) \leqslant b_i^1(t_{k+1}) + b_i^2(t_{k+1})$，则保持分担主体不变；否则，若存在 $l_i(t_{k+1}) > b_i^1(t_{k+1}) + b_i^2(t_{k+1})$，则需增加新的分担主体 E_3 与原分担主体 E_1 和 E_2 共同承担风险 R_i 的全部损失，其中，$i \in \{1, 2, \cdots, n\}$，$k, k+1 \in \{1, 2, \cdots, m\}$。

规则 5 是以 $Z_{R_i \to E}(t_k) = \{E_1, E_2\}$ 为例，说明共同承担型风险 R_i 在 t_{k+1} 时刻的全部损失超过两个分担主体的可承担风险损失之和时，对新加入分担主体的判定，$Z_{R_i \to E}(t_k) = \{E_1, E_3\}$ 和 $Z_{R_i \to E}(t_k) = \{E_2, E_3\}$ 同样适用，鉴于篇幅不再分别给出规则。

规则 6：若存在 $Z_{R_i \to E}(t_k) = \{E_1, E_2, E_3\}$，则始终有 $Z_{R_i \to E}(t_{k+1}) = \{E_1, E_2, E_3\}$，其中，$i \in \{1, 2, \cdots, n\}$，$k, k+1 \in \{1, 2, \cdots, m\}$。

（二）设计风险分担主体判定算法

基于规则 1 及规则 4 至规则 6 对任意时刻任意风险的分担属性和分担主体的科学界定和合理判定，设计了一个风险分担主体判定算法（算法 2）来为每个风险的分担主体判定函数进行赋值。

算法 2　风险分担主体判定函数 $Z_{R_i \to S}(t_k)$ 赋值

1: 给出初始化赋值，即 $Z_{R_i \to E}(t_1) \leftarrow \Gamma$，其中，初始分担主体集 Γ 基于已有研究来确定

2:   for $i = 1 : n$

3:     for $k = 1 : m$

4:       while 集合 Γ 中分担主体数量为 1，将涉及的分担主体记为 E_{I}，集合以外的分担主体记为 E_{II} 和 E_{III}

5:         if $l_i(t_{k+1}) > b_i^{\mathrm{I}}(t_{k+1})$ then

6:           if $l_i(t_{k+1}) > b_i^{\mathrm{I}}(t_{k+1}) + b_i^{\mathrm{II}}(t_{k+1})$ then

7:             if $l_i(t_{k+1}) > b_i^{\mathrm{I}}(t_{k+1}) + b_i^{\mathrm{III}}(t_{k+1})$ then

8:               $Z_{R_i \to E}(t_{k+1}) \leftarrow E$;

9:             else

10:               $Z_{R_i \to E}(t_{k+1}) \leftarrow \{E_{\mathrm{I}}, E_{\mathrm{III}}\}$;

11:             end if

12:　　　　　else

13:　　　　　　if $l_i(t_{k+1}) > b_i^{\mathrm{I}}(t_{k+1}) + b_i^{\mathrm{III}}(t_{k+1})$ then

14:　　　　　　　$Z_{R_i \to E}(t_{k+1}) \leftarrow \{E_{\mathrm{I}}, E_{\mathrm{II}}\}$;

15:　　　　　　end if

16:　　　　　else

17:　　　　　　if $c_i^{\mathrm{II}}(t_{k+1}) < p_i^{\mathrm{II}}(t_{k+1})$ and $c_i^{\mathrm{III}}(t_{k+1}) > p_i^{\mathrm{III}}(t_{k+1})$ then

18:　　　　　　　$Z_{R_i \to E}(t_{k+1}) \leftarrow \{E_{\mathrm{I}}, E_{\mathrm{II}}\}$;

19:　　　　　　end if

20:　　　　　else

21:　　　　　　if $c_i^{\mathrm{II}}(t_{k+1}) > p_i^{\mathrm{II}}(t_{k+1})$ and $c_i^{\mathrm{III}}(t_{k+1}) < p_i^{\mathrm{III}}(t_{k+1})$ then

22:　　　　　　　$Z_{R_i \to E}(t_{k+1}) \leftarrow \{E_{\mathrm{I}}, E_{\mathrm{III}}\}$;

23:　　　　　　end if

24:　　　　　else

25:　　　　　　if $c_i^{\mathrm{II}}(t_{k+1}) < p_i^{\mathrm{II}}(t_{k+1})$ and $c_i^{\mathrm{III}}(t_{k+1}) < p_i^{\mathrm{III}}(t_{k+1})$ then

26:　　　　　　　$Z_{R_i \to E}(t_{k+1}) \leftarrow E$;

27:　　　　　　end if

28:　　　　end if

29:　　　else

30:　　　　$Z_{R_i \to E}(t_{k+1}) \leftarrow \Gamma$;

31:　　　end if

32:　end while

33:　while 集合 Γ 中分担主体数量为 2，将涉及的分担主体记为 E_{I} 和 E_{II}

34:　　if $l_i(t_{k+1}) > b_i^{\mathrm{I}}(t_{k+1}) + b_i^{\mathrm{II}}(t_{k+1})$ then

35:　　　$Z_{R_i \to E}(t_{k+1}) \leftarrow E$;

36:　　else

37:　　　$Z_{R_i \to E}(t_{k+1}) \leftarrow \Gamma$;

38:　　end if

39:　　　　end while

40:　　　　while 集合 Γ 中分担主体数量为 3

41:　　　　　　$Z_{R_i \to E}(t_{k+1}) \leftarrow \Gamma$;

42:　　　　end while

43:　　　end for

44:　end for

（三）确定风险分担主体的动态指派

基于算法 2 获得的结果来确定每个风险的分担主体动态指派。对于单独承担型风险，其相应的流程将在分担主体判定结束后终止；而对于共同承担型风险，其在分担主体判定完成后将进入分担比例测算阶段。

三、阶段三：风险分担比例测算

该阶段主要涉及风险联防联控共同体权重、每个分担主体动态 Shapley 值的测算以及分担主体之间风险分担比例的动态分配，其主要计算步骤描述如下。

（一）测算风险联防联控共同体的权重

将 $l_h(t_k)$ 记为 t_k 时刻共同承担型风险 R_h 的全部损失，其中，$h \in \Theta(\Omega^2(t_k))$，而 $\Theta(\Omega^2(t_k))$ 为共同承担型风险集合 $\Omega^2(t_k)$ 中各个风险的下标集合，$k \in \{1, 2, \cdots, m\}$。将 $\Gamma_h^E(t_k)$ 记为利用风险分担主体判定函数 $Z_{R_h \to E}(t_k)$ 得出的判定集合，且有 $\Gamma_h^E(t_k) \subseteq E$，表明判定集合 $\Gamma_h^E(t_k)$ 是已定义风险分担主体集合 E 的子集，其中，$h \in \Theta(\Omega^2(t_k))$，$k \in \{1, 2, \cdots, m\}$。将 $\Psi_h^{\Gamma(d)}(t_k)$ 记为判定集合 $\Gamma_h^E(t_k)$ 中任意一个分担主体 E_d 与集合内其他分担主体组成的风险联防联控共同体，其中，$d \in \Theta(\Gamma_h^E(t_k))$，$\Theta(\Gamma_h^E(t_k))$ 为判定集合 $\Gamma_h^E(t_k)$ 中各分担主体的下标集合，$k \in \{1, 2, \cdots, m\}$。事实上，$\Psi_h^{\Gamma(d)}(t_k)$ 存在多种表达形式。例如，假定 $\Gamma_h^E(t_k) = \{E_1, E_2\}$，则对于分担主体 E_1，其参与的风险联防联控共同体可以表达为 $\Psi_h^{\Gamma(1)}(t_k) = \{E_1\}$ 和 $\Psi_h^{\Gamma(1)}(t_k) = \{E_1, E_2\}$ 两种形式。

分担主体 E_d 在参与风险分担时，有 $(|\Psi_h^{\Gamma(d)}(t_k)|-1)!$ 种排序，去除 E_d 之后剩余分担主体有 $(|\Gamma_h^E(t_k)|-|\Psi_h^{\Gamma}(t_k)|)!$ 种排序，则每种风险联防联控共同体的权重可定义为

$$w(|\Psi_h^{\Gamma(d)}(t_k)|) = \frac{(|\Psi_h^{\Gamma(d)}(t_k)|-1)!(|\Gamma_h^E(t_k)|-|\Psi_h^{\Gamma(d)}(t_k)|)!}{|\Gamma_h^E(t_k)|!} \qquad (7-1)$$

其中，$|\Psi_h^{\Gamma(d)}(t_k)|$ 为风险联防联控共同体中分担主体的个数；$|\Gamma_h^E(t_k)|$ 为判定集合中分担主体的个数，$h \in \Theta(\Omega^2(t_k))$，$d \in \Theta(\Gamma_h^E(t_k))$，$k \in \{1,2,\cdots,m\}$。

根据 $|\Gamma_h^E(t_k)|$ 的不同取值设定了两种情境，风险联防联控共同体的权重将在这两种情境下分别进行测算。

1. 涉及两个分担主体的情境 A

在该情境中，$|\Gamma_h^E(t_k)|=2$。假定判定集合 $\Gamma_h^E(t_k)=\{E_{\mathrm{I}},E_{\mathrm{II}}\}$，即 t_k 时刻风险 R_h 的全部损失由两个分担主体共同承担，其中，$E_{\mathrm{I}},E_{\mathrm{II}} \in E$，可能出现 $\{E_1,E_2\}$、$\{E_1,E_3\}$、$\{E_2,E_3\}$ 三种表达形式，$h \in \Theta(\Omega^2(t_k))$，$k \in \{1,2,\cdots,m\}$。对于分担主体 E_{I}，其参与的风险联防联控共同体可以表达为 $\Psi_h^{\Gamma(\mathrm{I})}(t_k)=\{E_{\mathrm{I}}\}$ 和 $\Psi_h^{\Gamma}(t_k)=\{E_{\mathrm{I}},E_{\mathrm{II}}\}$ 两种形式，则根据式（7-1）可分别测算两种风险联防联控共同体的权重，有 $w(|\{E_{\mathrm{I}}\}|)=\dfrac{(1-1)!(2-1)!}{2!}=\dfrac{1}{2}$ 和 $w(|\{E_{\mathrm{I}},E_{\mathrm{II}}\}|)=\dfrac{(2-1)!(2-2)!}{2!}=\dfrac{1}{2}$。

2. 涉及三个分担主体的情境 B

在该情境中，$|\Gamma_h^E(t_k)|=3$，则 $\Gamma_h^E(t_k)=\{E_1,E_2,E_3\}$，即 t_k 时刻风险 R_h 的全部损失由三个分担主体共同承担，其中，$h \in \Theta(\Omega^2(t_k))$，$k \in \{1,2,\cdots,m\}$。对于分担主体 E_1，其参与的风险联防联控共同体可表达为 $\{E_1\}$、$\{E_1,E_2\}$、$\{E_1,E_3\}$ 和 $\{E_1,E_2,E_3\}$ 四种形式。根据式（7-1）可分别测算四种风险联防联控共同体的权重，有 $w(|\{E_1\}|)=\dfrac{(1-1)!(3-1)!}{3!}=\dfrac{1}{3}$，$w(|\{E_1,E_2\}|)=w(|\{E_1,E_3\}|)=\dfrac{(2-1)!(3-2)!}{3!}=\dfrac{1}{6}$，$w(|\{E_1,E_2,E_3\}|)=\dfrac{(3-1)!(3-3)!}{3!}=\dfrac{1}{3}$。

（二）测算每个分担主体的动态 Shapley 值

借鉴文献（Hwang et al.，2005）的思想，将分担主体 E_d 所分担风险损失的动态 Shapley 值定义为

$$\varphi_h^d(t_k, l_h(t_k)) = \sum_{\Psi_h^{\Gamma(d)}(t_k) \subseteq \Gamma_h^E(t_k)} w(|\Psi_h^{\Gamma(d)}(t_k)|)$$

$$\times [V_h^{\Psi_h^{\Gamma(d)}(t_k)}(t_k, l_h(t_k), b_h(t_k), c_h(t_k), p_h(t_k)) \quad (7\text{-}2)$$

$$- V_h^{\Psi_h^{\Gamma(d)}(t_k) \backslash \{E_d\}}(t_k, l_h(t_k), b_h(t_k), c_h(t_k), p_h(t_k))]$$

其中，$V_h^{\Psi_h^{\Gamma(d)}(t_k)}(t_k, l_h(t_k), b_h(t_k), c_h(t_k), p_h(t_k))$ 为风险联防联控共同体 $\Psi_h^{\Gamma(d)}(t_k)$ 对风险 R_h 承担的损失，其与风险 R_h 的全部损失 $l_h(t_k)$、各分担主体对风险 R_h 的可承担损失 $b_h(t_k)$、风险控制成本 $c_h(t_k)$ 和风险分担收益 $p_h(t_k)$ 有关，$V_h^{\Psi_h^{\Gamma(d)}(t_k) \backslash \{E_d\}}(t_k, l_h(t_k),$ $b_h(t_k), c_h(t_k), p_h(t_k))$ 表示去除 E_d 之后剩余分担主体对风险 R_h 承担的损失，则分担主体 E_d 对于风险联防联控共同体 $\Psi_h^{\Gamma(d)}(t_k)$ 承担风险损失的边际贡献可表示为 $V_h^{\Psi_h^{\Gamma(d)}(t_k)}(t_k, l_h(t_k), b_h(t_k), c_h(t_k), p_h(t_k)) - V_h^{\Psi_h^{\Gamma(d)}(t_k) \backslash \{E_d\}}(t_k, l_h(t_k), b_h(t_k), c_h(t_k), p_h(t_k))$，其中，$h \in \Theta(\Omega^2(t_k))$，$d \in \Theta(\Gamma_h^E(t_k))$，$k \in \{1, 2, \cdots, m\}$。

根据 $|\Gamma_h^E(t_k)|$ 的不同取值设定了两种情境，每个分担主体的动态 Shapley 值将在这两种情境下分别进行测算。

1. 涉及两个分担主体的情境 A

根据式（7-2）定义分担主体 E_I 所分担风险损失的动态 Shapley 值，有

$$\varphi_h^I(t_k, l_h(t_k)) = \frac{1}{2} \times [V_h^{\{E_I\}}(t_k, l_h(t_k), b_h(t_k), c_h(t_k), p_h(t_k))$$

$$- V_h^{\{E_I\} \backslash \{E_I\}}(t_k, l_h(t_k), b_h(t_k), c_h(t_k), p_h(t_k))]$$

$$+ \frac{1}{2} \times [V_h^{\{E_I, E_{II}\}}(t_k, l_h(t_k), b_h(t_k), c_h(t_k), p_h(t_k)) \quad (7\text{-}3)$$

$$- V_h^{\{E_I, E_{II}\} \backslash \{E_I\}}(t_k, l_h(t_k), b_h(t_k), c_h(t_k), p_h(t_k))]$$

显然，风险联防联控共同体中无剩余分担主体时，其承担的损失为 0，即 $V_h^{\{E_I\} \backslash \{E_I\}}(t_k, l_h(t_k), b_h(t_k), c_h(t_k), p_h(t_k)) = 0$。由于 t_k 时刻风险 R_h 的损失由分担主体 E_I 和 E_{II} 共同承担，则有 $V_h^{\{E_I, E_{II}\}}(t_k, l_h(t_k), b_h(t_k), c_h(t_k), p_h(t_k)) = l_h(t_k)$，其中，$h \in \Theta(\Omega^2(t_k))$，$k \in \{1, 2, \cdots, m\}$。

当风险联防联控共同体 $\Psi_h^{\Gamma(1)}(t_k)$ 中仅有一个分担主体 E_I 时，其承担的损失实际上是分担主体独自承担的损失，将其定义为分担主体 E_I 对风险 R_h 的可承担损失 $b_h(t_k)$、风险控制成本 $c_h(t_k)$ 和风险分担收益 $p_h(t_k)$ 的线性函数，即有

$$V_h^{\{E_I\}}(t_k, l_h(t_k), b_h(t_k), c_h(t_k), p_h(t_k)) = \left(\frac{p_h^I(t_k)}{c_h^I(t_k)} - \frac{1}{2}\right) \times b_h^I(t_k) \quad (7\text{-}4)$$

其中，$h \in \Theta(\Omega^2(t_k))$；$k \in \{1, 2, \cdots, m\}$。

同理，假定风险联防联控共同体 $\Psi_h^{\Gamma^{(1)}}(t_k)$ 中仅有一个分担主体 E_{II}，则其承担的相应损失可以定义为

$$V_h^{\{E_{\mathrm{II}}\}}(t_k, l_h(t_k), b_h(t_k), c_h(t_k), p_h(t_k)) = \left(\frac{p_h^{\mathrm{II}}(t_k)}{c_h^{\mathrm{II}}(t_k)} - \frac{1}{2} \right) \times b_h^{\mathrm{II}}(t_k) \tag{7-5}$$

其中，$h \in \Theta(\Omega^2(t_k))$；$k \in \{1, 2, \cdots, m\}$。

进一步地，将式（7-4）和式（7-5）代入式（7-3），分担主体 E_{I} 和 E_{II} 所分担风险损失的动态 Shapley 值可通过式（7-6）和式（7-7）分别测算。

$$\varphi_h^{\mathrm{I}}(t_k, l_h(t_k)) = \frac{1}{2} \left[\left(\frac{p_h^{\mathrm{I}}(t_k)}{c_h^{\mathrm{I}}(t_k)} - \frac{1}{2} \right) \times b_h^{\mathrm{I}}(t_k) + l_h(t_k) - \left(\frac{p_h^{\mathrm{II}}(t_k)}{c_h^{\mathrm{II}}(t_k)} - \frac{1}{2} \right) \times b_h^{\mathrm{II}}(t_k) \right]$$

$$\tag{7-6}$$

$$\varphi_h^{\mathrm{II}}(t_k, l_h(t_k)) = \frac{1}{2} \left[\left(\frac{p_h^{\mathrm{II}}(t_k)}{c_h^{\mathrm{II}}(t_k)} - \frac{1}{2} \right) \times b_h^{\mathrm{II}}(t_k) + l_h(t_k) - \left(\frac{p_h^{\mathrm{I}}(t_k)}{c_h^{\mathrm{I}}(t_k)} - \frac{1}{2} \right) \times b_h^{\mathrm{I}}(t_k) \right]$$

$$\tag{7-7}$$

其中，$h \in \Theta(\Omega^2(t_k))$；$k \in \{1, 2, \cdots, m\}$。

2. 涉及三个分担主体的情境 B

类似地，根据式（7-2）定义分担主体 E_1、E_2 和 E_3 所分担风险损失的动态 Shapley 值。利用情境 A 所采用的公式代入处理，分别测算其各自动态 Shapley 值，有

$$\varphi_h^1(t_k, l_h(t_k)) = \frac{1}{3} \left[l_h(t_k) + \left(\frac{p_h^1(t_k)}{c_h^1(t_k)} - \frac{1}{2} \right) \times 2b_h^1(t_k) - \left(\frac{p_h^2(t_k)}{c_h^2(t_k)} - \frac{1}{2} \right) \times b_h^2(t_k) \right.$$

$$\left. - \left(\frac{p_h^3(t_k)}{c_h^3(t_k)} - \frac{1}{2} \right) \times b_h^3(t_k) \right] \tag{7-8}$$

$$\varphi_h^2(t_k, l_h(t_k)) = \frac{1}{3} \left[l_h(t_k) + \left(\frac{p_h^2(t_k)}{c_h^2(t_k)} - \frac{1}{2} \right) \times 2b_h^2(t_k) - \left(\frac{p_h^1(t_k)}{c_h^1(t_k)} - \frac{1}{2} \right) \times b_h^1(t_k) \right.$$

$$\left. - \left(\frac{p_h^3(t_k)}{c_h^3(t_k)} - \frac{1}{2} \right) \times b_h^3(t_k) \right] \tag{7-9}$$

$$\varphi_h^3(t_k, l_h(t_k)) = \frac{1}{3} \left[l_h(t_k) + \left(\frac{p_h^3(t_k)}{c_h^3(t_k)} - \frac{1}{2} \right) \times 2b_h^3(t_k) - \left(\frac{p_h^1(t_k)}{c_h^1(t_k)} - \frac{1}{2} \right) \times b_h^1(t_k) \right.$$

$$\left. - \left(\frac{p_h^2(t_k)}{c_h^2(t_k)} - \frac{1}{2} \right) \times b_h^2(t_k) \right] \tag{7-10}$$

其中，$h \in \Theta(\Omega^2(t_k))$；$k \in \{1, 2, \cdots, m\}$。

（三）测算分担主体之间风险分担比例的动态分配

记 $\varepsilon_h^d(t_k)$ 为 t_k 时刻对风险 R_h 的分担比例，通过测算分担主体 E_d 的动态 Shapley 值在判定集合 $\Gamma_h^E(t_k)$ 中所有分担主体动态 Shapley 值总和的占比来确定，有

$$\varepsilon_h^d(t_k) = \frac{\varphi_h^d(t_k, l_h(t_k))}{\sum_{d \in \Theta(\Gamma_h^E(t_k))} \varphi_h^d(t_k, l_h(t_k))} \quad (7\text{-}11)$$

其中，$h \in \Theta(\Omega^2(t_k))$；$d \in \Theta(\Gamma_h^E(t_k))$；$k \in \{1, 2, \cdots, m\}$。

根据 $|\Gamma_h^E(t_k)|$ 的不同取值设定了两种情境，每个分担主体在每个风险下的动态分担比例将在这两种情境下分别进行测算。

1. 涉及两个分担主体的情境 A

将式（7-6）和式（7-7）代入式（7-11），分别测算分担主体 E_I 和 E_{II} 对风险 R_h 的分担比例，有

$$\varepsilon_h^I(t_k) = \frac{\varphi_h^I(t_k, l_h(t_k))}{\varphi_h^I(t_k, l_h(t_k)) + \varphi_h^{II}(t_k, l_h(t_k))}$$

$$= \frac{1}{2} + \left(\frac{p_h^I(t_k)}{c_h^I(t_k)} - \frac{1}{2}\right) \times \frac{b_h^I(t_k)}{2l_h(t_k)} - \left(\frac{p_h^{II}(t_k)}{c_h^{II}(t_k)} - \frac{1}{2}\right) \times \frac{b_h^{II}(t_k)}{2l_h(t_k)} \quad (7\text{-}12)$$

$$\varepsilon_h^{II}(t_k) = \frac{\varphi_h^{II}(t_k, l_h(t_k))}{\varphi_h^I(t_k, l_h(t_k)) + \varphi_h^{II}(t_k, l_h(t_k))}$$

$$= \frac{1}{2} + \left(\frac{p_h^{II}(t_k)}{c_h^{II}(t_k)} - \frac{1}{2}\right) \times \frac{b_h^{II}(t_k)}{2l_h(t_k)} - \left(\frac{p_h^I(t_k)}{c_h^I(t_k)} - \frac{1}{2}\right) \times \frac{b_h^I(t_k)}{2l_h(t_k)} \quad (7\text{-}13)$$

其中，$h \in \Theta(\Omega^2(t_k))$；$k \in \{1, 2, \cdots, m\}$。

2. 涉及三个分担主体的情境 B

将式（7-6）和式（7-7）代入式（7-11），分别测算分担主体 E_1、E_2 和 E_3 对风险 R_h 的分担比例，有

$$\varepsilon_h^1(t_k) = \frac{1}{3} + \left(\frac{p_h^1(t_k)}{c_h^1(t_k)} - \frac{1}{2}\right) \times \frac{2b_h^1(t_k)}{3l_h(t_k)} - \left(\frac{p_h^2(t_k)}{c_h^2(t_k)} - \frac{1}{2}\right) \times \frac{b_h^2(t_k)}{3l_h(t_k)} - \left(\frac{p_h^3(t_k)}{c_h^3(t_k)} - \frac{1}{2}\right) \times \frac{b_h^3(t_k)}{3l_h(t_k)} \quad (7\text{-}14)$$

$$\varepsilon_h^2(t_k) = \frac{1}{3} + \left(\frac{p_h^2(t_k)}{c_h^2(t_k)} - \frac{1}{2}\right) \times \frac{2b_h^2(t_k)}{3l_h(t_k)} - \left(\frac{p_h^1(t_k)}{c_h^1(t_k)} - \frac{1}{2}\right) \times \frac{b_h^1(t_k)}{3l_h(t_k)} - \left(\frac{p_h^3(t_k)}{c_h^3(t_k)} - \frac{1}{2}\right) \times \frac{b_h^3(t_k)}{3l_h(t_k)} \quad (7\text{-}15)$$

$$\varepsilon_h^3(t_k) = \frac{1}{3} + \left(\frac{p_h^3(t_k)}{c_h^3(t_k)} - \frac{1}{2}\right) \times \frac{2b_h^3(t_k)}{3l_h(t_k)} - \left(\frac{p_h^1(t_k)}{c_h^1(t_k)} - \frac{1}{2}\right) \times \frac{b_h^1(t_k)}{3l_h(t_k)} - \left(\frac{p_h^2(t_k)}{c_h^2(t_k)} - \frac{1}{2}\right) \times \frac{b_h^2(t_k)}{3l_h(t_k)}$$

$$(7\text{-}16)$$

其中，$h \in \Theta(\Omega^2(t_k))$；$k \in \{1, 2, \cdots, m\}$。

四、阶段四：风险分担结果可视化展示

该阶段涉及一个步骤，即构建风险分担矩阵。利用风险分担矩阵可以将关键基础设施建设风险分担结果进行可视化展示。该矩阵以风险 R_i 为横轴，以时间 t_k 为纵轴，由 $n \times m$ 个单元格组成。矩阵单元格填充规则描述如下。

规则 7：若某个风险某个时刻由某个分担主体独自承担，则相应的单元格采用该分担主体对应的图例填充。

规则 8：若某个风险某个时刻由多个分担主体共同承担，则相应的单元格采用相关分担主体对应的图例按照分担比例进行填充。

以风险 R_2 为例，假设在 t_1 时刻，分担主体 E_1、E_2 和 E_3 的分担比例分别为 0.2、0.4、0.4，则相应风险分担结果在风险分担矩阵中的可视化展示如图 7-2 所示。

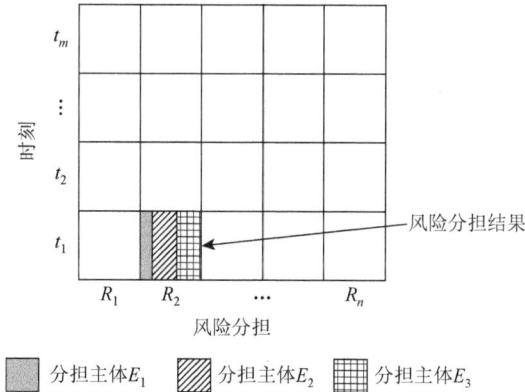

图 7-2　风险分担矩阵示意图

第四节　典型应用研究：以 XX 高速公路 PPP 项目为例

从 PPP 服务平台中选取 XX 高速公路 PPP 项目作为案例，采用本章所构建的特征驱动的关键基础设施建设风险分担多阶段动态三方模型开展典型应用研究，以此验证模型的可行性与有效性。先给出案例的背景说明，然后详细描述使用

所提出模型进行风险分担的过程和结果，在此基础上，进一步讨论典型应用研究得到的相关启示。

一、XX 高速公路 PPP 项目相关背景说明

XX 高速公路 PPP 项目位于西南某省，是该省"十三五"规划部署的重点项目。路线全长约 106 公里，项目总投资约 173.9 亿元，建设周期为 4 年，由该省交通运输厅负责项目的全面部署，某工程集团有限公司牵头的企业联合体通过公开竞标成为项目承建方，某高速公路集团有限公司与企业联合体组建新的项目公司并向银行争取项目融资。上述三个主体分别记为政府方 E_1、承建方 E_2 和融资方 E_3 来参与 XX 高速公路建设风险分担。

基于本章描述的特征驱动的关键基础设施建设风险构成确定过程，明确了 XX 高速公路建设风险集合及每个风险的分担偏好，如表 7-1 所示。以该表中的 16 个风险作为风险分担的对象客体，根据项目建设周期将风险分担时间节点设定为 4 个时刻，即有 $i \in \{1,2,\cdots,16\}$，$k \in \{1,2,3,4\}$。通过对该项目进行相关资料数据的全面收集，以及与交通基础设施工程建设、项目管理等领域专家学者和融资顾问、风险分析师等专业人员进行深度访谈来确定案例应用风险分担多阶段动态三方模型时相关变量的取值。

表 7-1　XX 高速公路建设风险集合及各个风险的分担偏好

风险名称	分担偏好	风险名称	分担偏好
政府可靠性（R_1）	政府方单独承担	材料/劳动力可用性风险（R_9）	承建方单独承担
法律法规变更风险（R_2）	政府方单独承担	运营成本超支风险（R_{10}）	承建方单独承担
通货膨胀风险（R_3）	承建方、融资方共同承担	设计方案变更风险（R_{11}）	政府方、承建方共同承担
利率风险（R_4）	融资方单独承担	技术风险（R_{12}）	承建方单独承担
融资成本风险（R_5）	融资方单独承担	特许经营期不合理风险（R_{13}）	政府方、承建方共同承担
土地征用风险（R_6）	政府方单独承担	组织协调风险（R_{14}）	承建方单独承担
项目审批延误风险（R_7）	政府方单独承担	残值风险（R_{15}）	承建方单独承担
市场需求变化（R_8）	政府方、承建方共同承担	不可抗力风险（R_{16}）	政府方、承建方共同承担

二、XX 高速公路 PPP 项目风险分担过程与结果

按照所构建的风险分担多阶段动态三方模型的计算步骤进行 XX 高速公路建设风险分担。由于涉及风险数量较多且各个风险的具体分担过程需要较多篇幅阐

述，这里从分担属性发生变更、分担主体与分担比例发生调整等角度遴选出若干代表性风险，对其风险分担过程进行举例说明。

（一）通货膨胀风险（R_3）

根据表 7-1 可知，通货膨胀风险（R_3）的分担偏好是由承建方 E_2 和融资方 E_3 共同承担，则按照算法 1 和算法 2 可得出，$A_3(t_1)=1$，$Z_{R_3 \to E}(t_1)=\{E_2, E_3\}$。基于对所收集数据和访谈结果的系统性分析，确定了相关变量的数值，如表 7-2 所示。利用式（7-12）和式（7-13），可测算出承建方 E_2 和融资方 E_3 各自的风险分担比例为 $\varepsilon_3^2(t_1)=0.598$ 和 $\varepsilon_3^3(t_1)=0.402$。

表 7-2　风险 R_3 在不同时刻的相关变量值　　（单位：万元人民币）

变量	时刻			
	$k=1$	$k=2$	$k=3$	$k=4$
$l_3(t_k)$	300	309	318	328
$b_3^1(t_k)$	80	80	80	80
$c_3^1(t_k)$	55	55	55	55
$p_3^1(t_k)$	45	45	45	45
$b_3^2(t_k)$	200	200	200	200
$c_3^2(t_k)$	80	80	80	80
$p_3^2(t_k)$	100	100	100	100
$b_3^3(t_k)$	125	125	125	125
$c_3^3(t_k)$	65	65	65	65
$p_3^3(t_k)$	80	80	80	80

暂不考虑承建方和融资方可承担损失、风险控制成本、风险分担收益的年度调整。按每年通货膨胀率 3% 测算，在 t_2 和 t_3 时刻，分别有 $l_3(t_2) < b_3^2(t_2) + b_3^3(t_2)$ 和 $l_3(t_3) < b_3^2(t_3) + b_3^3(t_3)$。根据算法 1 和算法 2 可得出 $A_3(t_2)=A_3(t_3)=1$，$Z_{R_3 \to E}(t_2) = Z_{R_3 \to E}(t_3)=\{E_2, E_3\}$，即风险 R_3 的分担属性和分担主体均未发生变化。相应地，利用式（7-12）和式（7-13），可测算出承建方 E_2 的风险分担比例分别调整为 $\varepsilon_3^2(t_2)=0.595$ 和 $\varepsilon_3^2(t_3)=0.592$，而融资方 E_3 的风险分担比例分别调整为 $\varepsilon_3^3(t_2)=0.405$ 和 $\varepsilon_3^3(t_3)=0.408$。显然，两个分担主体对风险 R_3 的分担比例随时间发生了变化。

在 t_4 时刻，有 $l_3(t_4) > b_3^2(t_4) + b_3^3(t_4)$。根据算法 1 和算法 2 可得出 $A_3(t_4) = 1$ 和 $Z_{R_3 \to E}(t_4) = \{E_1, E_2, E_3\}$，即风险 R_3 的分担属性未发生变化，但新加入了一个分担主体 E_1。利用式（7-14）～式（7-16），测算出政府方 E_1、承建方 E_2 和融资方 E_3 各自的风险分担比例分别为 $\varepsilon_3^1(t_4) = 0.141$、$\varepsilon_3^2(t_4) = 0.518$ 和 $\varepsilon_3^3(t_4) = 0.341$。

综上，通货膨胀风险（R_3）的分担结果如表 7-3 所示。

表 7-3　通货膨胀风险（R_3）的分担结果

时刻	分担属性		分担主体			各主体分担比例		
	单独承担型	共同承担型	E_1	E_2	E_3	E_1	E_2	E_3
$k = 1$	×	√	×	√	√	×	0.598	0.402
$k = 2$	×	√	×	√	√	×	0.595	0.405
$k = 3$	×	√	×	√	√	×	0.592	0.408
$k = 4$	×	√	√	√	√	0.141	0.518	0.341

注：“√”表示相应的函数值为 1，“×”表示相应的函数值为 0 或不涉及相关测算

（二）组织协调风险（R_{14}）

根据表 7-1 可知，组织协调风险（R_{14}）的分担偏好是由承建方 E_2 单独承担，则按照算法 1 和算法 2 可得出，$A_{14}(t_1) = 0$，$Z_{R_{14} \to E}(t_1) = \{E_2\}$，且不涉及分担比例的没算。

采用相同方式确定相关变量的数值，如表 7-4 所示。按照算法 1 和算法 2 可得出，$A_{14}(t_2) = 0$，$Z_{R_{14} \to E}(t_2) = \{E_2\}$，即组织协调风险（$R_{14}$）的分担属性和分担主体在 t_2 时刻均未发生变化。

表 7-4　组织协调风险（R_{14}）在不同时刻的相关变量值（单位：万元人民币）

变量	时刻			
	$k = 1$	$k = 2$	$k = 3$	$k = 4$
$l_{14}(t_k)$	60	60	100	80
$b_{14}^1(t_k)$	40	40	40	40
$c_{14}^1(t_k)$	20	20	20	15
$p_{14}^1(t_k)$	50	50	50	50
$b_{14}^2(t_k)$	90	90	90	90
$c_{14}^2(t_k)$	30	30	40	35

变量	时刻			
	$k=1$	$k=2$	$k=3$	$k=4$
$p_{14}^2(t_k)$	50	50	50	50
$b_{14}^3(t_k)$	35	35	35	35
$c_{14}^3(t_k)$	20	20	20	20
$p_{14}^3(t_k)$	15	15	15	15

在 t_3 时刻，受现场项目经理调换、道路工程师配置不到位等因素影响，该风险的全部损失有所增加，在 E_2 可承担损失不变的前提下，有 $l_{14}(t_3) > b_{14}^2(t_3)$。根据算法 1 和算法 2 可分别得出，$A_{14}(t_3)=1$，$Z_{R_{14}\to E}(t_3)=\{E_1,E_2\}$。进一步地，利用式（7-12）和式（7-13），可测算出政府方 E_1 和承建方 E_2 各自的风险分担比例为 $\varepsilon_{14}^1(t_3)=0.312$ 和 $\varepsilon_{14}^2(t_3)=0.688$。

在政府方 E_1 和承建方 E_2 的共同努力下，t_4 时刻风险的全部损失及两方的风险控制成本均有所回落。根据算法 1、算法 2 及式（7-12）、式（7-13）可得出，$A_{14}(t_4)=1$ 和 $Z_{R_{14}\to E}(t_4)=\{E_1,E_2\}$，政府方 E_1 和承建方 E_2 对组织协调风险（R_{14}）的分担比例分别为 $\varepsilon_{14}^1(t_4)=0.270$ 和 $\varepsilon_{14}^2(t_4)=0.730$。

综上，风险 R_{14} 的分担结果如表 7-5 所示。

表 7-5　组织协调风险（R_{14}）的分担结果

时刻	分担属性		分担主体			各主体分担比例		
	单独承担型	共同承担型	E_1	E_2	E_3	E_1	E_2	E_3
$k=1$	√	×	×	√	×	×	×	×
$k=2$	√	×	×	√	×	×	×	×
$k=3$	×	√	√	√	×	0.312	0.688	×
$k=4$	×	√	√	√	×	0.270	0.730	×

注："√"表示相应的函数值为 1，"×"表示相应的函数值为 0 或不涉及相关测算

（三）相关发现与可视化结果

通过上述两个代表性风险的测算得到如下几个有价值的发现。

（1）关于风险分担属性。通货膨胀风险（R_3）始终为共同承担型，而组织协调风险（R_{14}）的分担属性发生了变更，自 t_3 时刻起从单独承担型变更为共同承担型。

（2）关于风险分担主体。通货膨胀风险（R_3）的分担主体由 t_1、t_2 和 t_3 时刻的承建方 E_2 和融资方 E_3 调整为 t_4 时刻政府方 E_1、承建方 E_2 和融资方 E_3；组织协调风险（R_{14}）的分担主体由 t_1 和 t_2 时刻的承建方 E_2 调整为 t_3 和 t_4 时刻的政府方 E_1 和承建方 E_2。

（3）关于风险分担比例。各个分担主体对通货膨胀风险（R_3）的风险分担比例呈现动态变化，承建方 E_2 的风险分担比例从 0.598 逐步调减为 0.595、0.592 和 0.518，融资方 E_3 的风险分担比例从 0.402 逐步调整为 0.405、0.408 和 0.341，政府方 E_1 在 t_4 时刻加入，其风险分担比例为 0.141；对于组织协调风险（R_{14}），政府方 E_1 自 t_3 时刻加入，其风险分担比例从 0.312 调整为 0.270，承建方 E_2 的风险分担比例从 0.688 调整为 0.730。

基于案例中所有风险的风险分担测算结果，按照风险分担矩阵的构建规则可绘制出如图 7-3 所示的 XX 高速公路建设风险分担矩阵。

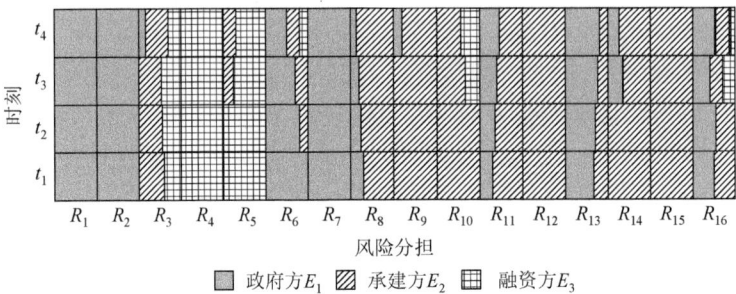

图 7-3　XX 高速公路建设风险分担矩阵

三、XX 高速公路 PPP 项目风险分担启示

结合案例，总结了如下三个方面的启示供关键基础设施建设项目的相关利益主体参考和借鉴。

（1）持续优化，加强风险分担协议动态改进。在设计动态协议机制时，应以成功实施项目为共同目标，考虑与风险分担结果相关的不同情境。对于分担属性不变的单独承担型风险（如 R_1、R_2、R_4、R_7、R_{12} 和 R_{15}），各风险所指派的分担主体应严格遵守风险归责的要求，并尽力采取措施进行风险预防；对于分担属性不变的共同承担型风险（如 R_8、R_{11} 和 R_{13}），各风险所指派的分担主体应在各自风险承担能力范围内强化协同合作防范风险；对于分担主体和分担比例发生变化的共同承担型风险（如 R_3 和 R_{16}），各风险所指派的分担主体应向新加入的分担主体共享已采集的信息，以便协同开展风险防范；对于分担属性、分担主体和分担比例均发生变化的风险（如 R_5、R_6、R_9、R_{10} 和 R_{14}），各风险所指派的分担主体应基于风险分担的动态需求来调整各自的风险防范举措。这有助于提升关键基础设施建设项目相关利益主体的风险分担责任。

（2）技术先行，加强建设风险态势动态监测。关键基础设施建设项目通常周期较长，而且面临着风险复杂多变的挑战。应依托人工智能、区块链、大数据等先进技术对关键基础设施建设项目众多风险的发展态势进行动态监测，为风险分担属性的科学界定、风险分担主体的有效判定和风险分担比例的精准量化提供更为完备、详尽、准确的数据支持，进而有力保障风险分担方案的合理性。

（3）惩补结合，加强风险联防联控共同体建设。相关利益主体的互利共赢和风险共担是确保关键基础设施建设项目顺利实施的重要基石。应将健全惩罚与补偿相结合的责任制度纳入关键基础设施建设项目管理体系，来实现对政府方、承建方、融资方的行为约束和意愿调动，进而形成风险联防联控共同体以便深度实践风险共担、保障项目顺利实施。

综上，特征驱动的关键基础设施建设风险分担研究对于相关利益主体明确风险分担责任、保障项目顺利实施具有重要意义。针对特征驱动的关键基础设施建设风险分担问题的风险多源性、多主体性、多任务性和动态性等典型特征，本章设计了与典型特征相匹配的风险分担方案，并构建了基于分担规则、分担算法、扩展 Shapely 法和风险分担矩阵的特征驱动的关键基础设施建设风险分担多阶段动态三方模型，进而通过典型应用研究验证了所构建模型的可行性与有效性。研究结果为精准定位多方分担主体的风险分担责任提供了系统性的框架指导、可快速响应的模型支撑以及可视化的直观研判依据，有助于形成风险联防联控共同体来保障项目顺利实施。

与已有研究相比，本章的主要贡献表现在四个方面：第一，结合特征驱动的关键基础设施建设风险分担的风险多源性特征，设计了风险分担矩阵将风险分担结果进行可视化展示，有助于直观研判每个风险的分担属性、分担主体和分担比例及其动态变化；第二，结合特征驱动的关键基础设施建设风险分担的多主体性特征，将风险分担主体从公共部门和私人部门构成的两方主体细化为政府方、承建方、融资方构成的三方主体，有益于精准引导风险分担主体的角色定位，明确各自的分担对象和具体分担比例；第三，结合特征驱动的关键基础设施建设风险分担的多任务性特征，构建规则定义、算法设计、方法扩展、矩阵构建相结合的风险分担多阶段动态三方模型，有利于合力实现研究问题的快速响应和高效解决；第四，结合特征驱动的关键基础设施建设风险分担的动态性特征，设计了带有时间变量的相关函数将风险静态分担扩展为风险动态分担，有利于充分契合项目实施过程动态演化的现实情况。

本章所开展的研究工作为科学界定特征驱动的关键基础设施建设相关风险的

分担属性、有效判定各个风险的分担主体、精准量化分担比例提供了重要的框架指导和模型支撑，具有较好的应用前景。此外，针对各个风险的分担属性、分担主体和分担比例可能随着风险时序演化而动态调整的复杂情况，本章仅考虑了分担主体的动态加入而未涉及其动态退出。未来将以风险分担主体的动态退出机制设计为切入点，进一步完善特征驱动的关键基础设施建设风险多主体动态分担研究，为风险分担方案的持续优化提供更为系统性的解决方案。

第八章　特定风险场景下关键基础设施建设形势分析与应对举措研究

"一带一路"倡议自 2013 年提出以来，已成为重塑全球化新格局的重要驱动力，而作为合作重点之一的设施联通也为关键基础设施建设提供了需求牵引的重大发展机遇和战略共赢的区域合作平台。本章以 DIIS 过程融合法（潘教峰等，2019）为指导框架，以"一带一路"沿线国家交通基础设施建设风险、"一带一路"沿线国家交通基础设施建设融资风险、后疫情时代"一带一路"沿线国家交通基础设施建设风险为特定风险场景，开展特定风险场景下的形势分析与应对举措研究，基于收集到的数据揭示形势特征信息、凝练存在的主要问题，通过综合研判探寻解决所凝练问题的突破口，形成适用的应对举措方案，提出针对性的政策建议。

第一节　"一带一路"沿线国家交通基础设施建设风险分析与应对

基础设施互联互通是"一带一路"建设的优先领域，而交通基础设施是构建互联互通网络的关键突破口。2018 年中国企业与"一带一路"沿线国家的对外承包工程新签合同额同比下降 12.8%，交通基础设施建设面临市场开拓难度加大、竞争日趋激烈等挑战。与此同时，"一带一路"沿线国家交通基础设施存在质量欠佳、开放程度有限等问题，造成了整体风险偏高的局面，而中国企业在信息获取、人才保障等方面能力有限，难以有效应对并化解风险。本节利用 DIIS 方法论对"一带一路"沿线国家的交通基础设施建设风险进行了分析，并针对目前存在的风险问题提出应对建议。

一、"一带一路"沿线国家交通基础设施建设风险形势严峻

自身的交通基础设施发展相对滞后且施工条件保障不足，导致"一带一路"沿线国家交通基础设施建设整体风险中等偏高，多数国家风险形势严峻。从政治局势、经济实力、对华关系、设施发展水平、施工保障 5 个风险维度，设定了 24 个风险指标，以世界银行、国家统计局等权威机构的相关数据为基础，分

析评估了 2013～2017 年"一带一路"沿线国家交通基础设施建设风险，具体结果如下。

一是经济基础相对薄弱。五年来，人均 GDP 评分的整体均值始终处于中等偏低水平，这给交通基础设施承建企业的项目运行带来诸多潜在风险。

二是交通基础设施质量整体表现欠佳。五年来，"一带一路"沿线国家交通基础设施质量评分的整体均值持续处于全球中等偏低水平，主要体现为设施发达程度较低、覆盖范围有限，极大影响了项目施工材料和设备的运输成本及工期的进度控制。

三是施工许可便利性整体偏低，对境外企业开放程度有限。五年来，"一带一路"沿线国家施工许可便利性评分的整体均值持续处于全球中等偏低水平，境外企业在"一带一路"沿线国家开展交通基础设施建设将面临施工许可证办理手续繁杂、耗时长、成本高等高准入门槛挑战。

四是交通基础设施建设风险大多处于中等偏高和高风险级别。五年来，土耳其、乌克兰等 30 个国家连续处于中等偏高风险，塔吉克斯坦、尼泊尔等 12 个国家连续处于高风险；另有俄罗斯、文莱等 11 个国家发生了风险级别变更，特别是文莱，其风险持续加剧。

五是国家间的风险差异明显且不稳定，加大了风险应对难度。不同国家的政治局势、经济实力、对华关系、设施发展水平、施工保障 5 个维度的风险表现各有不同，易发生变动，这对风险应对的针对性和有效性提出了更高要求。例如，俄罗斯近年来 6 级以上强度地震时有发生，施工保障维度风险最为突出；马来西亚的风险维度排序则发生了明显变化，2013～2016 年的设施发展水平维度风险持续高居首位，2017 年的对华关系维度风险跃居首位，成为风险应对重点。

二、中国企业风险应对方面存在的问题

当前，中国企业正在积极投身"一带一路"沿线国家交通基础设施建设。但沙特麦加轻轨项目、波兰 A2 高速公路项目的失败以及个别"一带一路"沿线国家交通基础设施建设项目遭遇的波折，也暴露了中国企业风险应对能力的不足。

一是信息获取渠道有限，难以准确判断项目施工难度。由于企业获取"一带一路"沿线国家的信息渠道非常有限，难以对其市场情况、工程模式、技术规范等做到全面掌握，对所承建项目的施工成本和进度评估明显低于实际情况。

二是专业化人才较为短缺，直接影响争议解决效果。"一带一路"沿线国家多为小语种国家，其交通基础设施建设项目的施工模式也和国内有很大不同，导

致同时精通语言和项目施工模式的专业化人才供求失衡，直接影响了争议谈判的效果甚至导致索赔机会的错失。

三是风险应对手段相对单一，存在风险防范的瓶颈。面对着"一带一路"沿线国家政权更迭、当地民众抗议、自然灾害多发等诸多问题，企业自身的风险应对体系尚不完善，难以凭借市场行为直接化解风险，迫切需要借助政府部门、行业协会等外力，通过多元化举措提升风险应对能力。

三、风险应对举措建议

政府部门是"一带一路"倡议的提出者与推动者，承建企业是参与"一带一路"沿线交通基础设施建设的主力军和风险的直接承受者，行业协会是政府部门和承建企业之间的桥梁和纽带。因此，建议打造"政府部门—行业协会—承建企业"三位一体的风险防范体系，完善共建"一带一路"安全保障体系。

（一）充分发挥政府部门的引导和保护作用

政府部门引导和保护作用的充分发挥需要从以下五个方面着力。

一是健全"一带一路"沿线国家交通基础设施建设长效合作机制，以推进"一带一路"建设工作领导小组为抓手，加强"一带一路"沿线国家交通基础设施建设双多边战略合作协议的深化落实，吸引持观望态度的国家积极参与"一带一路"沿线交通基础设施建设。

二是加快"一带一路"沿线国家交通基础设施建设相关争端解决机构的建立，为企业参与"一带一路"沿线国家交通基础设施建设提供投资保护、司法协助等多方面的保障和服务，解决企业后顾之忧。

三是形成"一带一路"沿线国家交通基础设施建设风险指数发布机制，监测各个国家风险指数的动态变化，发布重点防范风险清单的国别指南，为企业制定风险防范预案提供风向标。

四是通过完善案例库推动机制优化，定期组织相关企业以案例形式上报所参与"一带一路"沿线国家交通基础设施建设项目的材料，组织领域专家对遴选出的典型案例进行经验与教训分析，并挖掘深层次政策原因，对相关机制进行持续完善和优化。

（二）鼓励行业协会创新风险防范服务模式

建议从以下两个方面为切入点，鼓励行业协会创新风险防范服务模式。

一是向政府反映行业风险防范的共性诉求。定期征集成员企业遇到的问题和难以突破的体制机制瓶颈，凝练风险防范的共性诉求，并设计具有行业特色的风险应对举措，提交给政府相关部门，供其决策参考。

二是为成员企业提供风险防范的一站式服务。根据成员企业需求为其提供集潜在风险预判、风险防范预案设计、争端解决咨询于一体的一站式风险防范方案。

（三）打造企业层面的全方位风险防范体系

企业层面全方位风险防范体系的打造需要从三个方面为突破口精准发力。

一是严格规范自身生产经营行为，防范社会风险。对于赴"一带一路"沿线国家参与交通基础设施建设的工作人员，提前进行国别法律与文化宣传教育，以便其与当地民众和员工友好相处、协同合作。

二是依托保险业务规避部分潜在风险。重视运用商业保险与非商业保险，来规避参与"一带一路"沿线国家交通基础设施建设所面对的自然灾害风险、意外事故风险以及政治风险等。

三是重视风险管控智能化平台建设。鼓励企业借助大数据技术、智能决策技术等，对项目全流程进行多主体协同管控，实现风险识别的快速响应、风险评价的准确研判、风险预警的自动提示以及风险防范预案的智能推荐。

第二节　　"一带一路"沿线国家交通基础设施建设融资风险分析与应对

2019年9月，中共中央、国务院印发了《交通强国建设纲要》，明确提出：鼓励国内交通企业积极参与"一带一路"沿线交通基础设施建设。2020年2月，中央全面深化改革委员会第十二次会议审议通过了《关于推动基础设施高质量发展的意见》。"一带一路"沿线交通基础设施建设开启高质量发展新征程。2020年1月～5月，我国企业在"一带一路"沿线国家非金融类直接投资同比增长20.4%，但是受地缘政治局势紧张、融资成本增加等因素影响，"一带一路"沿线国家交通基础设施建设也面临着融资机遇与挑战并存、风险防控亟待加强等新形势和新任务。本节依托DIIS过程融合法，从规模、结构、模式等多视角，研判"一带一路"沿线国家交通基础设施建设融资形势，并对融资风险进行量化分析，进而提出以"融资能力＋风险防控能力"双提升为驱动的高质量发展建议。

一、"一带一路"沿线国家交通基础设施建设融资机遇与挑战并存

2013～2019 年，63 个"一带一路"沿线国家交通基础设施建设融资需求占全球的 43.29%，高需求助力初显成效，但各类问题依然突出。本节遴选了已结束融资的项目金额、负债权益比以及 PPP 模式相关指标，以权威机构 IJGlobal 的交易数据库为基础，从规模、结构、模式等多视角研判了"一带一路"沿线国家 2006～2012 年和 2013～2019 年的交通基础设施建设融资形势演变情况及与全球对比情况，结论如下。

一是融资规模增量明显，但融资增速仍待提高。2006～2012 年与 2013～2019 年的数据对比表明，"一带一路"沿线国家交通基础设施建设已融资总金额从 1109 亿美元增长至 2054 亿美元，涨幅达 85.21%；2013～2019 年全球占比从 16.31% 小幅上升至 17.99%，仍待进一步拓展融资渠道、加快融资规模增速提高。

二是融资结构相对稳定，企业融资难仍需破解。各主体融资占比略有波动，但以项目融资为主、公共部门和企业为辅的融资结构并未转变，而企业融资能力与全球相比始终处于劣势，仅为平均水平的 19.91%，亟待通过市场化手段破解企业融资难问题。

三是 PPP 模式仍受关注，可持续发展亟待创新。PPP 模式的融资项目数量从 188 个降至 138 个，占比从 62.8% 锐减至 37.7%，虽然均略高于全球平均水平，但仍需通过创新实现 PPP 模式的可持续发展。

四是举债融资力度加大，潜在风险已不容忽视。"一带一路"沿线国家交通基础设施建设融资项目的负债权益比从 74∶26 升至 79∶21，长期偿债压力增大，负债权益比已从略低于转变为略高于全球平均水平，亟须多举措化解高杠杆举债融资带来的偿债压力和运营高风险。

二、"一带一路"沿线国家交通基础设施建设融资风险防控亟待加强

"一带一路"沿线国家政治经济基础相对薄弱、融资能力较弱且设施质量整体欠佳，造成交通基础设施建设整体融资风险中等偏高、风险防控亟待加强。从政治局势、经济实力、融资能力、条件保障 4 个维度，设定了 20 个风险指标，以世界银行、IJGlobal 等权威数据库为基础，评估了 2013～2019 年 63 个"一带一路"沿线国家交通基础设施建设融资风险状况，结论如下。

一是政治腐败状况整体堪忧。七年来，"一带一路"沿线国家政治腐败程度评分的整体均值始终处于中等偏高水平，这给交通基础设施建设融资带来诸多潜在风险。

二是外债清偿压力普遍偏重。"一带一路"沿线国家外债总额 GDP 占比评分的整体均值始终处于中等偏高水平，在一定程度上制约了交通基础设施建设融资空间。

三是融资需求尚难满足。已融资金额 GDP 占比存在显著的国别差异，而且已融资总金额仅为待融资/融资中总金额的 32.16%，仍难以满足"一带一路"沿线国家交通基础设施建设融资需求。

四是设施质量整体表现欠佳。"一带一路"沿线国家交通基础设施质量评分的整体均值持续处于全球中等偏低水平，设施欠发达、覆盖范围有限，提高了融资活动的运营成本。

五是整体融资风险中等偏高，多数国家风险波动明显。七年来，马尔代夫和土库曼斯坦 2 个国家始终为高风险，亚美尼亚等 3 个国家始终为中等偏高风险，另有阿富汗等 49 个国家出现风险级别变化，其中，阿富汗等 17 个国家在中等偏高及以上风险级别波动，而文莱、卡塔尔等 2 个国家风险有所加剧。

六是各国风险维度差异明显且不稳定，加大了风险防控难度。例如，印度近年来种族矛盾有所激化，政治维度风险最为突出，且在高风险和中等偏高风险级别之间持续波动；印度尼西亚在 2013 年至 2017 年间，融资维度风险持续高居首位，2018 年条件维度风险跃居首位，2019 年融资维度风险再居首位，成为风险防控重点。

三、高质量发展举措建议

面对融资机遇挑战并存的新形势和融资风险亟待防控的新任务，建议打造"模式先行、技术支撑、多点联动"的融资能力与风险防控能力双提升路径，以"融资能力＋风险防控能力"双提升驱动"一带一路"沿线国家交通基础设施建设高质量发展。

（一）探索模式先行机制，培育能力提升新动能

建议从以下四个方面施力加快各类模式探索，加快培育能力提升新动能。

一是探索分类支持模式，通过发行专项国债、亚洲基础设施投资银行融资等方式成立专项基金，重点支持"一带一路"沿线国家社会效益显著的公益性交通基础设施建设融资；由相关央企牵头、社会资本参与成立特许经营公司，开展经营性交通基础设施建设融资，并争取设施邻域经贸合作区、产业园区建设融资优先权，设立分支公司、允许其相互参股分担风险，进而实现全方位助力融资增速提高。

二是探索新型综合商社模式，成立政府引导、相关央企联合参与的新型综合商社，在"一带一路"沿线国家设置分支机构，发挥信息收集分析、融资供需匹配、事务综合协调等作用，帮助交通基础设施投、建、营等业务相关的企业组建联盟体，并向所在"一带一路"沿线国家推介，使其成为政府与企业之间、联盟企业之间、企业与"一带一路"沿线国家之间的桥梁，推动企业国际竞争力的提升和品牌优势的树立，为拓宽企业融资渠道创造机会。

三是探索"PPP＋"融资模式，研究 PPP 模式与其他融资模式有机组合的可行性及适用条件，发挥各模式的优势，规避短板与不足，形成拓宽融资渠道的合力，以便更好地满足"一带一路"沿线国家交通基础设施建设融资需求；强化从法规层面规范各模式融资主体行为，出台与国际规范相融合的"一带一路"沿线国家交通基础设施建设融资规范细则，引导"PPP＋"融资模式向可持续运营发展。

四是探索分级担保模式，由中国出口信用保险公司牵头、商业银行和再担保公司参与成立"一带一路"建设担保协会，开发适用于"一带一路"沿线国家交通基础设施建设融资的担保服务产品，为企业提供融资担保服务。以政府信用为基础，成立"一带一路"建设信用保险公库并设立风险补偿专项资金，对担保协会进行保险，通过分级担保完善融资担保体系，缓解举债融资风险。

（二）健全技术支撑机制，打造能力提升新引擎

建议从两个方面入手进行技术支撑机制的健全，多举措打造能力提升新引擎。

一是搭建投融资服务智能平台，借助大数据、智能决策等技术，实现"一带一路"沿线国家政治、经济等主题信息的定期更新，交通基础设施建设融资信息的即时发布与主动推送，融资供需匹配的智能推荐，相关法律法规、人文风俗、谈判技巧等专题的在线培训等。

二是完善融资风险防控体系，借助动态监测、先兆预警等技术形成"一带一路"沿线国家交通基础设施建设融资风险指数发布机制，实现国家层面融资风险的科学研判与防控；借助区块链、云计算、风险模拟仿真等技术，实现项目层面融资风险全过程、多主体实时监管和快速响应。

（三）建立多点联动机制，激发能力提升新活力

以"找准痛点、破解难点、部署重点、强化要点"为主线推动多点联动机制的建立，有效激发能力提升新活力。

一是打通议事渠道找准痛点，相关部委以网络平台、投诉热线等方式打通政策实施意见征询的自上而下渠道，以行业协会为载体定期组织企业交流，打通企

业诉求反馈的自下而上渠道，通过政企良性互动查找政策缺口，加快相关政策的制定与落实。

二是借助智库机构破解难点，充分发挥智库机构的专家综合优势和资源汇聚作用，深度挖掘"一带一路"沿线国家交通基础设施建设融资难点的形成机理、制约因素与关键突破口，探索"融资难、融资贵"的破解方案，推动融资机制改革创新。

三是联合政企银担部署重点，形成政府部门、行业企业、商业银行、担保机构联席会议制度，共同商议、协同部署"一带一路"沿线交通基础设施建设融资的重点区域、重点国家、重点领域、重点项目，组织优势力量参与国际同行竞标，避免内部恶意竞争。

四是突出多措并举强化要点，强化专业人才队伍建设，提高融资风险形势研判准确性和融资风险防控水平；强化融资工具的科学选择，确保与融资形势和企业能力相匹配；强化风险防控预案制定与完善的长效机制，提升企业应对重大突发事件的能力；强化共商共赢、风险共担机制的逐步健全，营造有利于"一带一路"沿线国家交通基础设施建设高质量发展的投融资环境。

第三节　后疫情时代"一带一路"沿线国家交通基础设施建设风险分析与应对

"一带一路"沿线国家，已成为全球交通基础设施建设的融资需求高地，也是我国交通企业"走出去"的重要战略选区。新型冠状病毒肺炎疫情在"一带一路"沿线国家的快速蔓延，造成其社会环境和政治局势的不稳定性剧增，加之针对新型冠状病毒肺炎疫情实施的人员、物资通关入境临时管制措施，给参与"一带一路"沿线国家交通基础设施建设的国内企业带来了持续性冲击。自新型冠状病毒肺炎疫情暴发后，我国政府对内严防严控、对外与"一带一路"沿线国家携手战"疫"的精准施策，为缓解受冲击企业的新型冠状病毒肺炎疫情压力、保障"一带一路"沿线国家交通基础设施在建项目稳步推进、促成共建"一带一路"沿线国家交通基础设施的新合作做出良好铺垫。截至 2020 年 5 月，俄罗斯、以色列等"一带一路"沿线国家已分阶段放宽部分限制措施，整体呈现出向好态势。如何前瞻布局、引导国内企业从新"危"中找先"机"，已成为后疫情时代加快推进"一带一路"沿线国家交通基础设施建设的重要抓手。

一、"一带一路"沿线国家新型冠状病毒肺炎疫情蔓延对国内企业参与的交通基础设施建设项目产生明显冲击

新型冠状病毒肺炎疫情蔓延对"一带一路"沿线国家社会环境和政治局势的

破坏，给国内企业的"一带一路"沿线交通基础设施在建项目带来潜在隐患。截至 2020 年 5 月，除土库曼斯坦之外的 63 个"一带一路"沿线国家陆续出现确诊和死亡病例，亚美尼亚等 46 个"一带一路"沿线国家先后宣布进入紧急状态，对其社会稳定性释放出负面信号。

"一带一路"沿线国家针对新型冠状病毒肺炎疫情的临时管制措施，严重影响了国内企业"一带一路"沿线国家交通基础设施在建项目的按期推进，企业风险防控与应急能力不足的问题凸显。截至 2020 年 5 月，除巴勒斯坦和不丹之外的 62 个"一带一路"沿线国家出台入境临时管制措施，埃及、塔吉克斯坦、越南等多个国家出台新型冠状病毒肺炎疫情时期货物清关的限制性措施。交通基础设施建设行业是典型的劳动密集型、设备密集型行业，上述措施势必对国内企业"一带一路"沿线国家交通基础设施在建项目的劳动力、原材料及工程设备供给、重要业务对接产生不利影响，使得项目管理流程面临严峻的考验。部分项目的暂时停工和进展延迟也暴露出企业风险防范不到位、应急响应不及时。

二、"一带一路"沿线国家的广阔发展空间和我国政府应对新型冠状病毒肺炎疫情的精准施策为国内企业化新"危"为先"机"提供了双重保障

"一带一路"沿线国家的迫切融资需求，是国内企业走出去参与"一带一路"沿线交通基础设施建设的动力来源。权威机构 IJGlobal 的交通基础设施建设融资数据显示，自 2013 年 1 月至 2020 年 5 月，64 个"一带一路"沿线国家预筹和融资中的项目资金累计 6874.58 亿美元，占全球的 42.32%，是全球交通基础设施建设的融资需求高地。

PPP 模式在"一带一路"沿线国家的高度认可，为国内企业走出去参与"一带一路"沿线交通基础设施建设创造了机会。IJGlobal 数据显示，"一带一路"沿线国家 PPP 模式预筹和融资中的项目占项目总量的比重为 59.14%、预期负债权益比为 53：47，PPP 模式已成为"一带一路"沿线国家交通基础设施建设融资的主流模式，资本运营能力较强，长期偿债压力不大。

已在相关领域应用的多样化融资模式，为国内企业进一步拓宽融资渠道提供了参考。2019 年 10 月，国家开发银行、联合国开发计划署联合发布《融合投融资规则　促进"一带一路"可持续发展》，指出政府、商业银行、开发性/政策性金融机构、专项投资基金、保险公司等已利用发行债券、主权融资、企业融资、项目融资、私募股权融资等模式支持基础设施建设融资，并取得显著成效。

我国政府应对新型冠状病毒肺炎疫情的精准施策，为国内企业缓解压力、寻求新的合作机会提供了重要的条件保障。工业和信息化部、交通运输部、财政部、

商务部等陆续出台利好政策，协力加快企业复工复产、保障基建市场的资金和原材料供应及海外工程项目的稳步进行。与此同时，通过元首外交、防疫物资援助、医疗专家派出等举措树立起与"一带一路"沿线国家共抗新型冠状病毒肺炎疫情的大国担当形象，势必会提升"一带一路"沿线国家对国内企业的好感，促成合作共建"一带一路"沿线国家交通基础设施的新契机。

三、引导国内企业高质量融入"一带一路"沿线国家交通基础设施建设的建议

截至 2020 年 5 月，俄罗斯、以色列等 15 个"一带一路"沿线国家已逐步放松部分管制措施，共建"一带一路"将为重启"一带一路"沿线国家社会经济秩序注入动力。面对后疫情时代，我们认为应以转型升级、提质增效为驱动，引导国内企业高质量融入"一带一路"沿线国家交通基础设施建设。具体建议如下。

（一）"新理念＋新技术"协同优化"一带一路"沿线国家交通基础设施建设管理流程

引导国内企业利用新理念、新技术解决"一带一路"沿线国家交通基础设施建设管理流程不畅的症结，增强管理流程韧性。一方面，通过政策引导将绿色基建、数字化和智能化转型等新理念转化为企业高质量发展的新动能，加快绿色施工新材料、新工艺以及智能化工程装备的灵活应用，实现传统项目管理流程的绿色智能转型；另一方面，鼓励企业将 5G、人工智能、区块链、大数据、云计算、虚拟现实等新技术应用到项目层面，实现项目全流程多主体协同管控、云端远程监督与技术指导、智慧办公、虚拟施工模拟演练、资源跨区域智能调配等，强化管理流程的统筹规划和资源整合。

（二）"体系完善＋制度健全"持续提升"一带一路"沿线国家交通基础设施建设危机应对能力

引导国内企业进一步完善风险防范体系，强化前置风险防范，运用商业与非商业保险来规避参与"一带一路"沿线国家交通基础设施建设所面临的自然灾害、意外事故以及政治风险，并积极推动将国际公共卫生紧急事件纳入不可抗力因素，通过保险补偿缓解短期经济损失。通过设立突发事件应急储备金、制定突发事件联防联控预案、按需成立重大公共事件处置委员会等举措来健全应急响应制度，确保与中国及东道国政府部门、行业协会相关机构、业务相关单位之间信

息沟通渠道的透明、畅通、高效，并强化员工自救培训与恐慌心理疏导的常态化制度。

（三）"需求拉动＋政策支持"并行推动"一带一路"沿线国家交通基础设施建设分区分类分级发展

综合需求刺激和利好举措，可根据"一带一路"沿线各国的融资需求特征和融资政策导向，制订分区分类分级的战略发展规划。一方面，加快启动新型冠状病毒肺炎疫情解封及轻微地区经营性项目的可行性论证，择优纳入"一带一路"重大项目储备库，并向具备条件的国内企业重点推介；另一方面，通过推进落实"一带一路"税收征管合作机制、适当放宽融资信贷审批条件、调整国别限额额度、加大金融机构支持等举措来引导国内企业高质量融入"一带一路"沿线国家交通基础设施建设。

（四）"组合出击＋规范护航"合力加快"一带一路"沿线国家交通基础设施建设融资模式创新

鉴于"一带一路"沿线国家的 PPP 模式融资偏好及该模式的良好应用成效，可引导企业通过模式创新推动"一带一路"沿线国家交通基础设施建设 PPP 模式向可持续运营发展。一方面，鼓励国内企业探索 PPP 模式与其他融资模式的融合式集成应用，扬长避短，拓宽资金来源，更好地满足"一带一路"沿线国家交通基础设施建设融资需求；另一方面，从法规层面规范 PPP 模式融资主体行为，出台与国际规范相融合的"一带一路"沿线国家交通基础设施建设融资规范细则，为国内企业高质量融入"一带一路"沿线国家交通基础设施建设提供规范化指导。

当前的国际形势错综复杂，全球经济持续低迷、逆全球化思潮发酵、地缘政治博弈加剧、贸易摩擦激化升级的交织，加之新型冠状病毒肺炎疫情在全球范围内的快速蔓延和多次反弹，关键基础设施建设面临着多源风险的严峻挑战。如何有效应对、前瞻布局对于我国政府部门和相关基建企业而言尤为重要。面对"一带一路"沿线国家交通基础设施建设风险、"一带一路"沿线国家交通基础设施建设融资风险、后疫情时代"一带一路"沿线国家交通基础设施建设风险三个特定风险场景，本章以 DIIS 过程融合法为框架指导，开展了特定风险场景下的关键基础设施建设形势分析与应对举措研究，提出了一系列针对性的政策建议，为相关利益主体协力共同应对多源风险、加快关键基础设施建设高质量发展和关键基础设施互联互通目标实现提供了必要的决策支持。

第九章 结论与展望

本章将围绕特征驱动的关键基础设施建设风险所开展的主要研究工作及研究发现、主要贡献与局限、未来工作展望三个方面进行阐述。

第一节 主要研究工作及研究发现

本书以"相关研究态势研判→风险基础理论探索→重点环节风险识别→多视角风险评估→多举措风险应对"为主线，重点开展了以下五个方面的研究工作：一是研判了关键基础设施建设风险相关研究的整体发展态势和国内外态势差异；二是开展了特征驱动的关键基础设施建设风险理论基础研究；三是开展了特征驱动的关键基础设施建设重点环节风险识别研究；四是分别从国别视角和项目视角开展了特征驱动的关键基础设施建设风险评估研究；五是分别从科学研究导向和战略需求导向开展了特征驱动的关键基础设施建设风险分担研究和特定风险场景下关键基础设施建设形势分析与应对举措研究。

基于上述研究工作，得出如下主要研究发现。

（1）关键基础设施建设风险相关中英文研究文献呈现出规模发展趋势良好、结构布局差异明显、质量水平有待提升的整体发展态势。具体地，从规模维度来看，发表数量均基本符合一定的增长规律，引文数量均大体呈现倒"U"形波动，但中英文研究文献的差异较为显著。从结构维度来看，中英文研究文献研究对象分类占比的格局差异较大，具有分类占比领先优势和后发潜力的研究主题和研究方法截然不同。从质量维度来看，英文研究文献所发表期刊的整体质量优于中文研究文献；英文研究文献来源范围的表现劣于相关中文研究文献，但其合作网络的表现优于中文研究文献；相关中英文研究文献依托机构的主体类型差异较为显著，合作网络均体现出政产学研协同创新特色，但英文研究文献表现明显优于中文研究文献；文献关键作者的群体范围均较少，英文研究文献关键作者的占比、研究文献发表数量和研究文献引文数量的整体表现略优于中文研究文献。本书通过利用文献计量法对相关中英文研究文献进行量化分析和图形展示得出了上述研究发现，这不仅印证了以关键基础设施建设风险为主题开展相关研究的理论价值，也为相关学者厘清关键基础设施建设风险相关研究的整体发展态势和国内外研究态势差异提供了直观的研判依据。

（2）开展特征驱动的关键基础设施建设风险研究是一项具有探索价值的工作。关键基础设施建设项目共性特征与关键基础设施建设风险主要特征的叠加，对开展关键基础设施建设风险研究的问题凝练、方法探索、应用检验、政策建议设计提出了更高的要求。相关研究文献的系统化梳理结果表明，已有的研究方法鲜有综合考虑上述特征的准确量化及特征叠加对关键基础设施建设风险的影响。本书以文献研究法、系统分析法、数学方法、DEMATEL 方法、案例研究法、二元语义模糊表示模型、VIKOR 方法、Two-Additive Choquet 积分算子、Shapely 法、DIIS 过程融合法等为依托，以特征驱动为切入点围绕关键基础设施建设风险的问题凝练、方法探索、应用检验、政策建议设计开展了相关研究工作，为形成关键基础设施建设风险研究体系提供了必要的理论支撑与实践指导。

第二节　主要贡献与局限

本书旨在开展特征驱动的关键基础设施建设风险研究，致力于为所开展的研究工作提供集"基础理论体系、研究方法体系、政策建议体系"为一体的系统性解决方案，主要贡献表现在以下三个方面。

第一，形成了特征驱动的关键基础设施建设风险基础理论体系。给出关键基础设施概念与范畴界定、关键基础设施建设项目共性特征分析、关键基础设施建设风险概念界定与主要特征分析、关键基础设施建设融资模式适用性分析等理论解析与思考，凝练出特征驱动的关键基础设施建设重点环节风险识别问题、国别视角下特征驱动的关键基础设施建设风险评估问题、项目视角下特征驱动的关键基础设施建设风险评估问题、特征驱动的关键基础设施建设风险分担问题、特定风险场景下关键基础设施建设形势分析与应对举措研究问题等构成的研究问题体系以及设计出与典型问题相匹配的研究框架体系，不仅奠定了本书研究的理论基础，并为其他学者开展相关研究工作指明了一个科学探讨方向，提供了框架思路，也为后续开展特征驱动的关键基础设施建设风险研究的方法探索、应用检验、政策建议设计提供了必要的理论支撑。

第二，构建了特征驱动的关键基础设施建设风险研究方法体系。围绕所凝练的特征驱动的关键基础设施建设重点环节风险识别问题、国别视角下特征驱动的关键基础设施建设风险评估问题、项目视角下特征驱动的关键基础设施建设风险评估问题、特征驱动的关键基础设施建设风险分担问题等四类典型研究问题，以DEMATEL 方法、二元语义模糊表示模型、VIKOR 方法、Two-Additive Choquet 积分算子、模糊集理论、Shapely 法、风险分担矩阵等为依托，分别提出了与研究问题典型特征相匹配的针对性研究方法，并通过典型应用研究验证了这些研究方法的可行性和有效性。上述研究方法以成熟的理论、方法和工具为依托，通过开展方法扩展创新和方法集成创新来构建特征驱动的关键基础设施建设风险研究方法体系，不仅为解决上述四类典型研究问题提供了重要的方法支撑，也丰富了风险分析方法库，为解决其他相关问题提供了方法层面的借鉴和指导。而这些代表性问题的有效解决也将有助于保障关键基础设施建设项目的顺利实施，进而保障关键基础设施互联互通的战略目标实现。

第三，打造了特定风险场景下关键基础设施建设形势分析与应对举措的政策建议体系。以 DIIS 过程融合法为框架指导，面向"一带一路"沿线国家交通基础设施建设风险、"一带一路"沿线国家交通基础设施建设融资风险、后疫情时代"一带一路"沿线国家交通基础设施建设风险等战略需求为导向的特定风险场景，开展了特定风险场景下的形势分析与应对举措研究。基于收集到的数据揭示形势特征信息、凝练存在的主要问题，通过综合研判明确解决所凝练问题的突破口，形成适用的应对举措方案，提出了若干针对性的政策建议，为相关利益主体协力共同应对多源风险、加快关键基础设施建设高质量发展和关键基础设施互联互通目标实现提供了必要的决策支持。

在强调贡献的同时，也总结了本书所开展研究工作的一些局限性，主要表现在以下方面。

第一，在理论解析层面，本书分别给出了关键基础设施的概念与范畴界定及关键基础设施建设风险的概念界定，并归纳了关键基础设施建设项目的共性特征和关键基础设施建设风险的主要特征，还分析了 PPP 模式、BOT 模式、ABS 模式对关键基础设施建设融资的适用性，而未突出交通、能源、通信网络等关键基础设施建设项目的个性特征及其建设风险的特征差异，也没有对各个融资模式自身固有的风险及其差异进行深入的剖析，对关键基础设施建设风险的研究深度仍有待加强。

第二，在方法探索层面，本书围绕所凝练的特征驱动的关键基础设施建设重点环节风险识别问题、国别视角下特征驱动的关键基础设施建设风险评估问题、项目视角下特征驱动的关键基础设施建设风险评估问题、特征驱动的关键基础设施建设风险分担问题等四类典型研究问题，提出了与研究问题典型特征相匹配的针对性研究方法。作者仅仅是为解决这些科学研究导向下的典型研究问题做了探索性和尝试性的方法研究工作，并通过典型应用研究来验证所提出研究方法的可行性和有效性，尚不能从理论层面验证所提出研究方法的有效性。同时，本书提出的特征驱动的风险研究方法中，除了国别视角下的风险研究方法采用了客观统计数据之外，大多数研究方法都是基于专家主观判断信息来进行项目层面的风险量化研究，在研究方法的理论有效性验证和数据来源拓宽方面仍有待完善。

第三，在政策建议层面，本书围绕"一带一路"沿线国家交通基础设施建设风险、"一带一路"沿线国家交通基础设施建设融资风险、后疫情时代"一带一路"沿线国家交通基础设施建设风险等三个特定风险场景，开展了特定风险场景下的形势分析与应对举措研究。所涉及的特定风险场景主要聚焦于"一带一路"沿线国家的交通基础设施，未提及能源、通信网络等其他关键基础设施及国内"交通强国战略""新型基础设施发展战略"或国际"七国集团全球基础设施建设计划"等其他重大战略导向下的关键基础设施建设风险场景，对与政策建议相适应的风险场景开发仍有待扩展。

第三节 未来工作展望

开展特征驱动的关键基础设施建设风险研究的迫切性、必要性和重要性，已经引起了政府相关管理部门和基础设施建设企业决策者及相关领域专家学者的普遍关注。而现实中关键基础设施建设项目共性特征与关键基础设施建设风险主要特征的叠加，加大了关键基础设施建设风险研究的难度。本书尝试聚焦以特征驱动为切入点的关键基础设施建设风险开展了一系列研究工作，为所凝练问题的有效解决提供了必要的理论依据、方法支撑、应用指导、政策建议参考。需要说明的是，这是一项值得深入探索的研究工作，未来仍可以在理论解析深度加强、研究方法改进优化、政策建议场景开发等方面寻求更大的突破。

（1）进一步加强特征驱动的关键基础设施建设风险理论解析深度。交通、能源、通信网络等关键基础设施建设项目的个性特征提取、不同类型关键基础设施建设风险的特征差异比对、各个融资模式的风险差异分析等基础性理论工作、特征驱动的关键基础设施建设风险监测问题、特征驱动的关键基础设施建设风险预警问题等本书未涉及的研究问题都值得深入探索。

（2）进一步强化特征驱动的关键基础设施建设风险研究方法改进优化。一方面，尝试开展研究方法的理论有效性验证，并结合验证结果对提出的风险研究方法进行改进；另一方面，在国别风险统计数据和专家主观判断信息等现有数据来源的基础上，尝试拓宽信息来源，探索将宏观统计数据、专家主观判定信息、项目施工图片信息和技术参数信息、网络舆情文本信息等多源数据融合处理来支持特征驱动的关键基础设施建设风险研究工作，对提出的风险研究方法进行优化，确保得到的研究结果更为准确。

（3）进一步推动以战略需求为导向的特定风险场景下关键基础设施建设形势分析与应对举措研究。密切关注国内外关键基础设施建设相关的重大战略，依托国内外行业数据库、行业报告进行相关数据收集，从数据中揭示形势特征信息、发现规律，进而凝练出特定风险场景下关键基础设施建设面临的新问题，通过综合研判，探寻解决所凝练新问题的突破口，进而形成适用的应对举措方案，提出针对性的政策建议供政府部门、关键基础设施相关行业机构与企业决策者参考。

参 考 文 献

安相华, 冯毅雄, 谭建荣. 2011. 基于 DEMATEL 和 Choquet 积分的质量特性映射方法. 计算机集成制造系统, 17 (9): 1887-1896.

鲍海君. 2009. 基础设施 BOT 项目特许权期决策的动态博弈模型. 管理工程学报, 23 (4): 139-141, 147.

蔡东方. 2019. "一带一路"沿线国家 PPP 中的溢出效应检验. 工业技术经济, 38 (5): 127-135.

蔡晓琰, 周国光. 2016. 交通基础设施 PPP 项目智能风险评价模型研究. 技术经济与管理研究, (8): 20-24.

常雅楠, 王松江. 2018. 激励视角下的 PPP 项目利益分配——以亚投行支撑中国企业投资 GMS 国家基础设施项目为例. 管理评论, 30 (11): 257-265.

常志鹏, 程龙生, 刘家树. 2016. 基于马田系统的 2 可加 Choquet 积分多属性决策方法. 管理工程学报, 30 (1): 133-139.

车鲁平, 冯珂, 周尧尧, 等. 2020. 基于 DEMATEL-ANP 的交通设施 PPP 项目风险评价. 土木工程与管理学报, 37 (6): 152-157.

陈红. 2012. 重大基础设施投资补偿机制研究. 江苏社会科学, (6): 97-100.

陈宏权, 曾赛星, 苏权科. 2020. 重大工程全景式创新管理——以港珠澳大桥工程为例. 管理世界, 36 (12): 212-227.

陈杰. 2020. 交通基础设施建设、环境污染与地区经济增长. 华东经济管理, 34 (9): 72-79.

陈锐, 谭英双. 2017. "一带一路"基础设施项目投资及其省际操作. 改革, (8): 81-88.

陈维军. 2001. 文献计量法与内容分析法的比较研究. 情报科学, (8): 884-886.

陈伟, 杨主张, 熊威, 等. 2020. 装配式建筑工程施工安全风险传导 DEMATEL-BN 模型. 中国安全科学学报, 30 (7): 1-6.

陈为涛, 李雪敬, 程英春. 2010. 我国基础设施建设资产证券化融资思考. 商业研究, (10): 117-120.

陈银娥, 李鑫, 尹湘. 2020. 中国发展交通基础设施建设长期债券的思考. 宏观经济研究, (2): 154-164.

程群, 胡延清. 2011. 《德国网络安全战略》解析. 德国研究, 26 (3): 24-30, 78.

程书萍. 2017. 重大基础设施工程管理中的适应性选择原理与策略. 运筹与管理, 26 (2): 153-157.

崔强, 武春友, 匡海波. 2013. BP-DEMATEL 在空港竞争力影响因素识别中的应用. 系统工程理论与实践, 33 (6): 1471-1478.

董国豪, 潜伟. 2017. 普赖斯与科学史定量研究. 科学学研究, 35 (5): 667-675, 680.

董有德, 唐毅, 张露. 2020. 东道国腐败治理、基础设施建设与中国对外直接投资. 上海经济研究, (12): 101-112.

杜亚灵, 胡雯拯, 尹贻林. 2014. 风险分担对工程项目管理绩效影响的实证研究. 管理评论, 26（10）: 46-55.

范德成, 谷晓梅. 2021. 高技术产业技术创新生态系统健康性评价及关键影响因素分析——基于改进熵值-DEMATEL-ISM 组合方法的实证研究. 运筹与管理, 30（7）: 167-174.

范建平, 刘胜男, 吴美琴. 2019. 单值 Neutrosophic sets 环境下基于参照系数的 VIKOR 方法. 中国管理科学, 27（6）: 136-145.

方鸣, 谢敏. 2021. 通信基础设施质量与双边贸易——基于"一带一路"非洲国家的研究. 哈尔滨商业大学学报（社会科学版）,（1）: 99-108.

冯博, 索玮岚, 樊治平. 2012. 考虑多指标模糊关联的服务制造网络协同绩效评价方法. 中国管理科学, 20（4）: 95-103.

高沛然, 卢新元. 2014. 基于区间数的拓展 DEMATEL 方法及其应用研究. 运筹与管理, 23（1）: 44-50.

高武, 洪开荣, 潘彬. 2016. 重大交通设施项目风险复杂动态交互演化机理与仿真分析. 预测, 35（3）: 69-74.

高喆, 苗瑞. 2015. 基于 MACBETH 方法和 2-测度 Choquet 积分企业综合绩效评估决策. 工业工程, 18（1）: 128-134.

葛翔宇, 黄永强, 周艳丽. 2019. 交通基础设施投资与经济增长——基于准自然实验的证据. 系统工程理论与实践, 39（4）: 922-934.

弓晓敏, 耿秀丽, 孙绍荣. 2016. 基于二元语义 DEMATEL 和 DEA 的多属性群决策方法. 计算机集成制造系统, 22（8）: 1992-2000.

郭宁, 郭鹏, 赵静. 2019. 基于复杂网络的串联式项目群结构脆弱性分析. 工业工程与管理, 24（4）: 1-6, 39.

国家开发银行, 联合国开发计划署. 2019. 融合投融资规则 促进"一带一路"可持续发展——"一带一路"经济发展报告（2019）. 北京: 中国计划出版社.

韩宁. 2017. 日本网络安全战略. 国际研究参考,（6）: 35-42.

韩玮, 孙永河, 缪彬. 2021. 不完备判断信息情境下群组 DEMATEL 决策方法. 中国管理科学, 29（5）: 231-239.

何德旭. 2001. 关键是完善资产证券化的市场环境和制度条件. 管理世界,（3）: 94-101, 126.

何丽娜, 王国涛, 刘珏. 2021. 基于犹豫模糊 DEMATEL 与风险屋的供应链风险管理. 计算机集成制造系统, 27（5）: 1459-1468.

何涛, 赵国杰. 2011. 基于随机合作博弈模型的 PPP 项目风险分担. 系统工程, 29（4）: 88-92.

胡再勇, 付韶军, 张璐超. 2019. "一带一路"沿线国家基础设施的国际贸易效应研究. 数量经济技术经济研究, 36（2）: 24-44.

华冰, 张颖. 2019. 绿色资产证券化对可再生能源发电行业的金融支持——以新疆金风科技为例. 财会月刊,（11）: 171-176.

黄道丽, 方婷. 2016. 日本关键信息基础设施保护制度及对我国的启示. 中国信息安全,（7）: 75-79.

黄景文, 丁永生. 2007. 信息安全风险因素的 DEMATEL 识别. 情报杂志,（9）: 65-66, 70.

黄亮雄, 钱馨蓓, 隋广军. 2018. 中国对外直接投资改善了"一带一路"沿线国家的基础设施水平吗?. 管理评论, 30（3）: 226-239.

黄育华. 2000. 我国推行资产证券化的战略研究——兼论城市基础设施的资产证券化融资. 北京：中国社会科学院研究生院.

贾康, 孙洁. 2009. 公私伙伴关系（PPP）的概念、起源、特征与功能. 财政研究,（10）：2-10.

江文奇. 2014. 基于前景理论和 VIKOR 的风险型模糊多准则决策方法. 控制与决策, 29（12）：2287-2291.

邝国权. 1996. 评经合组织国家资产证券化. 世界经济,（7）：32-37.

李佳升, 陈道军. 2007. 工程项目管理. 北京：人民交通出版社.

李林, 刘志华, 章昆昌. 2013. 参与方地位非对称条件下 PPP 项目风险分配的博弈模型. 系统工程理论与实践, 33（8）：1940-1948.

李民, 姚建明, 吴阳, 等. 2019. 基于信息熵-VIKOR 模型的 4PL 供应商优选决策研究. 工业技术经济, 38（3）：3-11.

李升, 杨武, 凌波澜. 2018. 基础设施投融资是否增加地方政府债务风险?. 经济社会体制比较,（6）：67-76.

李西良, 田力普, 赵红. 2020. 高新技术企业知识产权能力测度研究——基于 DEMATEL-VIKOR 的指数模型. 科研管理, 41（4）：270-279.

李妍, 薛俭. 2021. 不完全信息视角下公私合作模式风险分担研究——基于参与主体的不同出价顺序. 科研管理, 42（6）：202-208.

李治国. 2019. ABS 将成为"一带一路"项目再融资首选模式. 海外投资与出口信贷,（6）：3-5.

李仲平. 2017. "一带一路"战略下中国对外投资基础设施的法律风险与对策——基于《补贴与反补贴措施协议》的视角. 中国软科学,（5）：1-8.

梁茹, 盛昭瀚. 2015. 基于综合集成的重大工程复杂问题决策模式. 中国软科学,（11）：123-135.

林敏华. 2015. 信贷资产证券化、异质性投资者和金融风险. 中国管理科学, 23（6）：25-31.

林萍萍, 李登峰, 江彬倩, 等. 2021. 属性关联的双极容度多属性决策 VIKOR 方法. 系统工程理论与实践, 41（8）：2147-2156.

林文豪, 陈梅倩, 周礼刚, 等. 2021. 一种区间 Pythagorean 模糊 VIKOR 多属性群决策方法. 运筹与管理, 30（3）：57-64.

林晓言. 2000. 铁路融资方式创新——资产证券化融资在铁路应用的思考. 数量经济技术经济研究,（5）：67-69.

刘畅旸, 石振武, 苗启香. 2019. 基于 FANP-GCE 的"一带一路"PPP 基础设施项目风险分担. 土木工程与管理学报, 36（1）：175-180.

刘浩, 陈世金, 陈超凡. 2018. "一带一路"沿线国家基础设施 PPP 项目成效分析. 国家行政学院学报,（5）：57-63, 188-189.

刘慧, 杨乃定, 张延禄, 等. 2020. 基于决策实验室分析的研发网络风险交互关系识别与测度. 科技管理研究, 40（4）：212-219.

刘山泉. 2015. 德国关键信息基础设施保护制度及其对我国《网络安全法》的启示. 信息安全与通信保密,（9）：86-90.

刘晓, 张隆飙. 2009. 关键基础设施及其安全管理. 管理科学学报, 12（6）：107-115.

刘哲铭, 隋越, 金治州, 等. 2018. 国际视域下重大基础设施工程社会责任的演进. 系统管理学报, 27（1）：101-108.

刘政敏, 刘培德, 刘位龙. 2017. 基于 Pythagorean 不确定语言的扩展 VIKOR 多属性群决策方法.

控制与决策, 32（12）：2145-2152.

卢英佳, 吕欣. 2014.《日本网络安全战略》简析. 中国信息安全,（4）：110-111.

鲁夏琼, 王松江. 2010. GJ-DT 公路隧道项目 BOT-BT-TOT 集成融资模式运营体系研究. 项目管理技术, 8（10）：17-21.

马宝茹. 1996. BOT 及演变方式在通信行业应用之比较. 对外经贸实务,（5）：13-16.

马亮, 杨俊玲, 王洪强, 等. 2019. 基于 CNKI 文献内容分析和计量可视化分析的我国 PPP 领域研究综述. 数学的实践与认识, 49（8）：28-38.

马跃, 冉爱晶, 朱方伟. 2017. 基于 GRNN-DEMATEL 的工业化对信息化促进效率影响因素分析. 科研管理, 38（7）：153-160.

麦强, 盛昭瀚, 安实, 等. 2019. 重大工程管理决策复杂性及复杂性降解原理. 管理科学学报, 22（8）：17-32.

牛静, 扈文秀, 穆庆榜, 等. 2012. 基于实物期权的基础设施投资担保负担测度及其风险管理研究. 管理评论, 24（8）：11-20.

欧纯智, 贾康. 2018. 西班牙—法国跨境高铁 PPP 项目失败的教训与启示——基于 PPP 模式发展公用事业的风险分析. 当代财经,（10）：24-32.

欧阳静, 张宏海. 2017. 异质性资金投入、产出效率和城市基础设施水平. 统计与决策,（14）：111-114.

潘彬, 黄靖, 薛笑笑, 等. 2015. 基于熵权改进的模糊综合方法对大型基础设施项目的风险评价——以温州轨道交通建设项目为例. 经济地理, 35（10）：44-49.

潘教峰, 等. 2019. 智库 DIIS 理论方法. 北京：科学出版社.

秦娟, 李延来, 陈振颂. 2015. 基于极大熵配置模型与 Choquet 积分的物流供应商选择群决策方法. 计算机集成制造系统, 21（10）：2746-2759.

全卓伟. 2019. 基础设施资产证券化融资模式初探. 上海建设科技,（1）：72-75.

任雁, 汪正祥, 雷耘, 等. 2015. 基础设施建设工程对湿地的生态补偿研究——以穿越长湖湿地自然保护区的蒙西铁路建设工程为例. 湿地科学, 13（4）：410-416.

沈梦溪. 2016a. 国际基础设施 PPP 项目失败原因探析. 国际经济合作,（10）：66-70.

沈梦溪. 2016b. "一带一路"基础设施建设的资金瓶颈和应对之策. 国际贸易,（11）：33-37.

石福丽, 许永平, 杨峰. 2013. 考虑专家偏好关联的群决策方法及其应用. 控制与决策, 28（3）：391-395, 401.

宋金波, 靳璐璐, 付亚楠. 2016. 高需求状态下交通 BOT 项目特许决策模型. 管理评论, 28（5）：199-205.

宋明. 2017. 中国信贷资产证券化风险传导机制研究. 天津：天津财经大学.

苏志欣, 王理, 夏国平. 2010. 区间数动态多属性决策的 VIKOR 扩展方法. 控制与决策, 25（6）：836-840, 846.

孙红霞, 李煜. 2015. 三角直觉模糊数型 VIKOR 方法. 运筹与管理, 24（4）：288-294.

孙蕾, 孙绍荣. 2017. 基于 Shapley 值的基础设施工程融资联盟合作机制研究. 工业工程与管理, 22（2）：76-82.

孙晓华, 刘小玲, 徐帅. 2017. 交通基础设施与服务业的集聚效应——来自省市两级的多层线性分析. 管理评论, 29（6）：214-224.

孙烨, 吴昊洋. 2017. 丝绸之路经济带的基础设施资金需求与投融资经济决策. 经济问题探索,

（3）：92-97.

孙早，徐远华. 2018. 信息基础设施建设能提高中国高技术产业的创新效率吗？——基于 2002—2013 年高技术 17 个细分行业面板数据的经验分析. 南开经济研究，（2）：72-92.

索玮岚. 2008. 具有混合关联信息的风险因素识别方法及其应用研究. 沈阳：东北大学.

索玮岚. 2013. 基于扩展 VIKOR 的不确定语言多属性群决策方法. 控制与决策，28（9）：1431-1435，1440.

索玮岚. 2016. 基于二元语义 TAC 积分算子的语言型多属性群决策方法. 运筹与管理，25（2）：63-70.

索玮岚，陈发动，张磊. 2021. 考虑多重关联性和动态随机性的城市关键基础设施运行风险概率评估研究. 管理工程学报，35（5）：225-235.

索玮岚，陈锐. 2014. 考虑复杂关联情境的城市典型生命线运行风险因素识别方法研究. 中国管理科学，22（8）：130-140.

索玮岚，樊治平. 2010. 混合型多属性决策的 E-VIKOR 方法. 系统工程，28（4）：79-83.

索玮岚，冯博. 2016. 关联型决策分析方法研究综述. 系统工程理论与实践，36（10）：2449-2464.

索玮岚，高军，陈锐. 2015. 科研机构科技资源使用效益评估研究——基于时滞效应和关联效应视角. 科学学研究，33（2）：234-241.

谭春桥，张晓丹. 2019. 基于后悔理论的不确定风险型多属性决策 VIKOR 方法. 统计与决策，35（1）：47-51.

谭志加，杨海，陈琼. 2013. 收费公路项目 Pareto 有效 BOT 合同与政府补贴. 管理科学学报，16（3）：10-20.

唐红祥，王业斌，王旦，等. 2018. 中国西部地区交通基础设施对制造业集聚影响研究. 中国软科学，（8）：137-147.

滕敏敏，韩传峰，刘兴华. 2014. 中国大型基础设施项目社会影响评价指标体系构建. 中国人口·资源与环境，24（9）：170-176.

汪汝根，李为民，罗骁，等. 2019. 基于新距离测度的直觉模糊 VIKOR 多属性决策方法. 系统工程与电子技术，41（11）：2524-2532.

汪涛，高尚德，李桂君. 2019. 基于元网络分析的重大基础设施建设项目风险评估框架与实证. 中国管理科学，27（7）：208-216.

汪文雄，李启明. 2010. 基于利益相关者多方满意的城市交通 PPP 项目特许价格调整模型研究. 重庆大学学报（社会科学版），16（3）：51-58.

王东波，宋金波，戴大双，等. 2009. BOT 项目特许期决策方法研究评述. 预测，28（3）：1-8.

王辉，何柏森. 1999. BOT 模式项目融资的风险研究. 中国软科学，（5）：113-117，121.

王军武，余旭鹏. 2020. 考虑风险关联的轨道交通 PPP 项目风险分担演化博弈模型. 系统工程理论与实践，40（9）：2391-2405.

王立国，王昱睿. 2019. 私人资本参与"一带一路"沿线基础设施项目的影响因素分析——基于沿线 41 个发展中国家的实证分析. 投资研究，38（10）：81-92.

王利平，呼睿颖. 2021. 跨国复杂情境下基于目标的整合性制度化——以中亚天然气管道工程为例. 管理学报，18（9）：1296-1306.

王舒毅. 2015. 日本网络安全战略：发展、特点及借鉴. 中国行政管理，（1）：152-156.

王伟明，徐海燕，朱建军. 2021. 区间信息下的大规模群体 DEMATEL 决策方法. 系统工程理论与实践，41（6）：1585-1597.

王喜军，王孟钧，陈辉华. 2008. BOT 项目运作与管理实务. 北京：中国建筑工业出版社.

王耀辉，马荣国. 2009. 基础设施建设 BT 项目融资风险模糊评价. 交通运输工程学报，9（3）：
　　103-107.

王亦虹，田平野，邓斌超，等. 2021. 基于修正区间模糊 Shapley 值的"一带一路" PPP 项目利
　　益分配模型. 运筹与管理，30（5）：168-175.

王中和. 2015. 工程项目风险分担研究综述与展望. 科技管理研究，35（20）：187-192.

王中原，魏法杰. 2015. 基于 IFAHP-DEMATEL 的军工企业法律风险识别研究. 管理评论，
　　27（6）：68-77.

韦秀长，杨柳. 2007. 中国联通资产证券化融资实践. 财务与会计，（17）：15-17.

乌云娜，孙肖坤，芦智明，等. 2019. 基于区间二型模糊 AHP-VIKOR 的风电建设项目投资风险
　　决策模型研究. 科技管理研究，39（4）：236-245.

吴昊南，刘笑晨. 2018. 由中铁建墨西哥高铁招标失败案例引发的思考. 对外经贸实务，（7）：
　　71-73.

吴建忠，詹圣泽，陈继. 2018. PPP 融资与运营模式创新研究——以荔榕高速"PPP + EPC + 运
　　营期政府补贴"模式为例. 工业技术经济，37（1）：49-56.

吴贞瑶，帅斌，胡鹏. 2018. 高速公路 PPP 项目中的政府保障研究. 系统工程理论与实践，38（10）：
　　2652-2658.

武春友，陈兴红，匡海波. 2014. 基于 Rough-DEMATEL 的企业绿色增长模式影响因素识别. 管
　　理评论，26（8）：74-81.

武建章，张强. 2010. 基于 2-可加模糊测度的多准则决策方法. 系统工程理论与实践，30（7）：
　　1229-1237.

解本政，李萍，张琳，等. 2018. 基于知识图谱的政府与社会资本合作研究综述. 土木工程与管
　　理学报，35（6）：1-10，29.

谢海林，王国华，杨腾飞. 2017. 我国基础设施建设的互联网 + PPP 模式及其政策支持研究. 中
　　国行政管理，（4）：88-92.

薛晔，纪晓东，薛崇义. 2020. 煤层气开发社会生态环境风险因素分析及对策仿真——基于
　　DEMATEL 与 FCM 模型. 中国人口·资源与环境，30（12）：125-136.

闫妍，顾亚露，朱晓武. 2016. 高速公路收益权的资产证券化问题研究. 金融研究，（5）：111-123.

严兵，阮南. 2003. 信用风险：BOT 项目融资成败的关键——国内外电力行业项目融资案例分
　　析. 国际经济合作，（1）：46-49.

燕雪，徐媛，盛昭瀚，等. 2017. 不同合作状态下交通特许经营项目特许期决策模型. 中国管理
　　科学，25（11）：103-110.

杨宏伟，何建敏，周晶. 2003. 在 BOT 模式下收费道路定价和投资的博弈决策模型. 中国管理
　　科学，（2）：30-33.

杨惠馨. 1995. 基础设施建设中的 BOT 融资. 中国工业经济，（7）：30-33.

叶晓甦，徐春梅. 2013. 我国公共项目公私合作（PPP）模式研究述评. 软科学，27（6）：6-9.

尹响，胡旭. 2019. 中巴经济走廊基础设施互联互通项目建设成效、挑战与对策. 南亚研究季刊，
　　（3）：32-41，5.

尤筱玥，雷星晖，毛人杰，等. 2019. 基于 ITL-VIKOR 扩展模型的供应商企业社会责任评价. 管

理学报, 16 (12): 1830-1840.

由丽萍, 王嘉敏. 2015. 基于情感分析和 VIKOR 多属性决策法的电子商务顾客满意感测度. 情报学报, 34 (10): 1098-1110.

余莹. 2015. 我国对外基础设施投资模式与政治风险管控——基于"一带一路"地缘政治的视角. 经济问题, (12): 8-14.

袁峰, 刘玲, 邵祥理. 2018. 基于前景理论和 VIKOR 的互联网保险消费决策模型. 保险研究, (3): 67-75.

袁永博, 叶公伟, 张明媛. 2011. 基础设施 PPP 模式融资结构优化研究. 技术经济与管理研究, (3): 91-95.

曾雪琴, 陈建国, 吕峰. 2015. 基于模糊数和粗糙集的建设项目风险评估. 统计与决策, (1): 80-83.

张超英. 2005. 资产证券化对货币市场的影响. 中国软科学, (2): 57-65.

张朝勇, 王卓甫, 邢会歌. 2007. 基于 Choquet 模糊积分的工程投标风险评估方法. 土木工程学报, (10): 98-104.

张光南, 陈广汉. 2009. 基础设施投入的决定因素研究: 基于多国面板数据的分析. 世界经济, (3): 33-44.

张海亮, 卢曼, 吴冲锋. 2015. 不同"融资铜"模式的风险识别与警示. 中国管理科学, 23 (8): 10-17.

张劲, 索玮岚. 2020. 考虑风险关联性和随机性的交通基础设施建设风险评估方法研究. 管理评论, 32 (6): 45-55.

张妮, 赵晓冬, 臧誉琪. 2018. 基于投影的区间中智犹豫模糊 VIKOR 决策方法及应用. 系统工程, 36 (11): 153-158.

张鹏飞. 2018. 基础设施建设对"一带一路"亚洲国家双边贸易影响研究: 基于引力模型扩展的分析. 世界经济研究, (6): 70-82, 136.

张平. 2014. 美国地方财政探究: 房产税、基础设施、最优债务和支出稳定. 公共行政评论, 7 (5): 184-188.

张琦, 刘人境, 徐青川. 2019. 基于梯形直觉模糊数的改进 DEMATEL 方法. 工业工程与管理, 24 (3): 91-98.

张尚武, 潘鑫. 2021. 新时期我国跨区域重大基础设施规划建设的战略思考. 城市规划学刊, (2): 38-44.

张婉婷, 科列斯尼科娃 T B. 2020. "一带一盟"对接助推跨境交通基础设施互联互通——以发展铁路基础设施为例. 欧亚经济, (6): 108-122, 126.

张学良. 2012. 中国交通基础设施促进了区域经济增长吗——兼论交通基础设施的空间溢出效应. 中国社会科学, (3): 60-77, 206.

张延禄, 杨乃定. 2013. 基于 2-可加模糊测度的 NPD 项目复杂性评价. 运筹与管理, 22 (5): 196-202.

张勇, 方东辉. 2017. 委托代理模型下的资产证券化最优保留比例. 系统工程, 35 (12): 43-50.

张勇, 罗鹏飞, 杨招军. 2019. 时间偏好不一致下的资产证券化最优合约设计与决策. 系统管理学报, 28 (1): 108-115.

张友春. 2002. 日本信息安全保障体系建设情况综述. 信息安全与通信保密, (6): 57-60.

张震, 郭崇慧. 2011. 一种基于二元语义信息处理的多属性群决策方法. 控制与决策, 26 (12): 1881-1885.

张忠, 方可, 杨明. 2013. 基于2-可加模糊测度的仿真可信度评估方法. 控制与决策, 28 (1): 147-151.

赵光辉, 李长健. 2018. 交通强国战略视野下交通治理问题解析. 管理世界, (2): 182-183.

赵娜, 郑大昭, 孙妮娜. 2018. 基于结构协同增益模型的重大工程传染性风险研究. 中国管理科学, 26 (12): 90-98.

赵蜀蓉, 杨科科, 龙林岸. 2018. "一带一路"基础设施建设中PPP模式面临的风险与对策研究. 中国行政管理, (11): 73-78.

赵树平, 梁昌勇, 罗大伟. 2016. 基于VIKOR和诱导广义直觉梯形模糊Choquet积分算子的多属性群决策方法. 中国管理科学, 24 (6): 132-142.

赵泽斌, 满庆鹏. 2018. 基于前景理论的重大基础设施工程风险管理行为演化博弈分析. 系统管理学报, 27 (1): 109-117.

周德群, 章玲. 2008. 集成DEMATEL/ISM的复杂系统层次划分研究. 管理科学学报, 11 (2): 20-26.

周家义, 王哲. 2019. "一带一路"下中资企业海外基础设施建设可持续发展策略. 宏观经济管理, (11): 63-68, 74.

周正祥, 张秀芳, 张平. 2015. 新常态下PPP模式应用存在的问题即对策. 中国软科学, (9): 82-95.

朱宝宪, 刘炜莉. 1999. 中国开展资产支撑证券化融资的研究. 管理世界, (3): 62-67.

朱春艳, 杨明顺, 高新勤, 等. 2012. 基于DEMATEL和熵的顾客需求重要度修正. 工业工程与管理, 17 (3): 97-101.

庄新田, 黄小原. 2002. 关于资产证券化与风险管理的思考. 预测, (5): 38-41.

Abrell J, Rausch S. 2016. Cross-country electricity trade, renewable energy and European transmission infrastructure policy. Journal of Environmental Economics and Management, 79: 87-113.

Ahmadabadi A A, Heravi G. 2019. Risk assessment framework of PPP-megaprojects focusing on risk interaction and project success. Transportation Research Part A: Policy and Practice, 124: 169-188.

Ajayi A, Oyedele L, Owolabi H, et al. 2020. Deep learning models for health and safety risk prediction in power infrastructure projects. Risk Analysis, 40 (10): 2019-2039.

Akcay E C, Dikmen I, Birgonul M T, et al. 2019. Negotiating the selling price of hydropower energy using multi-agent systems in BOT. Journal of Civil Engineering and Management, 25 (5): 441-450.

Aladağ H, Işik Z. 2020. The effect of stakeholder-associated risks in mega-engineering projects: a case study of a PPP airport project. IEEE Transactions on Engineering Management, 67 (1): 174-186.

Alafita T, Pearce J M. 2014. Securitization of residential solar photovoltaic assets: costs, risks and uncertainty. Energy Policy, 67: 488-498.

Al-Emad N, Rahman I A, Khan H. 2018. Failure factors of Makkah's mega construction projects:

qualitative study. MATEC Web of Conference, 250 (2): 05003.

An M, Chen Y, Baker C. 2011. A fuzzy reasoning and fuzzy-analytic hierarchy process based approach to the process of railway risk information: a railway risk management system. Information Sciences, 181 (18): 3946-3966.

Andric J M, Wang J Y, Zou P X W, et al. 2019. Fuzzy logic-based method for risk assessment of Belt and Road infrastructure projects. Journal of Construction Engineering and Management, 145 (12): 04019082.

Arnold U, Yildiz O. 2015. Economic risk analysis of decentralized renewable energy infrastructures—a Monte Carlo simulation approach. Renewable Energy, 77: 227-239.

Asan U, Kadaifci C, Bozdag E, et al. 2018. A new approach to DEMATEL based on interval-valued hesitant fuzzy sets. Applied Soft Computing, 66: 34-49.

Asher S, Garg T, Novosad P. 2020. The ecological impact of transportation infrastructure. The Economic Journal, 130 (629): 1173-1199.

Ashuri B, Kashani H, Molenaar K R, et al. 2012. Risk-neutral pricing approach for evaluating BOT highway projects with government minimum revenue guarantee options. Journal of Construction Engineering and Management, 138 (4): 545-557.

Ayrim Y, Atalay K D, Can G F. 2018. A new stochastic MCDM approach based on COPRAS. International Journal of Information Technology & Decision Making, 17 (3): 857-882.

Bae Y M, Lee Y H. 2012. Integrated framework of risk evaluation and risk allocation with bounded data. Expert Systems with Applications, 39 (9): 7853-7859.

Bai C G, Sarkis J. 2013. A grey-based DEMATEL model for evaluating business process management critical success factors. International Journal of Production Economics, 146 (1): 281-292.

Bao C B, Wu D S, Li J P. 2019. A knowledge-based risk measure from the fuzzy multicriteria decision-making perspective. IEEE Transactions on Fuzzy Systems, 27 (5): 1126-1138.

Barney K, Souksakoun K. 2021. Credit crunch: Chinese infrastructure lending and Lao sovereign debt. Asia & The Pacific Policy Studies, 8 (1): 94-113.

Berrah L, Mauris G, Montmain J, et al. 2008. Efficacy and efficiency indexes for a multi-criteria industrial performance synthesized by Choquet integral aggregation. International Journal of Computer Integrated Manufacturing, 21 (4): 415-425.

Boateng P, Chen Z, Ogunlana S O. 2015. An analytical network process model for risks prioritisantion in megaprojects. International Journal of Project Management, 33(8): 1795-1811.

Bottasso A, Conti M, de Sa Porto P C, et al. 2018. Port infrastructures and trade: empirical evidence from Brazil. Transportation Research Part A: Policy and Practice, 107: 126-139.

Brömmelhörster J, Fabry S, Wirtz N. 2004. Critical Infrastructure Protection: Survey of World-Wide Activities. Bonn: Federal Office for Information Security.

Büyüközakn G, Ruan D. 2009. Choquet integral based aggregation approach to software development risk assessment. Information Sciences, 180 (3): 441-451.

Büyüközkan G, Feyzioğlu O, Ersoy M Ş. 2008. Evaluation of 4PL operating models: a decision making approach based on 2-additive Choquet integral. International Journal of Production Economics, 121 (1): 112-120.

Büyüközkan G, Feyzioğlu O, Göçer F. 2018. Selection of sustainable urban transportation alternatives using an integrated intuitionistic fuzzy Choquet integral approach. Transportation Research Part D: Transport and Environment, 58: 186-207.

Canca D, Andrade-Pineda J L, De-Los-Santos A, et al. 2021. A quantitative approach for the long-term assessment of railway rapid transit network construction or expansion projects. European Journal of Operational Research, 294 (2): 604-621.

Carpintero S, Petersen O H. 2015. Bundling and unbundling in public-private partnerships: implications for risk sharing in urban transport projects. Project Management Journal, 46 (4): 35-46.

Chang K H, Cheng C H. 2011. Evaluating the risk of failure using the fuzzy OWA and DEMATEL method. Journal of Intelligent Manufacturing, 22 (2): 113-129.

Chapman C B, Ward S C. 1994. The efficient allocation of risk in contracts. Omega, 22(6): 537-552.

Charni R, Maier M. 2014. Total cost of ownership and risk analysis of collaborative implementation models for integrated fiber-wireless smart grid communications infrastructures. IEEE Transactions on Smart Grid, 5 (5): 2264-2272.

Chebotareva G, Strelkowski W, Streimikiene D. 2020. Risk assessment in renewable energy projects: a case of Russia. Journal of Cleaner Production, 269: 122110.

Chen J K, Chen I S. 2010. Using a novel conjunctive MCDM approach based on DEMATEL, fuzzy ANP, and TOPSIS as an innovation support system for Taiwanese higher education. Expert Systems with Application, 37 (3): 1981-1990.

Chen L Y, Wang T C. 2009. Optimizing partners' choice in IS/IT outsourcing projects: the strategic decision of fuzzy VIKOR. International Journal of Production Economics, 120 (1): 233-242.

Chen S M, Adam S I. 2018. Weighted fuzzy interpolated reasoning based on ranking values of polygonal fuzzy sets and new scale and move transformation techniques. Information Sciences, 435: 184-202.

Chen Z Y, Ye H R, Liu B X, et al. 2021. Analysis of road capacity and franchise price decision delegation in toll road BOT project. Transportation Research Part E: Logistics and Transportation review, 146: 102213.

Choquet G. 1954. Theory of capacities. Annales de I'institut Fourier, 5: 131-295.

Chou J S, Pramudawardhani D. 2015. Cross-country comparisons of key drivers, critical success factors and risk allocation for public-private partnership projects. International Journal of Project Management, 33 (5): 1136-1150.

Chou J S, Tserng H P, Lin C, et al. 2012. Critical factors and risk allocation for PPP policy: comparison between HSR and general infrastructure projects. Transport Policy, 22: 36-48.

Chrimes P. 2020. The longest line on the map: the United States, the Pan-American Highway, and the quest to link the Americas. International Affairs, 96(6): 1693-1694.

Cosar A K, Demir B. 2016. Domestic road infrastructure and international trade: evidence from Turkey. Journal of Development Economics, 118: 232-244.

Cui C Y, Liu Y, Hope A, et al. 2018. Review of studies on the public private partnerships (PPP) for infrastructure projects. International Journal of Project Management, 36 (5): 773-794.

Cuppen E, Bosch-Rekveldt M G C, Pikaar E, et al. 2016. Stakeholder engagement in large-scale energy infrastructure projects: revealing perspectives using Q methodology. International Journal of Project Management, 34 (7): 1347-1359.

Dailami M, Leipziger D. 1998. Infrastructure project finance and capital flows: a new perspective. World Development, 26 (7): 1283-1298.

Darvishi S, Jozi S A, Malmasi S, et al. 2020. Environmental risk assessment of dams at constructional phase using VIKOR and EFMEA methods (Case study: Balarood Dam, Iran). Human and Ecological Risk Assessment: An International Journal, 26 (4): 1087-1107.

Diab M F, Varma A, Panthi K. 2017. Modeling the construction risk ratings to estimate the contingency in highway projects. Journal of Construction Engineering and Management, 143 (8): 04017041.

Dong C W, Chen C Y, Shi X T, et al. 2021. Operations strategy for supply chain finance with asset-backed securitization: centralization and blockchain adoption. International Journal of Production Economics, 241: 108261.

Dong S C, Yang Y, Li F J, et al. 2018. An evaluation of the economic, social, and ecological risks of China-Mongolia-Russia high-speed railway construction and policy suggestions. Journal of Geographical Sciences, 28: 900-918.

Duan F, Ji Q, Liu B Y, et al. 2018. Energy investment risk assessment for nations along China's Belt & Road Initiative. Journal of Cleaner Production, 170: 535-547.

El-Sayegh S M, Mansour M H. 2015. Risk assessment and allocation in highway construction projects in the UAE. Journal of Management in Engineering, 31 (6): 04015004.

Erkul M, Yitmen I, Celik T. 2020. Dynamics of stakeholder engagement in mega transport infrastructure projects. International Journal of Managing Project in Business, 13 (7): 1465-1495.

Fan Z P, Suo W L, Feng B. 2012. Identifying risk factors of IT outsourcing using interdependent information: an extended DEMATEL method. Expert Systems with Applications, 39 (3): 3832-3840.

Fazekas M, Tóth B. 2018. The extent and cost of corruption in transport infrastructure: new evidence from Europe. Transportation Research Part A: Policy and Practice, 113: 35-54.

Fazli S, Mavi R K, Vosooghidizaji M. 2015. Crude oil supply chain risk management with DEMATEL-ANP. Operational Research, 15: 453-480.

Feltenstein A, Ha J M. 1999. An analysis of the optimal provision of public infrastructure: a computational model using Mexican data. Journal of Development Economics, 58 (1): 219-230.

Feng J B, Li M, Li Y S. 2018. Study of decision framework of shopping mall photovoltaic plan selection based on DEMATEL and ELECTRE III with symmetry under neutrosophic set environment. Symmetry, 10 (5): 150.

Fontela E, Gabus A. 1976. The DEMATEL Observer. Geneva: Battelle Geneva Research Centre.

Ford M J, Abdulla A. 2021. New methods for evaluating energy infrastructure development risks. Risk Analysis, http://doi.org/10. 1111/risa. 13727.

Gabus A, Fontela E. 1972. World Problems an Invitation to Further Thought within the Framework of

DEMATEL. Geneva：Battelle Geneva Research Centre.

Gabus A，Fontela E. 1973. Perceptions of the World Problem Atique：Communication Procedure，Communicating with Those Bearing Collective Responsibility. Geneva：Battelle Geneva Research Centre.

Gholipour H F，Andargoli A E，Arjomandi A，et al. 2021. Capital investment in telecommunications infrastructure and tourist arrivals in developing countries：does the public-private sectors relationship matter?. Tourism Economics，http://doi.org/10. 1177/13548166211014814.

Gonzalez-Ruiz J D，Peña A，Duque E A，et al. 2019. Stochastic logistic fuzzy maps for the construction of integrated multirates scenarios in the financing of infrastructure projects. Applied Soft Computing，85：105818.

Gou X J，Xu Z S，Liao H C，et al. 2020. Probabilistic double hierarchy linguistic term set and its use in designing an improved VIKOR method：the application in smart healthcare. Journal of the Operational Research Society，72（12）：2611-2630.

Govindan K，Chaudhuri A. 2016. Interrelationships of risks faced by third party logistics service providers：a DEMATEL based approach. Transportation Research Part E：Logistics and Transportation Review，90：177-195.

Grabisch M. 1995. Fuzzy integral in multicriteria decision making. Fuzzy Sets and Systems，69（3）：279-298.

Grabisch M. 1996. The application of fuzzy integral in multicriteria decision making. European Journal of Operational Research，89（3）：445-456.

Grabisch M. 1997. K-order additive discrete fuzzy measures and their representation. Fuzzy Sets and Systems，92（2）：167-189.

Gul M，Ak M F，Guneri A F. 2019. Pythagorean fuzzy VIKOR-based approach for safety risk assessment in mine industry. Journal of Safety Research，69：135-153.

Guo F，Chang-Richards Y，Wilknson S，et al. 2013. Effects of project governance structures on the management of risks in major infrastructure projects：a comparative analysis. International Journal of Project Management，32（5）：815-826.

Guo Z Y，Haimes Y Y. 2016. Risk assessment of infrastructure system of systems with precursor analysis. Risk Analysis，36（8）：1630-1643.

Hacioglu U，Dincer H. 2015. A comparative performance evaluation on bipolar risks in emerging capital markets using fuzzy AHP-TOPSIS and VIKOR approaches. Inzinerine Ekonomika-Engineering Economics，26（2）：118-129.

Hajibabai L，Ouyang Y F. 2013. Integrated planning of supply chain networks and multimodal transportation infrastructure expansion：model development and application to the biofuel industry. Computer-Aided Civil and Infrastructure Engineering，28（4）：247-259.

Han Q Y，Zhu Y M，Ke G Y，et al. 2019. Public private partnership in brownfield remediation projects in China：identification and structure analysis of risks. Land Use Policy，84：87-104.

Hanna A S，Thomas G，Swanson J R. 2013. Construction risk identification and allocation：cooperative approach. Journal of Construction Engineering and Management，139：1098-1107.

Hashemi H，Mousavi S M，Mojtahedi S M H. 2011. Bootstrap technique for risk analysis with interval numbers in bridge construction projects. Journal of Construction Engineering and Management, 137 (8): 600-608.

He L N, Wu Z Y, Xiang W, et al. 2021. A novel Kano-QFD-DEMATEL approach to optimise the risk resilience solution for sustainable supply chain. International Journal of Production Research, 59 (6): 1714-1735.

Heravi G, Hajihosseini Z. 2012. Risk allocation in public-private partnership infrastructure projects in developing countries: case study of the Tehran-Chalus toll road. Journal of Infrastructure Systems, 18 (3): 210-217.

Herrera F, Herrera-Viedma E, Verdegay J L. 1995. A sequential selection process in group decision making with linguistic assessment. Information Sciences, 85 (4): 223-239.

Herrera F, Martinez L. 2000. A 2-tuple fuzzy linguistic representation model for computing with words. IEEE Transactions on Fuzzy Systems, 8 (6): 746-752.

Hodge G A, Greve C. 2007. Public-private partnerships: an international performance review. Public Administration Review, 67 (3): 545-558.

Hong J J, Chu Z F, Wang Q. 2011. Transport infrastructure and regional economic growth: evidence from China. Transportation, 38 (5): 737-752.

Huang K C, Kuo Y M. 2013. A transportation programming model considering project interdependency and regional balance. Transportation Research Part C: Emerging Technologies, 36: 395-405.

Hwang B G, Zhao X B, Yu G S. 2016. Risk identification and allocation in underground rail construction joint ventures: contractors' perspective. Journal of Civil Engineering and Management, 22 (6): 758-767.

Hwang Y A, Li J H, Hsiao Y H. 2005. A dynamic approach to the Shapley value based on associated games. International Journal of Game Theory, 33: 551-562.

Iniestra J G, Gutiérrez J G. 2009. Multicriteria decisions on interdependent infrastructure transportation projects using an evolutionary-based framework. Applied Soft Computing, 9 (2): 512-526.

Jia F, Liu P D. 2019. A novel three-way decision model under multiple-criteria environment. Information Sciences, 471: 29-51.

Jiang Y P, Fan Z P, Ma J. 2008. A method for group decision making with multi-granularity linguistic assessment information. Information Sciences, 178 (4): 1098-1109.

Jin X H. 2010. Determinants of efficient risk allocation in privately financed public infrastructure projects in Australia. Journal of Construction Engineering and Management, 136 (2): 138-150.

Jin X H, Zhang G M. 2011. Modelling optimal risk allocation in PPP projects using artificial neural networks. International Journal of Project Management, 29 (5): 591-603.

Johnsen S O, Veen M. 2013. Risk assessment and resilience of critical communication infrastructure in railways. Cognition, Technology & Work, 15: 95-107.

Joshi R. 2020. A novel decision-making method using R-Norm concept and VIKOR approach under picture fuzzy environment. Expert Systems with Applications, 147: 113228.

Jullien S, Valet L, Mauris G, et al. 2008. An attribute fusion system based on the Choquet integral to evaluate the quality of composite parts. IEEE Transactions on Instrumentation and Measurement, 57 (4): 755-762.

Kadaifci C, Asan U, Bozdag E. 2020. A new 2-additive Choquet integral based approach to qualitative cross-impact analysis considering interaction effects. Technological Forecasting and Social Change, 158: 120131.

Ke Y J, Wang S Q, Chan A P C. 2010. Risk allocation in public-private partnership infrastructure projects: comparative study. Journal of Infrastructure Systems, 16: 343-351.

Kececi B, Ic Y T, Eraslan E. 2019. Development of a spreadsheet DSS for multi-response Taguchi parameter optimization problems using the TOPSIS, VIKOR, and GRA methods. International Journal of Information Technology & Decision Making, 18 (5): 1501-1531.

Khan A, Waris M, Panigrahi S, et al. 2021. Improving the performance of public sector infrastructure projects: role of project governance and stakeholder management. Journal of Management in Engineering, 37 (2): 04020112.

Khorrama S. 2020. A novel approach for ports' container terminals' risk management based on formal safety assessment: FAHP-entropy measure-VIKOR model. Natural Hazards, 103(2): 1671-1707.

Kim E. 1998. Economic gain and loss from public infrastructure investment. Growth and Change, 29 (4): 445-469.

Kim H, Ahn S, Ulfarsson G F. 2018. Transportation infrastructure investment and the location of new manufacturing around South Korea's West Coast Expressway. Transport Policy, 66: 146-154.

Klashner R, Sabet S. 2007. A DSS design model for complex problems: lessons from mission critical infrastructure. Decision Support Systems, 43 (3): 990-1013.

Kumari A, Sharma A K. 2017. Infrastructure financing and development: a bibliometric review. International Journal of Critical Infrastructure Protection, 16: 49-65.

Kuo Y C, Lu S T. 2013. Using fuzzy multiple criteria decision making approach to enhance risk assessment for metropolitan construction projects. International Journal of Project Management, 31 (4): 602-614.

Kwak Y H, Chih Y, Ibbs C W. 2009. Towards a comprehensive understanding of public private partnerships for infrastructure development. California Management Review, 51 (2): 51-78.

Kyriacou A P, Muinelo-Gallo L, Roca-Sagalés O. 2019. The efficiency of transport infrastructure investment and the role of government quality: an empirical analysis. Transport Policy, 74: 93-102.

la Fata C M, Giallanza A, Micale R, et al. 2021. Ranking of occupational health and safety risks by a multi-criteria perspective: inclusion of human factors and application of VIKOR. Safety Science, 138: 105234.

Lavee D, Beniad G, Solomon C. 2011. The effect of investment in transportation infrastructure on the debt-to-GDP ratio. Transport Reviews, 31 (6): 769-789.

Lee Z Y, Pai C C. 2015. Applying improved DEA & VIKOR methods to evaluate the operation performance for world's major TFT-LCD. ASIA-Pacific Journal of Operational Research, 32 (3): 1550020.

Li J P, Zhang J, Suo W L. 2019. Risk assessment in cross-border transport infrastructure projects: a fuzzy hybrid method considering dual interdependent effects. Information Sciences, 488: 140-157.

Li L P, Chen Q S, Li X F, et al. 2021. An improved PL-VIKOR model for risk evaluation of technological innovation projects with probabilistic linguistic term sets. International Journal of Fuzzy Systems, 23: 419-433.

Li S, Abraham D, Cai H B. 2017. Infrastructure financing with project bond and credit default swap under public-private partnerships. International Journal of Project Management, 35 (3): 406-419.

Li T H Y, Ng S T, Skitmore M. 2016. Modeling multi-stakeholder multi-objective decisions during public participation in major infrastructure and construction projects: a decision rule approach. Journal of Construction Engineering and Management, 142 (3): 04015087.

Li Y, Hu Y, Zhang X G, et al. 2014. An evidential DEMATEL method to identify critical success factors in emergency management. Applied Soft Computing, 22: 504-510.

Liang Q X, Hu H. 2020. Study on identification of spurious public-private partnership projects in China. IEEE Transactions on Engineering Management, 67 (2): 376-384.

Liang Y Y, Ju Y B, Qin J D, et al. 2021. Multi-granular linguistic distribution evidential reasoning method for renewable energy project risk assessment. Information Fusion, 65: 147-164.

Lin B Q, Bae N, Bega F. 2020. China's Belt & Road Initiative nuclear export: implications for energy cooperation. Energy Policy, 142: 111519.

Lin C J, Wu W W. 2008. A causal analytical method for group decision-making under fuzzy environment. Expert Systems with Applications, 34 (1): 205-213.

Lin S S, Li C B, Xu F Q, et al. 2018. Risk identification and analysis for new energy power system in China based on D numbers and decision-making trial and evaluation laboratory (DEMATEL). Journal of Cleaner Production, 180: 81-96.

Liu C H, Tzeng G H, Lee P Y. 2019. Combined CFPR and VIKOR model for enhancing the competencies of domestic chain hotel groups. International Journal of Information Technology & Decision Making, 18 (3): 901-927.

Liu H C, Liu L, Liu N, et al. 2012. Risk evaluation in failure mode and effects analysis with extended VIKOR method under fuzzy environment. Expert Systems with Applications, 39 (17): 12926-12934.

Liu P D, Wang M H. 2011. An extended VIKOR method for multiple attribute group decision making based on generalized interval-valued trapezoidal fuzzy numbers. Scientific Research and Essays, 6 (4): 766-776.

Liu T Y, Deng Y, Chan F. 2018. Evidential supplier selection based on DEMATEL and game theory. International Journal of Fuzzy Systems, 20: 1321-1333.

Liyanage C, Villalba-Romero F. 2015. Measuring success of PPP transport projects: a cross-case analysis of toll roads. Transport Review, 35 (2): 140-161.

Love P E D, Ahigag-Dagbui D D, Irani Z. 2016. Cost overruns in transportation infrastructure projects: sowing the seeds for a probabilistic theory of causation. Transportation Research Part A: Policy and Practice, 92: 184-194.

Lu Z, Peña-Mora F, Wang S Q, et al. 2019. Assessment framework for financing public-private partnership infrastructure projects through asset-backed securitization. Journal of Management in Engineering, 35 (6): 04019027.

Macário R, Ribeiro J, Costa J D. 2015. Understanding pitfalls in the application of PPPs in transport infrastructure in Portugal. Transport Policy, 41: 90-99.

Malekian A, Azarnivand A. 2016. Application of integrated Shannon's entropy and VIKOR techniques in prioritization of flood risk in the Shemshak Watershed, Iran. Water Resources Management, 30: 409-425.

Malekpoor H, Chalvatzis K, Mishra N, et al. 2019. A hybrid approach of VIKOR and bi-objective integer linear programming for electrification planning in a disaster relief camp. Annals of Operations Research, 283 (1): 443-469.

Mandal S, Singh K, Behera R K, et al. 2015. Human error identification and risk prioritization in overhead crane operations using HTA, SHERPA and fuzzy VIKOR method. Expert Systems with Applications, 42 (20): 7195-7206.

Mansini R, Speranza M G. 2002. A multidimensional knapsack model for asset-backed securitization. The Journal of Operational Research Society, 53 (8): 822-832.

Marichal J L. 2000. An axiomatic approach of the discrete Choquet integral as a tool to aggregate interacting criteria. IEEE Transactions on Fuzzy Systems, 8 (6): 800-807.

Martinsuo M, Hoverfält P. 2018. Change program management: toward a capability for managing value-oriented, integrated multi-project change in its context. International Journal of Project Management, 36 (1): 134-146.

Mayag B, Bouyssou D. 2020. Necessary and possible interaction between criteria in a 2-additive Choquet integral model. European Journal of Operational Research, 283 (1): 308-320.

Mayag B, Grabisch M, Labreuche C. 2010. A characterization of the 2-additive Choquet integral through cardinal information. Fuzzy Sets and Systems, 184 (1): 84-105.

Mazher K M, Chan A P C, Zahoor H, et al. 2019. Modelling capability-based risk allocation in PPPs using fuzzy integral approach. Canadian Journal of Civil Engineering, 46 (9): 777-788.

Meng F Y, Chen X H. 2015. A hesitant fuzzy linguistic multi-granularity decision making model based on distance measures. Journal of Intelligent & Fuzzy Systems, 28 (4): 1519-1531.

Meng F Y, Zhang Q, Zhan J Q. 2015. The interval-valued intuitionistic fuzzy geometric Choquet aggregation operator based on the generalized banzhaf index and 2-additive measure. Technological and Economic Development of Economy, 21 (2): 186-215.

Meng X K, Chen G M, Zhu G G, et al. 2019. Dynamic quantitative risk assessment of accidents induced by leakage on offshore platforms using DEMATEL-BN. International Journal of Naval Architecture and Ocean Engineering, 11 (1): 22-32.

Midler C. 2013. Implementing a low-end disruption strategy through multiproject lineage management: the Logan case. Project Management Journal, 44 (5): 24-35.

Miller M, Szimba E. 2015. How to avoid unrealistic appraisal results? A concept to reflect the occurrence of risk in the appraisal of transport infrastructure projects. Research in Transportation Economics, 49: 65-75.

Mohsen O, Fereshteh N. 2017. An extended VIKOR method based on entropy measure for the failure modes risk assessment—a case study of the geothermal power plant（GPP）. Safety Science, 92: 160-172.

Mokhtarian M N, Sadi-nezhad S, Makui A. 2014. A new flexible and reliable interval valued fuzzy VIKOR method based on uncertainty risk reduction in decision making process: an application for determining a suitable location for digging some pits for municipal wet waste landfill. Computers & Industrial Engineering, 78: 213-233.

Morteza H S, Jolanta T. 2019. An integrated fuzzy DEMATEL-fuzzy ANP model for evaluating construction project bay considering interrelationships among risk factors. Journal of Civil Engineering and Management, 1 (2): 114-131.

Mousavi S M, Tavakkoli-Moghaddam R, Hashemi H, et al. 2011. A novel approach based on non-parametric resampling with interval analysis for large engineering project risks. Safety Science, 49 (10): 1340-1348.

Nasirzadeh F, Khanzadi M, Rezaie M. 2014. Dynamic modeling of the quantitative risk allocation in construction projects. International Journal of Project Management, 32 (3): 442-451.

Ngugyen D A, Garvin M J, Gonzalez E. 2018. Risk allocation in U. S. public-private partnership highway project contracts. Journal of Construction Engineering and Management, 144 (5): 04018017.

Opricovic S. 1998. Multicriteria Optimization of Civil Engineering Systems. Belgrade: Faculty of Civil Engineering.

Opricovic S, Tzeng G H. 2004. Compromise solution by MCDM methods: a comparative analysis of VIKOR and TOPSIS. European Journal of Operational Research, 156 (2): 445-455.

Opricovic S, Tzeng G H. 2007. Extended VIKOR method in comparison with outranking methods. European Journal of Operational Research, 178 (2): 514-529.

Osei-Kyei R, Chan A P C. 2015. Review of studies on the critical success factors for public-private partnership (PPP) projects from 1990 to 2013. International Journal of Project Management, 33 (6): 1335-1346.

Ouyang Y P, Shieh H M, Leu J D, et al. 2009. A VIKOR-based multiple criteria decision method for improving information security risk. International Journal of Information Technology & Decision Making, 8 (2): 267-287.

Ouyang Y P, Shieh H M, Tzeng G H. 2013. A VIKOR technique based on DEMATEL and ANP for information security risk control assessment. Information Sciences, 232: 482-500.

Papoulis A, Pillai S U. 2002. Probability, Random Variables, and Stochastic Processes. New York: McGraw-Hill.

Park J H, Cho H J, Kwun Y C. 2011. Extension of the VIKOR method for group decision making with interval-valued intuitionistic fuzzy information. Fuzzy Optimization and Decision Making, 10: 233-253.

Pelegrina G D, Duarte L T, Grabisch M, et al. 2020. The multilinear model in multicriteria decision making: the case of 2-additive capacities and contributions to parameter identification. European Journal of Operational Research, 282 (3): 945-956.

Pryke S, Badi S, Almadhoob H, et al. 2018. Self-organizing networks in complex infrastructure projects. Project Management Journal, 49 (2): 18-41.

Rajesh R, Ravi V. 2015. Modeling enablers of supply chain risk mitigation in electronic supply chains: A Grey-DEMATEL approach. Computers & Industrial Engineering, 87: 126-139.

Rasoulkhani K, Brannen L, Zhu J, et al. 2020. Establishing a future-proofing framework for infrastructure projects to proactively adapt to complex regulatory landscapes. Journal of Management in Engineering, 36 (4): 04020032.

Rinaldi S M, Peerenboom J P, Kelley T K. 2002. Identifying, understanding, and analyzing critical infrastructure interdependencies. IEEE Control Systems Magazine, 21 (6): 11-25.

Röller L H, Waverman L. 2001. Telecommunications infrastructure and economic development: a simultaneous. The American Economic Review, 91 (4): 909-923.

Roumboutsos A, Temeljotov-Salaj A, Karousos I. 2020. Indicators for sustainable demand risk allocation in transport infrastructure projects. Sustainability, 12 (2): 9650.

Rouse S, Hayes P, Wilding T A. 2020. Commercial fisheries losses arising from interactions with offshore pipelines and other oil and gas infrastructure and activities. ICES Journal of Marine Science, 77 (3): 1148-1156.

Safari H, Faraji Z, Majidian S. 2016. Identifying and evaluating enterprise architecture risks using FMEA and fuzzy VIKOR. Journal of Intelligent Manufacturing, 27 (2): 475-486.

Salling K B, Banister D. 2010. Feasibility risk assessment of transport infrastructure projects: the CBA-DK decision support model. European Journal of Transport and Infrastructure Research, 10 (1): 103-120.

Salling K B, Leleur S, Jensen A V. 2007. Modelling decision support and uncertainty for large transport infrastructure projects: the CLG-DSS model of the Øresund fixed link. Decision Support Systems, 43 (4): 1539-1547.

Sanayei A, Mousavi S F, Yazdankhah A. 2010. Group decision making process for supplier selection with VIKOR under fuzzy environment. Expert Systems with Applications, 37 (1): 24-30.

Sayadi M K, Heydari M, Shahanaghi K. 2009. Extension of VIKOR method for decision making problem with interval numbers. Applied Mathematical Modelling, 33 (5): 2257-2262.

Schaufelberger J E, Wipadapisut I. 2003. Alternate financing strategies for build-operate-transfer projects. Journal of Construction Engineering and Management, 129 (2): 205-213.

Shapley L S. 1953. Stochastic games. The Proceedings of the National Academy of Sciences, 39 (10): 1095-1100.

Shen L Y, Lee R K H, Zhang Z H. 1996. Application of BOT system for infrastructure projects in China. Journal of Construction Engineering and Management, 122 (4): 319-323.

Siraj N B, Fayek A R. 2019. Risk identification and common risks in construction: literature review and content analysis. Journal of Construction Engineering and Management, 145 (9): 03119004.

Song J B, Zhang H L, Dong W L. 2016. A review of emerging trends in global PPP research: analysis and visualization. Scientometrics, 107: 1111-1147.

Stegen K S, Gilmartin P, Carlucci J. 2012. Terrorists versus the sun: desertec in North Africa as a case study for assessing risks to energy infrastructure. Risk Management, 14: 3-26.

Sun H, Jia S H, Wang Y N. 2019. Optimal equity ratio of BOT highway project under government guarantee and revenue sharing. Transportmetrica A: Transport Science, 15 (1): 114-134.

Sun H, Liang Y Z, Wang Y N, et al. 2021. An optimal investment portfolio for BOT freeway projects from the perspective of transportation and construction enterprises. KSCE Journal of Civil Engineering, 25: 3636-3649.

Sun Y, Chen L Z, Sun H P, et al. 2020. Low-carbon financial risk factor correlation in the belt and road PPP project. Finance Research Letters, 35: 101491.

Sun Z T, Li X H, Xie Y C. 2014. A comparison of innovative financing and general fiscal investment strategies for second-class highways: perspectives for building a sustainable financing strategy. Transport Policy, 35: 193-201.

Sundararajan S K, Tseng C L. 2017. Managing project performance risks under uncertainty: using a dynamic capital structure approach in infrastructure project financing. Journal of Construction Engineering and Management, 143 (8): 04017046.

Suo W L, Feng B, Fan Z P. 2012. Extension of the DEMATEL method in an uncertain linguistic environment. Soft Computing, 16: 471-483.

Suo W L, Zhang J, Sun X L. 2019. Risk assessment of critical infrastructures in a complex interdependent scenario: a four-stage hybrid decision support approach. Safety Science, 120: 692-705.

Suresh K, Dillibabu R. 2021. An integrated approach using IF-TOPSIS, fuzzy DEMATEL, and enhanced CSA optimized ANFIS for software risk prediction. Knowledge and Information Systems, 63: 1909-1934.

Tadić S, Zečević S, Krstić M. 2014. A novel hybrid MCDM model based on fuzzy DEMATEL, fuzzy ANP and fuzzy VIKOR for city logistics concept selection. Expert Systems with Application, 41 (18): 8112-8128.

Tamura H, Akazawa K. 2005. Stochastic DEMATEL for structural modeling of a complex problematique for realizing safe, secure and reliable society. Journal of Telecommunications and Information Technology, 4: 139-146.

Tan R P, Liu K, Lin B Q. 2018. Transportation infrastructure development and China's energy intensive industries—a road development perspective. Energy, 149: 587-596.

Tang B W, Xu J, Sun Y Z, et al. 2019. Policy solution and game analysis for addressing the challenge of developing public-private partnership energy project. Environmental Research Letters, 14 (4): 044019.

Taroun A. 2014. Towards a better modelling and assessment of construction risk: insights from a literature review. International Journal of Project Management, 32 (1): 101-115.

Tavana M, Di Caprio D, Santos-Arteaga F J. 2018. An extended stochastic VIKOR model with decision maker's attitude towards risks. Information Sciences, 432: 301-318.

Tixier A J P, Hallowell M R, Rajagopalan B. 2017. Construction safety risk modeling and simulation. Risk Analysis, 37 (10): 1917-1935.

Tsai W H, Chou W C. 2009. Selecting management systems for sustainable development in SMEs: a novel hybrid model based on DEMATEL, ANP, and ZOGP. Expert Systems with Application, 36 (2): 1444-1458.

Tseng M L. 2009. A causal and effect decision making model of service quality expectation using grey-fuzzy DEMATEL approach. Expert Systems with Application, 36 (4): 7738-7748.

Tzeng G H, Chiang C H, Li C W. 2007. Evaluating intertwined effects in e-learning programs: a novel hybrid MCDM model based on factor analysis and DEMATEL. Expert Systems with Application, 32 (4): 1028-1044.

Venkataramanan V, Packman A I, Peters D R, et al. 2019. A systematic review of the human health and social well-being outcomes of green infrastructure for stormwater and flood management. Journal of Environmental Management, 246: 868-880.

Verweij S. 2015. Achieving satisfaction when implementing PPP transportation infrastructure projects: a qualitative comparative analysis of the A15 highway DBFM project. International Journal of Project Management, 33 (1): 189-200.

Vuorinen L, Martinsuo M. 2019. Value-oriented stakeholder influence on infrastructure projects. International Journal of Project Management, 37 (5): 750-766.

Wan S P, Wang F, Dong J Y. 2018. A group decision-making method considering both the group consensus and multiplicative consistency of interval-valued intuitionistic fuzzy preference relations. Information Sciences, 466: 109-128.

Wang C, Lim M K, Zhang X Y, et al. 2020. Railway and road infrastructure in the Belt and Road Initiative countries: estimating the impact of transport infrastructure on economic growth. Transportation Research Part A: Policy and Practice, 134: 288-307.

Wang F, Xiong M H, Niu B Z, et al. 2018a. Impact of government subsidy on BOT contract design: price, demand, and concession period. Transportation Research Part B: Methodological, 110: 137-159.

Wang L, Zhang H Y, Wang J Q, et al. 2018b. Picture fuzzy normalized projection-based VIKOR method for the risk evaluation of construction project. Applied Soft Computing, 64: 216-226.

Wang Y L, Cui P, Liu J C. 2018c. Analysis of the risk-sharing ratio in PPP projects based on government minimum revenue guarantees. International Journal of Project Management, 36(6): 899-909.

Wang Y L, Tzeng G H. 2012. Brand marketing for creating brand value based on a MCDM model combining DEMATEL with ANP and VIKOR methods. Expert Systems with Applications, 39 (5): 5600-5615.

Wen X Q, Yan M C, Xian J Y, et al. 2016. Supplier selection in supplier chain management using Choquet integral-based linguistic operators under fuzzy heterogeneous environment. Fuzzy Optimization and Decision Making, 15: 307-330.

Wibowo A, Sundermeier M. 2020. Developing a fuzzy value-for-money analysis model for annuity-based public-private partnership infrastructure projects under consideration of risk mitigation capability. Journal of Construction Engineering and Management, 146(7): 04020081.

Wu D S, Li J P, Xia T S, et al. 2018. A multiobjective optimization method considering process risk correlation for project risk response planning. Information Sciences, 467: 282-295.

Wu H, Shah S M A, Nawaz A, et al. 2020. The impact of energy cooperation and the role of the One Belt and Road Initiative in revolutionizing the geopolitics of energy among regional economic powers: an analysis of infrastructure development and project management. Complexity, 2020: 8820021.

Wu L P, Gao H, Wei C. 2019. VIKOR method for financing risk assessment of rural tourism projects under interval-valued intuitionistic fuzzy environment. Journal of Intelligent & Fuzzy Systems, 37 (2): 2001-2008.

Wu Y N, Zhou J L. 2019. Risk assessment of urban rooftop distributed PV in energy performance contracting (EPC) projects: an extended HFLTS-DEMATEL fuzzy synthetic evaluation analysis. Sustainable Cities and Society, 47: 101524.

Xia N N, Zou P X W, Liu X, et al. 2018. A hybrid BN-HFACS model for predicting safety performance in construction projects. Safety Science, 101: 332-343.

Yang G J, Huang X H, Huang J H, et al. 2020. Assessment of the effects of infrastructure investment under the belt and road initiative. China Economic Review, 60: 101418.

You X Y, You J X, Liu H C, et al. 2015. Group multi-criteria supplier selection using an extended VIKOR method with interval 2-tuple linguistic information. Expert Systems with Applications, 42 (4): 1906-1916.

Zadeh L A. 1965. Fuzzy sets. Information and Control, 8 (3): 338-353.

Zeng S X, Ma H Y, Lin H, et al. 2015. Social responsibility of major infrastructure projects in China. International Journal of Project Management, 33 (3): 537-548.

Zhang D, Bao X, Wu C. 2019a. An extended TODIM method based on novel score function and accuracy function under intuitionistic fuzzy environment. International Journal of Uncertainty, Fuzziness and Knowledge-Based Systems, 27 (6): 905-930.

Zhang L, Sun X L, Xue H. 2019b. Identifying critical risks in Sponge City PPP projects using DEMATEL method: a case study of China. Journal of Cleaner Production, 226: 949-958.

Zhang Q M, Tjia L Y, Wang B Y, et al. 2021a. Sustainable construction and financing—asset-backed securitization of expressway's usufruct with redeemable rights. Sustainability, 13 (16): 9113.

Zhang S H, Li J H, Li Y, et al. 2021b. Revenue risk allocation mechanism in public-private partnership projects: swing option approach. Journal of Construction Engineering and Management, 147 (1): 04020153.

Zhang S R, Sun B, Yan L, et al. 2013. Risk identification on hydropower project using the IAHP and extension of TOPSIS methods under interval-valued fuzzy environment. Natural Hazards, 65: 359-373.

Zhou X Y, Shi Y Q Y, Deng X Y, et al. 2017. D-DEMATEL: a new method to identify critical success factors in emergency management. Safety Science, 91: 93-104.

Zolfaghari S, Mousavi S M. 2018. Construction-project risk assessment by a new decision model based on De-Novo multi-approaches analysis and hesitant fuzzy sets under uncertainty. Journal of Intelligent & Fuzzy Systems, 35 (1): 639-649.

Zou L, Wen X, Wang Y X. 2016. Linguistic truth-valued intuitionistic fuzzy reasoning with applications in human factors engineering. Information Sciences, 327: 201-216.